HISTORIA, CIENCIA, SOCIEDAD

315

EUROPA EN 1936

ENRIQUE MORADIELLOS

EL REÑIDERO DE EUROPA

LAS DIMENSIONES INTERNACIONALES DE LA GUERRA CIVIL ESPAÑOLA

Ediciones Península

Barcelona

Primera edición: septiembre de 2001.
© Enrique Moradiellos García, 2001.
© de esta edición: Ediciones Península s.a.,
Peu de la Creu 4, 08001-Barcelona.
E-MAIL: correu@grup62.com
INTERNET: http://www.peninsulaedi.com

Fotocompuesto en Víctor Igual s.l., Còrsega 237, baixos, 08036-Barcelona.
Impreso en Hurope s.l., Lima 3, 08030-Barcelona.
DEPÓSITO LEGAL: B. 31.396-2001.
ISBN: 84-8307-376-5.

CONTENIDO

5

Para Inés, 1 de abril de 1999
(60 aniversario del final de la guerra civil española)

No tengo el optimismo de un Pangloss ni voy a aplicar a este drama español la simplísima doctrina del adagio de que «no hay mal que por bien no venga». No es verdad, no es verdad. Pero es obligación moral, sobre todo de los que padecen la guerra, cuando se acabe como nosotros queremos que se acabe, sacar de la lección y de la musa del escarmiento el mayor bien posible, y cuando la antorcha pase a otras manos, a otros hombres, a otras generaciones, que se acordarán, si alguna vez sienten que les hierve la sangre iracunda y otra vez el genio español vuelve a enfurecerse con la intolerancia y el odio y con el apetito de destrucción, que piensen en los muertos y que escuchen su lección: la de esos hombres, que han caído embravecidos en la batalla luchando magnánimamente por un ideal grandioso y que ahora, abrigados en la tierra materna, ya no tienen odio, ya no tienen rencor, y nos envían, con los destellos de su luz, tranquila y remota como la de una estrella, el mensaje de la patria eterna que dice a todos sus hijos: Paz, Piedad y Perdón.

Manuel Azaña,
Discurso en el Ayuntamiento de Barcelona, 18 de julio de 1938.

INTRODUCCIÓN

En el mes de octubre de 1938, después de que el territorio español hubiera registrado más de dos años de feroces y cruentas batallas, el reputado historiador británico Arnold J. Toynbee todavía se preguntaba con cierta perplejidad «si la guerra en España era una contienda civil española o una guerra internacional librada en la arena española».[1] Desde aquellas lejanas fechas hasta la más reciente actualidad, la pregunta ha recibido muchas respuestas y de muy diversa y hasta contradictoria naturaleza. En todo caso, el lento transcurrir del tiempo y el sustancial avance de la investigación historiográfica han dejado claro que el conflicto fratricida español de 1936-1939 fue un fenómeno de entidad muy compleja y multifacética que se resiste a las habituales y persistentes simplificaciones maniqueas, monocausales o meramente binarias y dualistas.

No cabe ninguna duda de que la brutal contienda de casi tres años de duración tuvo sus orígenes propios y endógenos en la difícil y variada problemática latente en la sociedad española de los años treinta del siglo xx. Fue, por tanto, el resultado de las múltiples tensiones, conflictos, fracturas e incapacidades, de orden estructural y coyuntural, que se combinaron en el crítico verano de 1936 para traspasar el umbral de las hostilidades y desencadenar una violenta conmoción bélica generalizada. A este respecto, la cuestión parece estar zanjada y bien resuelta: la guerra civil fue una suma combinada de muchas «guerras» y luchas parciales y paralelas cuyos fundamentos y raíces se hundían en las peculiaridades internas de la propia historia española contemporánea: el problema del anacrónico latifundismo agrario meridional

1. A. J. Toynbee, «Preface», *Survey of International Affairs. 1937*, vol. 2, *The International Repercussions of the War in Spain (1936-1937)*, Londres, The Royal Institute of International Affairs - Oxford University Press, 1938, p. V.

y la miseria de unas masas jornaleras agraviadas y descontentas; la espinosa cuestión religiosa y el contencioso entre fuerzas católico-clericalistas y fuerzas librepensadoras y anticlericales; el sostenido pulso entre la inercia del centralismo estatal uniformador y el nuevo desafío de la descentralización autonómica regionalista/nacionalista; la tensión entre el poder efectivo de las autoridades civiles y las recurrentes tentaciones militaristas y pretorianas de amplios sectores del Ejército; la intensa polarización de clases y la aguda conflictividad sociolaboral desatada en las ciudades y las comarcas fabriles; etc.

En suma, se trataba de un conjunto de problemas y tensiones que afectaban a la propia estructura de España y dividían al país en dos grandes campos (geográficos tanto como productivos y socioculturales) coexistentes pero enfrentados en muy distintos órdenes: la España que experimentaba los efectos del desarrollo económico industrial y urbano, la modernización sociopolítica y el pluralismo ideológico-cultural; y la España que seguía anclada en el estancamiento productivo agrario y rural, el arcaísmo sociopolítico y el tradicionalismo religioso y cultural. No está de más recordar que ya en 1939, apenas consumado el final de la guerra civil con la victoria franquista y la derrota republicana, un testigo privilegiado y consternado, el propio presidente de la República, Manuel Azaña, anotaría en el exilio con bastante precisión las hondas raíces estructurales de aquel cataclismo:

Las dificultades provenían del fondo mismo de la estructura social española y de su historia política en el último siglo. La sociedad española ofrecía los contrastes más violentos. En ciertos núcleos urbanos, un nivel de vida alto, adaptado a todos los usos de la civilización contemporánea, y a los pocos kilómetros, aldeas que parecen detenidas en el siglo xv. [...] Una corriente vigorosa de libertad intelectual, que en materia de religión se traducía en indiferencia y agnosticismo, junto a demostraciones públicas de fanatismo y superstición [...]. Provincias del noroeste donde la tierra está desmenuzada en pedacitos que no bastan a mantener al cultivador; provincias del sur y del oeste, donde el propietario de 14.000 hectáreas detenta en una sola mano todo el territorio de un pueblo. En las grandes ciudades y en las cuencas fabriles, un proletariado industrial bien encuadrado y defendido por los sindicatos; en Andalucía y Extremadura, un proletariado rural que no había saciado el hambre, propicio al anarquismo. [...] Las clases mismas estaban internamente divididas. La porción más adelantada del proletariado formaba dos bandos irreconciliables. La Unión General de Trabajadores, inspirada y dirigida por el partido socialista, se distinguía por su moderación, su disciplina, su concepto de la responsabilidad. [...] La organización rival, Confederación Nacional del Trabajo, abrigaba en su seno a la Federación Anarquista Ibérica, rehusaba toda participación en los asuntos políticos, [...] practicaba la violencia, el sabotaje, la huelga revolucionaria. [...] Por su parte, la clase media, en que el republicanismo liberal reclutaba los más de sus adeptos, también se dividía en bandos, por dos motivos: el religioso y el social. [...] En realidad, esta discordia interna de la clase media y, en general, de la burguesía, es el origen de la guerra civil.[2]

Sin embargo, el reconocimiento explícito de ese carácter propiamente endógeno español de los orígenes del conflicto civil no eclipsa en modo alguno, sino todo lo contrario, su evidente significación y transcendencia europea e internacional. Ante todo porque la problemática española que daría origen a la guerra no era específica ni privativa en exclusiva del propio país, como pudiera hacer creer una lectura «diferencial» del fenómeno que tendiera a subrayar su excepcionalidad y singularidad única. Por el contrario, la pertinente lectura «referencial» histórico-geográfica revela la existencia de una analogía estrecha entre la crisis española que condujo a la guerra civil y la crisis general europea del período que media entre las dos guerras mundiales (1919-1939). No en vano, los variados problemas debatidos, los agentes sociales implicados, las alternativas políticas planteadas y las ideologías contendientes eran sustancialmente idénticas en uno u otro caso. La crisis española constituía, en esencia y en formato, una variante regional muy agudizada de una crisis general envolvente y condicionante. Nuevamente en palabras de Azaña: «Era un problema político no tan nuevo que no se hubiese visto ya en otras partes, ni tan difícil que no pudiera ser dominado».[3] Por eso mismo la guerra civil tuvo un eco e impacto extraordinarios y sorprendentes en la opinión pública continental y en las cancillerías europeas de la épo-

---

2. M. Azaña, *Causas de la guerra de España*, Barcelona, Crítica, 1986, pp. 23-25. El libro se compone de once artículos escritos por Azaña en Collonges-sous-Salève en la segunda mitad de 1939. Estaban pensados para explicar la guerra española ante el público internacional, pero no llegaron a ser editados por la prematura muerte de su autor y el estallido de la guerra mundial.   3. M. Azaña, *op. cit.*, p. 29.

ca. Por eso mismo se registró un inmediato proceso de internacionalización del conflicto que afectaría crucialmente a su curso efectivo y a su desenlace final. Un representante diplomático británico en España advirtió certera y concisamente ese fenómeno en pleno fragor de la contienda: «Por el momento, España tiene a su cargo el desdichado papel de constituir el reñidero de Europa».[4]

Sin tomar en consideración ese carácter analógico de la crisis española y su significación internacional, resulta totalmente inexplicable el resonante interés y pasión provocados por la guerra civil durante su propia vigencia temporal y con posterioridad a su terminación. La contienda de 1936-1939 constituye, sin rival posible, el acontecimiento central y decisivo de la historia española del último siglo y el que mayor impacto e influencia ha tenido en el ámbito de la opinión pública mundial y en el campo de las relaciones internacionales. Así lo podrían demostrar de forma meramente impresionista dos hechos diferentes pero igualmente reveladores. En primer lugar, la enorme masa de literatura histórica generada por el propio conflicto, que en 1986, al cumplirse el cincuentenario de su inicio, se calculaba en más de quince mil volúmenes, «un epitafio literario equiparable al suscitado por la Segunda Guerra Mundial».[5] En segundo orden, también corrobora ese impacto e influencia la cuantiosa ficción literaria inspirada por la contienda española, algunos de cuyos frutos se han convertido en auténticos clásicos canónicos de

---

4. Despacho de Geoffrey Thompson, primer secretario de la embajada británica en España, para el secretario del Foreign Office (equivalente británico del ministro de Asuntos Exteriores), 11 de enero de 1938. Archivo del Foreign Office (FO), serie «Confidential Prints» (clave archivística: 425), legajo 415, documento número W524. En adelante se citará abreviadamente: FO 425/415 W524. Todos los archivos británicos citados se custodian en el Public Record Office (PRO, Kew, Surrey). Se reproduce también en E. Moradiellos, *La perfidia de Albión. El gobierno británico y la guerra civil española*, Madrid, Siglo XXI, 1996, p. 242. Cfr. G. Thompson, *Front Line Diplomat*, Londres, Hutchinson, 1959, caps. 10 y 11.

5. Paul Preston, *La guerra civil española*, Barcelona, Plaza y Janés, 1986, p. 11. Véase del mismo autor, «La historiografía de la guerra civil española: de Franco a la democracia», en José Luis de la Granja y otros, *Tuñón de Lara y la historiografía española*, Madrid, Siglo XXI, 1999, pp. 161-174. Cfr. Julián Chaves Palacios, «La historiografía reciente sobre la guerra civil de 1936-1939 en los umbrales del nuevo milenio», *Anales de Historia Contemporánea* (Murcia), n° 16, 2000, pp. 409-430.

la novelística contemporánea universal: *La esperanza*, del francés André Malraux (publicada en 1937), *Homenaje a Cataluña*, del británico George Orwell (que vio la luz en 1938), y *¿Por quién doblan las campanas?*, del norteamericano Ernest Hemingway (editada en 1940).[6]

Esta obra tiene como objetivo fundamental la presentación y análisis de los aspectos históricos más relevantes de esa crucial dimensión internacional de la guerra civil española que justifica sobradamente su calificación como «reñidero de Europa». Para cumplir ese cometido narrativo y analítico, el texto del libro se sustenta y apoya en el caudal de conocimientos e informaciones proporcionados por la enorme literatura historiográfica publicada al respecto y por las antiguas y nuevas fuentes archivísticas y documentales, españolas y extranjeras, disponibles sobre el particular. Se inscribe así en una tradición académica de investigación histórica de los aspectos internacionales del conflicto fratricida hispánico que cuenta ya con más de sesenta años de existencia y que podría considerarse abierta por Arnold J. Toynbee con su magistral trabajo pionero citado anteriormente: *The International Repercussions of the War in Spain (1936-1937)*.

Dentro de esa dilatada tradición historiográfica, son hitos destacables otros tantos estudios monográficos sobre el conflicto de muy distintos autores, tanto españoles como extranjeros. Por ejemplo, los libros respectivos de Patricia A. W. Van der Esch (*Prelude to War. The International Repercussions of the Spanish Civil War*, publicado 1951) y Dante Puzzo (*Spain and the Great Powers*, de 1962), todavía basados esencialmente en fuentes bibliográficas y prensa periódica pero que utilizaban ya una limitada apoyatura archivística gracias a la documentación diplomática alemana y norteamericana entonces accesi-

---

6. Sobre esta vigorosa influencia del conflicto en la literatura contemporánea (novela, poesía, drama) véanse: Valentine Cunningham (editora), *Spanish Front. Writers on the Spanish Civil War*, Oxford, University Press, 1986; y Marc Hanrez (editor), *Los escritores y la guerra de España*, Barcelona, Monte Ávila, 1977. Lo mismo podría afirmarse del cine, según Román Gubern, *1936-1939: La guerra de España en la pantalla. De la propaganda a la historia*, Madrid, Filmoteca Española, 1986. Cfr. Alberto Reig Tapia, *Memoria de la guerra civil. Los mitos de la tribu*, Madrid, Alianza, 1999, cap. 1.

ble.[7] El siguiente estudio relevante fue obra de Fernando Schwartz (*La internacionalización de la guerra civil española*, de 1971), que pudo contar además para su análisis del primer año del conflicto con las nuevas fuentes diplomáticas francesas disponibles y con la recién abierta documentación del Comité Internacional de No Intervención. Otro español, el militar Jesús Salas Larrazábal, fue autor poco después de una obra general (*La intervención extranjera en la guerra de España*, de 1974) cuyo valor historiográfico estaba sustancialmente rebajado por su abierta militancia pro-franquista y anti-republicana.[8] Veinte años más tarde, en 1994, el hispanista británico Michael Alpert publicó una síntesis muy lograda (*A New International History of the Spanish Civil War*), apoyándose en una vasta literatura bibliográfica y una amplia documentación archivística de todas las procedencias (que sólo excluía a las fuentes oficiales soviéticas, todavía hoy parcialmente inaccesibles a los investigadores). Con posterioridad, en 1998, vio la luz una ecuánime síntesis firmada por Juan Avilés Farré (*Las grandes potencias ante la guerra de España*).[9] Y, finalmente, ya en el año 2000, el hispanista francés Jean-François Berdah presentó su documentado trabajo sobre la política exterior de la Segunda República durante todo su decenio de existencia, incluyendo los tres años de guerra civil (*La démocratie assassinée. La République espagnole et les grandes puissances*).[10]

7. P. A. M. Van der Esch, *Prelude to War. The International Repercussions of the Spanish Civil War*, La Haya, Martinus Nijhoff, 1951. D. Puzzo, *Spain and the Great Powers, 1936-1941*, Nueva York, Columbia University Press, 1962.

8. F. Schwartz, *La internacionalización de la guerra civil española. Julio de 1936-marzo de 1937*, Barcelona, Ariel, 1971. J. Salas Larrazábal, *La intervención extranjera en la guerra de España*, Madrid, Editora Nacional, 1974.

9. M. Alpert, *A New International History of the Spanish Civil War*, Londres, Macmillan, 1994 (traducido al español como *Aguas peligrosas. Nueva historia internacional de la guerra civil*, Madrid, Akal, 1997). J. Avilés Farré, *Las grandes potencias ante la guerra de España*, Madrid, Areo Libros, 1998. Este último autor ya había ofrecido un resumen en su artículo: «El contexto europeo: Intervención y No Intervención», en S. Payne y J. Tusell, *La guerra civil*, Madrid, Temas de Hoy, 1996, pp. 267-332.

10. J. F. Berdah, *La démocratie assassinée. La République espagnole et les grandes puissances, 1931-1939*, París, Berg International Éditeurs, 2000.

A esa nómina principal de autores también cabría añadir las contribuciones en forma de artículos o capítulos en libros colectivos firmados por historiadores como Robert A. Friedlander, Robert H. Whealey, Ángel Viñas, Glynn Stone, Ismael Saz o Gerald Howson, entre muchos otros.[11] Como es natural y obligado en el viejo oficio de la musa Clío, sólo nos resta añadir que nuestra propia investigación se sitúa en la inevitable y fructífera continuidad polémica con esta dilatada tradición historiográfica bien asentada y cada vez mejor cualificada. De hecho, cabría interpretar esta obra como una tentativa de resumen y puesta al día del conocimiento acumulado durante más de medio siglo sobre las decisivas dimensiones internacionales presentes y operantes en la propia guerra civil española. Al menos ese ha sido el propósito de su autor y firmante solitario, sin que los restantes autores citados y aludidos tengan la menor responsabilidad en el producto final elaborado, cuyas insuficiencias y errores serían de nuestra exclusiva responsabilidad al margen de ninguna duda razonable.

11. R. A. Friedlander, «Great Power Politics and Spain's Civil War», *The Historian*, vol. 28, 1965, pp. 72-95. R. H. Whealey, «La intervención extranjera en la guerra civil», en R. Carr, *Estudios sobre la II República y la Guerra Civil*, Barcelona, Ariel, 1973, pp. 266-297 (edición original inglesa de 1971). Á. Viñas, «Los condicionantes internacionales», en M. Tuñón de Lara y otros, *La guerra civil española. 50 años después*, Barcelona, Labor, 1986, pp. 123-197. G. Stone, «The European Great Powers and the Spanish Civil War», en R. Boyce y E. M. Robertson (eds.), *Paths to War. New Essays on the Origins of the Second World War*, Londres, Macmillan, 1989, pp. 199-232. I. Saz, «Las principales potencias europeas ante el inicio de la guerra civil», *Estudis d'historia contemporania* (Valencia), nº 7, 1986, pp. 69-87. G. Howson, *Arms for Spain. The Untold history of the Spanish Civil War*, Londres, John Murray, 1998 (edición española: *Armas para España*, Barcelona, Península, 2000).

I

ANTECEDENTES INTERNOS E INTERNACIONALES

I. LA SIGNIFICACIÓN INTERNACIONAL DEL CONFLICTO ESPAÑOL

El 25 de julio de 1936, apenas una semana después del inesperado estallido de la guerra civil en España, un artículo editorial publicado en *The Manchester Guardian*, prestigioso diario liberal británico, comenzaba afirmando: «El significado internacional de la guerra civil española es bastante más grande de lo que parecía en un principio». Al cabo de unas semanas de lucha, otro artículo editorial en *The Times*, influyente y oficioso diario conservador británico, corroboraba ese juicio previo y apuntaba el motivo y razón básica del mismo: «[la guerra de España] puede considerarse como un espejo deformante en el que Europa contempla una imagen exagerada de sus propias divisiones».[1]

Ciertamente, como indicaban ambas citas periodísticas sin asomo de exageración, el conflicto fratricida en España tuvo desde el principio una dimensión internacional ineludible y transcendental para su desarrollo efectivo y desenlace final. El carácter de esa dimensión internacional no era resultado de la hipotética participación de potencias o instituciones extranjeras en el desencadenamiento de la contienda (ya fuera el espionaje germano-italiano, como afirmaría la propaganda republicana; o los agentes soviéticos enviados por Moscú, como señalaría la propaganda franquista). Antes al contrario, la historiografía especializada ha probado y demostrado que el estallido de la guerra civil tuvo sus orígenes y causas en motivos propiamente internos y endógenos españoles: las graves tensiones sociales y la violenta polarización política que había cristalizado

---

1. «Spain and the Powers», *The Manchester Guardian*, 25 de julio de 1936. «Europe and Spain», *The Times*, 8 de septiembre de 1936.

en el país en un contexto de profunda crisis económica a mediados de 1936.[2]

La dimensión internacional implícita en la contienda española respondía a dos razones fundamentales y correlativas: la doble presencia de una analogía esencial y de una sincronía temporal entre la crisis bélica española y la crisis europea de la segunda mitad de los años treinta. Ambos fenómenos constituyeron los factores fundamentales que confirieron a la guerra española su importancia y significado internacional. Ambos fueron la causa y origen del apasionado debate que convulsionó a la opinión pública mundial contemporánea y del rápido proceso de internacionalización del conflicto (derivado de la intervención o no-intervención de varias potencias en apoyo a uno u otro de los dos bandos españoles contendientes). En efecto, los respectivos frentes y las retaguardias creados en España se convertirían en el «espejo deformante» que concitaba el apoyo o la hostilidad de los diversos grupos sociales, ideologías políticas y potencias estatales que fracturaban el continente europeo. Tanto para quienes percibían el conflicto español como un combate frontal entre el comunismo y la civilización occidental, como para quienes lo interpretaban como una batalla decisoria entre la democracia y el fascismo, España había devenido, en ambos casos, «el reñidero de Europa».

La analogía esencial entre la crisis española que dio origen a la guerra civil y la crisis general europea de los años treinta permite, con todo rigor y propiedad, considerar a aquélla como una versión regional y específica de esta última. De hecho, desde una perspectiva histórico-comparativa, cada vez resulta más evidente que la guerra civil

---

2. La hipótesis de la participación germano-italiana ha quedado desmentida (sin menoscabo de la existencia de contactos entre los conspiradores militares y autoridades nazis y fascistas) por los trabajos de Ángel Viñas (*La Alemania nazi y el 18 de julio. Antecedentes de la intervención alemana en la guerra civil española*, Madrid, Alianza, 1977) e Ismael Saz (*Mussolini contra la II República. Hostilidad, conspiraciones, intervención, 1931-1936*, Valencia, Institució Valenciana d'Estudis i Investigació, 1986). Por su parte, Herbert R. Southworth (*El mito de la Cruzada de Franco*, Barcelona, Plaza y Janés, 1986) ha demostrado la falsedad del supuesto plan revolucionario soviético para tomar el poder en España y también su función política legitimadora: justificar la insurrección militar como un mero golpe preventivo que se anticipaba a una inminente sublevación comunista.

española fue un elemento más dentro de la fase final de la bien llamada «crisis europea del período de entreguerras», que se extiende entre el final de la Gran Guerra de 1914-1918 y el comienzo de la Segunda Guerra Mundial de 1939-1945.

La naturaleza general de la crisis de entreguerras que asoló a Europa entre 1918 y 1939 derivaba del impacto devastador de la Primera Guerra Mundial, por su novedosa condición de guerra total, industrial y de masas, sobre los fundamentos del orden liberal y capitalista tradicional. La Gran Guerra había demostrado sin margen de duda que el resultado de las hostilidades en el siglo xx ya no estaría determinado únicamente por las capacidades militares o los recursos financieros de cada bando combatiente, sino por la entidad, fortaleza y resistencia de lo que pasó a llamarse el «frente interior»: la identificación de las poblaciones civiles con sus líderes políticos y estratégicos y su indeclinable voluntad de soportar las penosas privaciones y sacrificios demandados por el «esfuerzo de guerra». Como señalaría el alto mando militar británico, esa cualidad de «guerra total» devastadora era la principal lección derivada de los cuatro años y medio de combates que asolaron Europa:

Nada está más claro que el hecho de que la guerra moderna se convierte en un intento por ahogar la vida nacional (del enemigo). Emprendida por la fuerza de la nación en su totalidad, su objetivo final es presionar al conjunto de la población enemiga, angustiarla por todos los medios posibles para obligar al gobierno enemigo a someterse a sus condiciones.[3]

En efecto, la intensa y prolongada movilización bélica impuesta en todas las naciones involucradas en el conflicto, junto con su enorme cuota de sangre y sufrimiento humano generalizado, había socavado los previos sistemas políticos basados en la preeminencia de las elites de notables y en la deferencia o apatía de los gobernados para abrir paso a una era de política de masas, caracterizada por la entrada en la

---

3. Apreciación hecha por el estado mayor de la Marina británica en 1921. Citada en Briand Bond, *Guerra y sociedad en Europa, 1870-1970*, Madrid, Ministerio de Defensa, 1990, p. 151. Sobre el carácter novedoso de la «guerra total» en el siglo xx véase Michael Howard, *War in European History*, Oxford, University Press, 1987, cap. 7.

esfera de la acción colectiva de amplísimos sectores de la población que habían soportado el esfuerzo bélico y estaban dispuestos a dejar oír su voz en el porvenir. Esa radical transformación política traducía a su vez un notable cambio social básico precipitado también por el sangriento y largo conflicto: el crecimiento numérico de las clases obreras generadas por el desarrollo económico e industrial y su estructuración autónoma en fuertes organizaciones sindicales y en poderosos partidos políticos para defender sus intereses en los planos laboral e institucional. Por lo que respecta al ámbito económico, la prolongada contienda había generado fenómenos muy novedosos y atípicos (como la inflación de precios galopante o el incremento masivo de la Deuda Pública) que habían obligado a la intervención del Estado en la vida económica con vistas a su regulación por encima de las leyes del mercado y de los principios del capitalismo liberal decimonónico.

En definitiva, a partir de 1918, todas las potencias europeas, tanto las vencedoras como las vencidas o las neutrales, hubieron de enfrentarse a una situación crítica debido a la aparición de nuevos problemas y desafíos sociopolíticos y económicos que hacían imposible el mero retorno al orden anterior y que obligaban a buscar renovadas soluciones de estabilización para sus traumatizadas sociedades. Esencialmente, aparecieron en escena tres núcleos de proyectos políticos alternativos para estabilizar la difícil situación en beneficio de los intereses y expectativas de los diversos grupos y clases sociales que servían de apoyo y soporte a las respectivas alternativas. Esos tres núcleos de proyectos de reestructuración del Estado y de las relaciones sociales quedaban definidos sumariamente bajo tres conceptos virtualmente antagónicos: Reforma, Reacción o Revolución. En palabras recientes del politólogo francés Serge Berstein: «La historia del periodo de entreguerras es la lucha entre la democracia liberal y los modelos totalitarios, fascista y comunista, para la conquista del mundo».[4] O como había señalado también al respecto y en igual sentido el historiador británico Donald C. Watt:

---

4. S. Berstein, *Los regímenes políticos del siglo XX*, Barcelona, Ariel, 1996, p. 91.

La guerra civil que comenzó en Europa al tiempo que las campanas anunciaban el armisticio [noviembre de 1918] era en esencia un conflicto triangular: los conservadores tradicionales y los demócratas, sostenedores del Estado de Derecho, afrontaban el desafío simultáneo de los nuevos reaccionarios de la derecha antiparlamentaria y de los revolucionarios de la izquierda antiburguesa.[5]

El proyecto reformista, especialmente arraigado en las clases medias burguesas de tradición constitucionalista, se basaba en una profundización del clásico orden liberal con el objetivo de estabilizar la nueva situación mediante una democratización del sistema político y social que hiciera compatible el normal funcionamiento de la economía capitalista con vías de participación obrera y popular en la gestión gubernativa. Era, en esencia, un proyecto de construcción de un Estado basado en la colaboración de clases y en el reparto de cargas y beneficios entre la ciudadanía, con el sufragio electoral y la política de provisión social como mecanismos fundamentales de integración y estabilización internas. Por su parte, la alternativa reaccionaria, en su variante fascista o fascistizante, pretendía acabar con el peligro revolucionario que atemorizaba a amplios sectores de las clases medias y altas de la sociedad mediante la anulación de la autonomía operativa de la clase obrera y su supeditación forzada a un programa de integralismo nacionalista de carácter totalitario o autoritario. Se trataba, por tanto, de un proyecto de Estado superador del antagonismo de clases mediante la imposición de una disciplina sociolaboral de impronta militar, controlada por un partido único que respondía a una ideología perfilada de exaltación nacional y estaba dirigido por un líder carismático dotado de plenos poderes. Por último, el modelo re-

5. D. C. Watt, «The Nature of the European Civil War, 1919-1939», capítulo primero de su obra *Too Serious a Business. European Armed Forces and the Approach to the Second World War*, Londres, Temple Smith, 1975. Sobre el mismo tema véase Paul Preston, «La guerra civil europea, 1914-1945», *Claves de Razón Práctica* (Madrid), nº 53, 1995, pp. 2-22; y Arthur Marwick, Clire Emsley y Wendy Simpson (eds.), *Total War and Historical Change: Europe 1914-1945*, Buckingham, The Open University, 2001. Una tesis ligeramente distinta en Gregory M. Luebbert, *Liberalismo, fascismo o socialdemocracia. Clases sociales y orígenes políticos de los regímenes de la Europa de entreguerras*, Zaragoza, Prensas Universitarias, 1997.

volucionario de matriz exclusivamente obrera y antiburguesa implicaba la destrucción del régimen económico capitalista y su sustitución por un régimen comunista ortodoxo (en la versión llevada a cabo en la Unión Soviética) o por otro régimen colectivista y vagamente libertario. En todo caso, suponía la construcción de un Estado bajo control de las clases obreras y populares anteriormente sometidas, por mediación de un partido-vanguardia representativo de las mismas que ejercía el poder sin cortapisas ni limitaciones en virtud de su legitimidad revolucionaria.

En todos los países de Europa, desde el final de la Gran Guerra y particularmente tras el impacto devastador de la Gran Depresión económica de 1929, las tres alternativas habían estado presentes con mayor o menor intensidad en el plano político y con análogo arraigo e implantación entre los diferentes grupos sociales existentes, en función de su diverso grado de modernización socioprofesional y desarrollo económico y productivo. Y en todos esos países había acabado por imponerse uno u otro de los modelos contendientes tras un grado mayor o menor de tensión y violencia sociopolítica: triunfo bolchevique en la guerra civil rusa de 1917-1920 y creación de la Unión de Repúblicas Socialistas Soviéticas (URSS); quiebra del orden liberal-democrático en la Italia de postguerra e instauración del régimen fascista por Benito Mussolini en 1922; hundimiento de la república democrática en Portugal y proclamación de la dictadura militar del general Carmona en 1926; implantación de la dictadura militar del mariscal Pilsudski en Polonia en ese mismo año 1926; colapso de la socialdemocracia y de la república de Weimar en Alemania y acceso al poder de Adolf Hitler y el nacionalsocialismo en 1933; fortalecimiento de la democracia parlamentaria en Gran Bretaña y Francia durante las respectivas crisis de 1926 (huelga general sindical y laborista contra el gobierno conservador británico) y 1934 (intento de asalto a la Tercera República por parte de la extrema derecha reaccionaria); aplastamiento de la oposición socialdemócrata e implantación del régimen autoritario filofascista del canciller Dollfuss en Austria en 1934; establecimiento de la dictadura militar del general Metaxas en Grecia en 1936; etc.

España también había experimentado una evolución análoga a la de los otros países europeos, con el mismo origen inmediato, iguales alternativas en conflicto y similares agentes sociales implicados. Con la significativa peculiaridad de que, a diferencia de esos otros países, en España ningún proyecto de estabilización tuvo la fuerza suficiente para imponerse a los otros dos de modo definitivo e incontestado. Y ese equilibrio de fuerzas, ese empate virtual de apoyos y capacidades (o incapacidades), permitió que se abriera la posibilidad del recurso al conflicto armado para la resolución del dilema.[6]

2. LOS ORÍGENES ESTRUCTURALES DE LA GUERRA CIVIL

La Gran Guerra de 1914-1918 afectó profundamente a la estructura social y al sistema político vigente en España desde la Restauración de la monarquía y de la dinastía borbónica en 1874. La esencia de aquel régimen consistía en el dominio socioeconómico y la hegemonía política de una pequeña oligarquía formada por los grandes terratenientes latifundistas del centro y sur de España en combinación con la gran burguesía industrial y financiera que se había generado en los núcleos industrializados del norte y este peninsular (esencialmente, industriales textiles catalanes, financieros y siderúrgicos vascos y patronos mineros asturianos). Era un sistema de dominación institucional que Joaquín Costa había definido en la estela del desastre colonial de 1898 con peculiar concisión: «Oligarquía y Caciquismo como forma actual de gobierno en España». Ese bloque oligárquico había impulsado con cierto éxito la vía nacionalista de desarrollo económico capitalista, que tenía como eje prioritario la reserva del mercado interior español para los productores nacionales mediante la firme protección frente a la competencia extranjera. El lastre implícito de este compromiso proteccionista radicaba en la preservación de las arcaicas estructuras de la propiedad agraria en el sur del país, caracterizada por la presencia de un pequeño número de grandes propietarios latifundistas que aseguraban la continuidad de sus poco productivas explotaciones gracias a la disponibilidad

6. Son interesantes al respecto las reflexiones de Julio Aróstegui en el capítulo titulado «Conflicto y guerra civil: el equilibrio de incapacidades» dentro de su obra *La guerra civil, 1936-1939. La ruptura democrática*, Madrid, Historia 16-Temas de Hoy, 1997.

de una masa de campesinos sin tierra que ganaban jornales míseros, vivían en condiciones materiales muy precarias y carecían de trabajo una gran parte del año. El arcaísmo de esta estructura de la propiedad, por sus efectos sobre la mínima capacidad adquisitiva de la población y sus limitaciones al crecimiento de la demanda del mercado interior, constreñía a largo plazo el crecimiento económico y la modernización social y profesional del conjunto de España. Sin embargo, garantizaba el predominio de los intereses latifundistas en el seno del bloque de poder oligárquico y cimentaba el compromiso proteccionista en vigor.

Frente a ese firme monopolio del poder sociopolítico por parte de la oligarquía, los restantes grupos sociales reforzados por el lento pero constante desarrollo económico (pequeñas y medias burguesías urbanas, clases obreras industriales y de servicios, pequeño campesinado propietario, arrendatario o jornalero) permanecían marginados del sistema político en virtud de los mecanismos caciquiles que falseaban el sedicente parlamentarismo del sistema político de la Restauracción. Al mismo tiempo, la patente debilidad administrativa del Estado se suplía en gran medida por la fuerza de dos grandes corporaciones institucionales que actuaban como pilares básicos del régimen. Por una parte, la Iglesia católica, auténtica institución oficial de legitimación ideológica y de control cultural y educativo. Por otra, el Ejército, en su calidad de órgano burocrático con el monopolio del uso de las armas y del ejercicio de la violencia legítima, que ejercía como garante coactivo último de la continuidad del sistema.[7]

El Desastre de 1898 había significado el primer aldabonazo para la estabilidad y legitimidad del sistema restauracionista.[8] No en vano, la abrumadora derrota militar ante Estados Unidos y la consecuente pérdida de los restos del imperio colonial supusieron un fuerte acicate para los distintos grupos sociales y fuerzas político-ideológicas que desafiaban las bases de la monarquía borbónica. De este modo, al

7. Sendas presentaciones de las bases sociales y políticas de la España de la Restauración en José Varela Ortega, *Los amigos políticos: Partidos, elecciones y caciquismo en la Restauración, 1875-1900*, Madrid, Alianza, 1977; y José M. Jover Zamora, G. Gómez-Ferrer y J. P. Fusi, *España. Sociedad, política y civilización. Siglos XIX y XX*, Madrid, Debate, 2000.

8. Una buena panorámica de la crisis de la Restauración tras el 98 puede verse en Sebastian Balfour, *El fin del imperio español, 1898-1923*, Barcelona, Crítica, 1997.

compás de la crisis de identidad nacional provocada por el Desastre, comenzaron a cobrar fuerza los sentimientos identitarios alternativos al nacionalismo español en Cataluña y en el País Vasco, dando origen a las llamadas «cuestión catalana» y «cuestión vasca» que iban a poner en discusión el carácter centralista y uniformizador del Estado vigente. De igual manera, a partir de 1898, la protesta jornalera en el sur latifundista fue aumentando de intensidad, a la par que la movilización proletaria en los núcleos industriales del norte y del este se reforzaba sin cesar. Sobre esa doble base social fue articulándose un potente movimiento obrero que tendría dos núcleos distintos de implantación geográfica e ideológica. Por un lado, el siempre mayoritario sindicalismo anarquista se hizo fuerte en torno al eje formado por obreros fabriles de Cataluña y jornaleros rurales de Andalucía, cristalizando en 1910 en la Confederación Nacional del Trabajo (CNT). Por otro, el veterano y minoritario movimiento socialista, articulado por el Partido Socialista Obrero Español (PSOE) y la Unión General de Trabajadores (UGT), se afianzó en torno a un triángulo cuyos vértices eran los trabajadores de construcción y servicios de Madrid, el proletariado fabril de Vizcaya y los obreros mineros de Asturias. Finalmente, también a partir del 98, fue agudizándose el descrédito popular del régimen y aumentando la enajenación de las pequeñas burguesías y de las clases medias debido al enorme coste de sangre ocasionado por la nueva campaña imperialista emprendida en 1904 para conquistar el norte de Marruecos (una empresa que habría de costar la vida de más de 18.000 soldados sólo entre 1916 y 1926).[9]

Sin embargo, a pesar del profundo impacto del Desastre del 98, hasta los años de la Primera Guerra Mundial (1914-1918) el sistema liberal-oligárquico de la Restauración resistió con notable éxito los asaltos de esos crecientes movimientos de oposición y desafío. Sólo la Gran Guerra acabaría con la estabilidad de la España de la Restauración de manera casi súbita e irreversible.[10] Las ventajosas circunstan-

9. Sobre el devenir sociopolítico de España en estas décadas véase la reciente síntesis de Santos Juliá, *Un siglo de España. Política y sociedad*, Madrid, Marcial Pons, 1999. Para la dimensión económica, José Luis García Delgado y Juan Carlos Jiménez, *Un siglo de España. La economía*, Madrid, Marcial Pons, 1999.

10. Francisco J. Romero Salvadó, *Spain, 1914-1918. Between War and Revolution*, Londres, Routledge, 1999.

cias creadas por la forzada neutralidad española en el conflicto permitieron la apertura de un rápido proceso de expansión económica, desarrollo industrial, crecimiento urbano, bonanza financiera y diversificación socioprofesional sin precedentes en la historia española. Paradójicamente, esa auténtica edad dorada para los negocios y la economía supuso también la ruptura de los equilibrios sociopolíticos tradicionales y el inicio de un período de aguda crisis interna en el país en virtud de ese acelerado crecimiento y consecuente modernización forzosa.

La intensidad de la crisis se manifestó vivamente en el verano de 1917, cuando el régimen de la Restauración tuvo que hacer frente a tres desafíos diferentes pero igualmente peligrosos. En primer lugar, un sector de la oficialidad del Ejército, agrupado en Juntas Militares de Defensa, exigió en junio medidas inmediatas para combatir los dañinos efectos de la inflación sobre la capacidad adquisitiva de los salarios y forzó la reaparición del Ejército como un poder virtualmente autónomo y sumamente influyente dentro del escenario político español. Un mes más tarde, las pequeñas y medias burguesías marginadas del sistema y reforzadas por la expansión económica, bajo el liderazgo del catalanismo político, desplegaron una intensa campaña de movilizaciones para exigir la democratización inmediata del sistema parlamentario. Por último, en agosto de 1917, en protesta por la espiral inflacionista y sus efectos en el coste de la vida, las crecidas organizaciones sindicales emprendieron una huelga general obrera que demostró la fortaleza superior del anarcosindicalismo sobre el moderado sindicalismo socialista: la CNT llegaría a alcanzar los 800.000 afiliados pocos años después, frente a los 300.000 afiliados agrupados por la UGT.

La triple crisis del verano de 1917 sólo pudo ser superada por la monarquía con el recurso a la intervención del Ejército, que reprimió duramente tanto la huelga general sindical como la campaña política en favor de la democratización del régimen. Tras el final de la Gran Guerra en 1918, la subsecuente crisis económica en Europa se extendió a España e intensificó las tensiones sociopolíticas latentes. Como resultado, hubo coyunturas de verdadera crispación violenta en el sur latifundista (durante el llamado «Trienio Bolchevique» de 1918-1920) y en la Cataluña industrial (durante la larvada guerra social entre activistas anarquistas y pistoleros al servicio de la patronal entre

1920 y 1922). Los simultáneos reveses militares experimentados en las operaciones de pacificación del Protectorado de Marruecos (donde sobresalió el Desastre de Annual de 1921) aumentaron la sensación de crisis agónica y contribuyeron al descrédito personal del propio rey Alfonso XIII por su responsabilidad directa en las decisiones estratégicas.

Finalmente, en septiembre de 1923, ante el colapso del sistema parlamentario y de los instrumentos políticos tradicionales para asegurar el orden social imperante, el rey decidió transitar una nueva vía de gobernación autoritaria: aceptó la implantación de una dictadura militar encabezada por el general Miguel Primo de Rivera, hasta entonces capitán general de Cataluña, que contó con el concurso de prácticamente toda la corporación militar para su empresa. Entre 1923 y 1930 España fue regida por un régimen de fuerza y excepción a cargo del Ejército que logró inicialmente un precario grado de estabilidad social gracias a varios factores: la indiferencia de una opinión pública hastiada del ineficaz parlamentarismo derribado y la tolerancia de los militares hacia el sindicalismo reformista (que implicó el mantenimiento en la legalidad del PSOE y la UGT); la conclusión de la guerra de Marruecos en 1927 con ayuda de Francia (que terminó con el derramamiento de sangre que tanto desesperaba a los sectores populares y clases medias); y el aprovechamiento de la coyuntura económica expansiva de los años veinte en todo el mundo (que permitió fomentar el desarrollo económico bajo habituales moldes proteccionistas y garantizar cierto grado de bienestar social y niveles de casi plena ocupación laboral).[11]

Sin embargo, la dictadura de Primo de Rivera, por su propia condición de régimen de excepción y transitorio, no fue capaz de ofrecer una solución estable para la integración política de las pequeñas y medias burguesías democráticas y de las clases obreras y populares. Por el contrario, a lo largo de los años veinte fue extendiéndose el republicanismo como fórmula alternativa para la modernización y democratización de España entre los sectores burgueses urbanos, los reforzados círculos intelectuales y los ámbitos obreros moderados. La

11. José Luis Gómez Navarro, *El régimen de Primo de Rivera*, Madrid, Cátedra, 1991.

floración de organismos republicanos bajo la dictadura fue un claro síntoma de dicho proceso. No en vano, al lado del tradicional y cada vez más moderado Partido Republicano Radical (liderado por Alejandro Lerroux y su lugarteniente, Diego Martínez Barrio), surgieron otros muchos partidos que trataban de configurarse como ejes políticos de un republicanismo de izquierda, democrático, civilista y secularizador: Acción Republicana (fundada en 1925 y cuyo líder era Manuel Azaña), el Partido Republicano Radical-Socialista (creado en 1929 con figuras como Marcelino Domingo y Álvaro de Albornoz); o la Esquerra Republicana de Catalunya (constituida al amparo del prestigio de Francesc Macià y de su delfín, Lluís Companys, en oposición a la cada vez más derechista Lliga Regionalista de Francesc Cambó).[12]

En el seno del movimiento socialista, la orientación favorable a la República y a la alianza antimonárquica con los republicanos era defendida por Indalecio Prieto y Fernando de los Ríos (líderes del PSOE), en contraposición a la ortodoxia aislacionista propiciada por Julián Besteiro (presidente del partido) y al pragmatismo sindical expectante de Francisco Largo Caballero (secretario general de la UGT).[13] Entre los círculos intelectuales, cuyo eco se había acrecentado con la expansión de lectura de la prensa diaria y el significativo aumento de las tasas de alfabetización general, la prueba de su conversión al republicanismo radicaba en las actividades del represaliado escritor Miguel de Unamuno y del filosófo José Ortega y Gasset.[14]

El inicio de la crisis económica internacional a finales de 1929 dio el golpe de gracia a los esfuerzos de consolidación institucional de la

12. Juan Avilés Farré, *La izquierda burguesa en la II República*, Madrid, Espasa, 1985. Octavio Ruiz Manjón Cabeza, *El partido republicano radical, 1908-1936*, Madrid, Tebas, 1976.

13. Una apretada síntesis sobre el movimiento socialista en Santos Juliá, *Los socialistas en la política española, 1879-1982*, Madrid, Taurus, 1997. Cfr. Paul Heywood, *El marxismo y el fracaso del socialismo organizado en España, 1879-1936*, Santander, Universidad de Cantabria, 1990.

14. Precisamente por iniciativa de este último se crearía la Agrupación al Servicio de la República, cuyo manifiesto fundacional sería firmado por él y por otras dos cumbres del universo intelectual de la época: el médico y ensayista Gregorio Marañón y el escritor Ramón Pérez de Ayala.

dictadura militar porque agotó su capacidad de gestión gubernativa y fracturó la unidad de propósitos políticos del Ejército español. En esas condiciones, Alfonso XIII destituyó a Primo de Rivera en enero de 1930 y encomendó la tarea de formar gobierno al general Berenguer, como paso previo a lo que esperaba que fuese un lento retorno gradual al sistema parlamentario interrumpido en 1923 mediante elecciones libres escalonadas (primero municipales y en último lugar generales). Sin embargo, este proyecto político de la «Dictablanda» de Berenguer tropezaba con el grave obstáculo de la coalición que se había ido fraguando entre el movimiento obrero de inspiración socialista y el movimiento republicano de extracción urbana y pequeño-burguesa. No en vano, desde el verano de 1930, los partidos republicanos habían alcanzado un pacto político con el PSOE y la UGT para actuar de común acuerdo en favor de la democratización de España al amparo de una forma de Estado republicana. En un primer momento, las fuerzas firmantes del llamado Pacto de San Sebastián no consiguieron su objetivo de derribar la monarquía por una acción de fuerza combinada entre militares conjurados y masas civiles movilizadas: la masiva huelga general de diciembre de 1930 fue fácilmente abortada por el Ejército y la pequeña insurrección militar republicana sólo condujo al fusilamiento de los capitanes Galán y García Hernández y al exilio del comandante Ramón Franco y del general Gonzalo Queipo de Llano. Sin embargo, y contra todo pronóstico, la fuerza insospechada de este movimiento antimonárquico se manifestó súbitamente y para sorpresa de todos en las elecciones municipales del 12 de abril de 1931.

La consulta municipal se transformó en un plebiscito popular sobre la monarquía y demostró los fuertes apoyos obtenidos por la conjunción republicana-socialista en la nueva España desarrollada, alfabetizada y urbanizada. Los candidatos opositores lograron una victoria abrumadora en cuarenta y una de las cincuenta capitales de provincia y en la mayor parte de los municipios urbanos, siendo superados por los candidatos monárquicos sólo en los distritos rurales: «la «masa» (las grandes circunscripciones) y la «inteligencia» (los votantes urbanos «ilustrados») habían rechazado a un rey todavía aceptable para la opinión rural».[15]

15. Expresión feliz de Raymond Carr, *España, 1808-1975*, Barcelona, Ariel, 1982, p. 575.

Enfrentados a esa patente realidad y a las masivas manifestaciones republicanas que invadieron las calles, los políticos monárquicos optaron por negociar una salida pacífica a la crisis y aconsejaron al rey la partida hacia el exilio.[16] En consecuencia, el rey abandonó el trono y la propia España camino del exilio en la tarde del 14 de abril de 1931. Pocas horas antes, el comité revolucionario de la coalición republicana-socialista hacía su entrada sin encontrar resistencia en el madrileño Ministerio de Gobernación, se constituía oficialmente en Gobierno Provisional bajo la presidencia de Niceto Alcalá Zamora (un republicano conservador y católico que había sido ex ministro liberal) y proclamaba pacíficamente la Segunda República Española.

3. EL PRELUDIO DE LA TORMENTA: LA SEGUNDA REPÚBLICA ESPAÑOLA

La sociedad española que recibía al nuevo régimen en abril de 1931 mostraba signos evidentes de modernización económica y diversificación socioprofesional. España contaba entonces con casi 24 millones de habitantes, de los cuales 8,4 millones componían la población activa. Dentro de ésta, la población empleada en el tradicional sector de la agricultura había descendido al 45,5 por 100, perdiendo así su predominio secular en beneficio conjunto de la empleada en el moderno sector industrial (26,5 por 100) y en el de servicios (28 por 100). Al mismo tiempo, la población residente en municipios urbanos y semiurbanos había ascendido hasta el 43 por 100 del total nacional, casi equiparándose con los españoles residentes en municipios rurales (menos de 10.000 habitantes). Paralelamente, la tasa general de analfabetismo, que en 1900 se situaba en el 64 por 100 de la población española, en 1930 había descendido al 44 por 100: por

16. La alternativa de resistir por la fuerza para preservar la Corona era impracticable por una razón expuesta por el conde de Romanones, ministro de Estado, al propio Alfonso XIII: «los sucesos de esta madrugada hacen temer a los Ministros que la actitud de los republicanos pueda encontrar adhesiones en elementos del Ejército y fuerza pública que se nieguen en momentos de revuelta a emplear las armas contra los perturbadores, se unan a ellos y se conviertan en sangrientos los sucesos». Miguel Maura, *Así cayó Alfonso XIII*, Barcelona, Ariel, 1966, p. 162.

primera vez era mayoría en España la población que sabía leer y escribir sobre la que carecía de esas habilidades.[17]

Junto a estos indicadores de progreso sociográfico y ocupacional, auténtico trasfondo del imprevisto triunfo republicano-socialista, existían otros indicadores que denotaban el arcaísmo de algunas facetas económicas y sociales, especialmente en la estructura de la propiedad agraria. En 1930 había en el país 1,9 millones de jornaleros agrícolas o campesinos sin tierra, 750.000 campesinos arrendatarios, algo más de un millón de pequeños y medianos propietarios agrarios y 84.000 grandes propietarios agrarios (terratenientes que poseían más de 100 hectáreas de superficie agrícola). Los pequeños y medianos propietarios, representando el 91 y el 8 por 100 del total, poseían sólo el 20 y el 28 por 100 de la superficie agrícola y eran las figuras dominantes en el norte y centro de España. El restante 52 por 100 de la superficie agrícola pertenecía al reducido núcleo de terratenientes y estaba concentrada abrumadoramente en el sur del país (Andalucía y Extremadura). Esta región latifundista era el escenario donde habitaba la inmensa mayoría de los jornaleros sin tierra, fuerza de trabajo sin cualificación sometida a condiciones laborales extremas (ocupación estacional, desempleo durante la mayor parte del año, salarios muy bajos) y por ende fuente principal de la recurrente agitación campesina en España.[18]

El gobierno provisional republicano-socialista presidido por Alcalá Zamora revalidó su apoyo popular en las elecciones generales de junio de 1931. Pero la subsecuente elaboración de un nuevo texto constitucional fue fracturando la alianza original en virtud de las agudas diferencias internas sobre el alcance reformador que habría de dar al régimen en aspectos tantos socioeconómicos como meramente institucionales. En diciembre de 1931 la mayoría gubernamental en las Cortes aprobó una Constitución de contenidos democráticos y pro-

17. Nicolás Sánchez Albornoz (comp.), *La modernización económica de España, 1830-1930*, Madrid, Alianza, 1985. Carlos Sánchez-Reyes de Palacio, *Cifras de la España económica. Macrométrica*, Madrid, Fondo Editorial de Standard Eléctrica, 1978.
18. Edward Malefakis, *Reforma agraria y revolución campesina en la España del siglo XX*, Barcelona, Ariel, 1976, p. 47. Jacques Maurice, *La reforma agraria en la España del siglo XX*, Madrid, Siglo XXI, 1978. Manuel Tuñón de Lara, *Tres claves de la Segunda República. La cuestión agraria, los aparatos del Estado, Frente Popular*, Madrid, Alianza, 1985.

gresistas que incluían varios artículos secularizadores de abierto tinte anticlerical. En desacuerdo con ellos, Alcalá Zamora abandonó la presidencia y la propia coalición gubernamental. Muy poco después también abandonó el gobierno el Partido Radical de Lerroux, disconforme con la continuidad socialista en el mismo y decidido a convertirse en la oposición moderada dentro de la República. Tras esas fracturas, Manuel Azaña, el más prestigioso de los líderes de la izquierda republicana, formó un nuevo gobierno de mayoría republicana en el que seguían presentes tres dirigentes socialistas: Indalecio Prieto (Obras Públicas), Francisco Largo Caballero (Trabajo) y Fernando de los Ríos (Educación). En un intento de paliar el efecto debilitador de esas fracturas, Azaña propuso y consiguió que Alcalá Zamora fuera elegido primer presidente de la República con los votos de la mayoría gubernamental.[19]

Entre diciembre de 1931 y septiembre de 1933, el gabinete de coalición de Azaña acometió un amplio programa de reformas estructurales que tenía dos campos de aplicación fundamentales: la reforma del aparato del Estado en un sentido democrático; y la reforma de la sociedad española con una orientación progresista. Con la vista puesta en la reforma institucional, el gobierno emprendió una triple tarea: acometer la plena secularización mediante la tajante separación de la Iglesia respecto del Estado; consolidar la primacía del poder civil sobre el militar mediante una reforma y reorganización del Ejército que eliminara la tentación militarista y la tradición pretoriana; y modificar la estructura centralista y uniformista del Estado dando cumplimiento a la posibilidad constitucional de establecer un Estatuto de Autonomía para las regiones «históricas» que lo solicitaran. En el segundo campo aludido, el gabinete también aprobó una serie de medidas sociales de gran alcance: leyes de protección laboral obrera, salario mínimo y jornada máxima; concesión del voto electoral a las mujeres; aprobación de la ley de divorcio; implantación de la coeducación de

---

19. Sobre la experiencia republicana véanse: Paul Preston, *La destrucción de la democracia en España. Reacción, reforma y revolución en la Segunda República*, Madrid, Turner, 1978; Stanley Payne, *La primera democracia española. La Segunda República*, Barcelona, Paidós, 1995; y Julio Gil Pecharromán, *La Segunda República*, Madrid, UNED, 1995.

sexos en las escuelas, etc. Sin embargo, el gran proyecto de esta dimensión social habría de ser la Ley para la Reforma Agraria en el sur latifundista, que preveía la expropiación forzosa con indemnización a sus propietarios de cierta cantidad de tierra destinada al asentamiento de campesinos jornaleros.

El ambicioso programa reformista auspiciado por Azaña originó fortísimas resistencias en amplios sectores sociales e ideológicos, tanto por la derecha del espectro político como por la izquierda, en una especie de tenaza virtual que acabaría a la postre con la capacidad de gestión gubernativa. La resistencia derechista se articuló desde el principio en torno a dos ejes programáticos de indudable poder de convocatoria entre las masas populares: la defensa de la fe católica agredida por un gobierno ateo y la defensa de la unidad de la patria amenazada por los proyectos autonomistas. Pero esta resistencia tomó la forma de dos estrategias distintas. Los minoritarios pero selectos grupos monárquicos, tanto alfonsinos (Renovación Española) como carlistas (Comunión Tradicionalista), se declararon incompatibles con el régimen y apostaron desde el principio por una estrategia golpista que confiaba en la intervención del Ejército para acabar con la República reformista. Su gran oportunidad y fracaso temporal llegaría el 10 de agosto de 1932, cuando el general José Sanjurjo encabezó un amago de pronunciamiento militar para evitar que las Cortes aprobaran tanto el Estatuto de Autonomía para Cataluña como la Ley de Reforma Agraria. A diferencia de los monárquicos, la derecha católica se organizó en la Confederación Española de Derechas Autónomas (CEDA), un partido de masas dirigido por José María Gil Robles que se declaraba accidentalista respecto a la forma de Estado, renunciaba al uso de la fuerza, aceptaba la vía electoral para llegar al poder y pretendía reformar la Constitución en un sentido autoritario y corporativo para garantizar tres objetivos claves: el mantenimiento del orden social frente a las amenazas subversivas, el respeto a la propiedad privada ante las iniciativas colectivizadoras y la salvaguardia de los derechos de la religión católica.[20]

20. Julio Gil Pecharromán, *Conservadores subversivos. La derecha autoritaria alfonsina, 1913-1936*, Madrid, Eudema, 1994. José Ramón Montero, *La CEDA. El catolicismo social y político en la II República*, Madrid, Revista de Trabajo, 1977, 2 vols. Raúl Morodo, *Los orígenes ideológicos del franquismo: Acción Española*, Madrid, Alianza,

Tanto más importante que la oposición derechista al gobierno de Azaña fue la resistencia que su tarea encontró por parte de la izquierda obrera de orientación revolucionaria. La hostilidad del Partido Comunista de España (PCE) era relativamente poco importante porque su militancia era muy poco numerosa (menos de 12.000 miembros en 1932) y porque su implantación entre la clase obrera y jornalera era insignificante aparte de algunos puntos en Vizcaya, Asturias y Sevilla. Sin embargo, la CNT había resurgido tras la dictadura como una organización de masas (535.000 afiliados en junio de 1931), bien implantada de nuevo en Andalucía y Cataluña, y en la que la dirección había caído en manos de militantes de la Federación Anarquista Ibérica (fundada en 1927) en detrimento de los anarcosindicalistas más moderados y pragmáticos. Considerando que el cambio de forma de Estado en nada afectaba a la lucha social por la transformación revolucionaria, la CNT desplegó una estrategia insurreccional de acción directa contra el gobierno y el Estado que fue jalonando de huelgas generales e incidentes armados todo el bienio reformista, con su secuela de detenidos y muertos en choques entre sindicalistas y fuerzas de orden público. El punto culminante de esa estrategia fue la huelga general cenetista de enero de 1933, cuya dura represión por parte del gobierno ocasionó varios muertos y provocó un grave deterioro del prestigio de Azaña y de su gabinete en el seno de la clase obrera y de los sectores populares del país.[21]

Sometido al fuego cruzado del insurreccionalismo cenetista y de la resistencia parlamentaria conservadora, a finales de 1933 la capacidad del gabinete de Azaña para proseguir las reformas estaba seriamente dañada. Sobre todo porque a la altura de ese año los efectos de la depresión económica internacional se hicieron sentir agudamente en la frágil economía española: caída de la entidad y valor de las exportaciones (sobre todo agrícolas), encarecimiento notorio de las importa-

21. Rafael Cruz, *El Partido Comunista de España en la II República*, Madrid, Alianza, 1987. Antonio Elorza, *La utopía anarquista bajo la II República*, Madrid, Revista de Trabajo, 1973. Julián Casanova, *De la calle al frente. El anarcosindicalismo en España, 1931-1939*, Barcelona, Crítica, 1997.

1985. Martin Blinkhorn, *Carlismo y contrarrevolución en España, 1931-1939*, Barcelona, Crítica, 1979.

ciones (esencialmente productos manufacturados y petróleo), consecuente aumento del déficit comercial y de la balanza de pagos, depreciación de la peseta, reducción del presupuesto de gasto público, etc. El principal efecto social de la crisis fue provocar un crecimiento espectacular del número de obreros en paro: en 1933 su cifra alcanzaba los 619.000 desempleados, de los cuales el 60 por 100 pertenecían al sector agrario, eje de la problemática social española y fuente principal de la militancia anarquista insurreccional.[22]

Ante esa situación de desgaste gubernativo, el presidente Alcalá Zamora optó por convocar nuevas elecciones generales en noviembre de 1933. El resultado de la segunda consulta electoral fue un cambio radical del equilibrio de fuerzas políticas. La victoria correspondió a la CEDA, seguida a estrecha distancia del Partido Radical de Lerroux, convertido ya en un partido republicano conservador y derechista. Entre ambas fuerzas tenían una mayoría absoluta en la Cámara. La flagrante derrota de la antigua coalición republicano-socialista se debía a tres factores combinados: su propia desunión electoral (republicanos y socialistas habían acudido a las urnas por separado en un sistema electoral que primaba a las mayorías); la masiva abstención de los anarquistas; y el nuevo voto femenino, que se inclinó mayormente hacia la CEDA y los partidos conservadores.

Habida cuenta de los resultados electorales, en diciembre de 1933 el partido radical de Lerroux asumió la tarea de formar un gobierno minoritario contando con el tácito apoyo parlamentario de la CEDA (que no pudo formar gobierno propio en virtud de su negativa a aceptar la Constitución vigente). Apenas aplastada una nueva tentativa insurreccional cenetista, el gabinete emprendió su labor de «rectificación» de la gestión gubernativa anterior bajo la grave hipoteca que suponía la imperiosa necesidad de contar con la aprobación de la CEDA para cualquier medida importante. En efecto, la estrategia política de Gil Robles consistió en prestar o retirar su apoyo a Lerroux en función del carácter más o menos derechista de sus propuestas ejecutivas, provocando una creciente dependencia del gobierno respecto de la CEDA y la progresiva retirada de los sectores radicales más centristas o afines al pro-

---

22. Jordi Palafox, *Atraso económico y democracia. La Segunda República y la economía española*, Barcelona, Crítica, 1991.

grama original de abril de 1931. En consecuencia, a lo largo del año 1934, a la par que se intensificaba la crisis económica y el paro obrero y jornalero, el gobierno radical suspendió la aplicación de la legislación laboral progresista en beneficio de las demandas patronales, aminoró la puesta en práctica de la reforma agraria en atención a las protestas de los sectores afectados, paralizó el traspaso de competencias al gobierno autónomo catalán (en manos del republicanismo de izquierda y presidido por Lluís Companys), atemperó la aplicación de la legislación secularizante y anticlerical, y concedió la amnistía a los militares y civiles condenados por el intento de golpe de agosto de 1932. La culminación de esta política de rectificación reaccionaria se alcanzó en junio de 1934, cuando el gobierno reprimió con suma dureza una huelga general campesina convocada por la UGT para protestar por el paro en los campos latifundistas y la lentitud de la reforma agraria.

A principios de octubre de 1934 se planteó una grave crisis política cuando la CEDA condicionó la continuidad de su apoyo a los radicales a la formación de un nuevo gobierno con su participación. Los republicanos de izquierda se oponían a esa colaboración ministerial porque dudaban de la fidelidad de la CEDA hacia el régimen democrático republicano. Por su parte, los socialistas, amedrentados por los sucesos de Alemania en 1933 y de Austria en marzo de 1934, ya habían anunciado que se opondrían por la fuerza a la medida para evitar la eventual imposición legal de un régimen autoritario que acabara con sus organizaciones («Antes Viena que Berlín»). En consecuencia, la aprobación por parte de Alcalá Zamora de un nuevo gobierno de coalición radical-cedista fue la chispa que desencadenó la huelga general socialista en toda España, que tuvo caracteres de insurrección revolucionaria en Asturias y que fue secundada por la Generalitat en el ámbito de Cataluña. Sin embargo, dejando aparte la falta de preparación política y material del movimiento, la eficaz intervención del Ejército y de las fuerzas de seguridad garantizó el rápido triunfo del gobierno, con la única salvedad de la revolución asturiana, cuyo aplastamiento exigió quince días y un intenso despliegue militar (incluyendo el traslado de tropas de Marruecos para enfrentarse a las milicias mineras).[23]

23. David Ruiz González, *Insurrección defensiva y revolución obrera. El octubre español del 34*, Barcelona, Labor, 1988. Sobre la tentativa catalanista hay notas instruc-

La derrota abrumadora de la izquierda obrera y catalanista en octubre de 1934 fue seguida de una intensificación notable de la política contrarreformista en el plano político, social y autonómico: fueron encarcelados unos 30.000 participantes en la huelga general; se dictaron veinte penas de muerte por responsabilidad en la sublevación (de las que fueron ejecutadas dos); se suspendieron en sus funciones todos los ayuntamientos socialistas, así como la autonomía catalana (cuyo gobierno fue encarcelado); se detuvo y enjuició a Manuel Azaña como supuesto instigador del movimiento (hasta que fue liberado por falta de pruebas); etc. Pocos meses después fue aprobada una Ley para la Reforma de la Reforma Agraria que suponía la virtual parálisis de los proyectos originales. Así mismo, con Gil Robles como ministro de la Guerra, generales de talante conservador sustituyeron a los militares reformistas en puestos claves y decisorios: el monárquico Joaquín Fanjul ocupó la subsecretaría del ministerio, Manuel Goded la Inspección General y Francisco Franco, que había dirigido con éxito las operaciones de octubre en Asturias y en toda España, asumió la Jefatura del Estado Mayor Central.

Sin embargo, el triunfo radical-cedista sobre el movimiento huelguístico de octubre de 1934 no estuvo exento de tensiones internas que demostraban los límites infranqueables para la aplicación de una política de reacción extrema como la propiciada por la CEDA. Cuando Alcalá Zamora se negó a ratificar las cuantiosas penas de muerte, Gil Robles consultó con sus asesores militares la posibilidad de una acción militar intimidatoria y anticonstitucional. Tras sondear el estado de opinión en las guarniciones, tanto Fanjul como Goded le respondieron que «el Ejército está minado» y era preferible seguir la vía legal. El incidente puso de manifiesto un grave problema político de fondo que acabaría por destruir el bienio radical-cedista: ambas fuerzas coaligadas discrepaban sobre el alcance último de la contrarreforma en curso y sobre el mantenimiento del propio régimen democrático y de la Constitución de 1931. Mientras que los radicales y el presidente Alcalá Zamora entendían que las medidas de emergencia

---

tivas en Enric Ucelay da Cal, *La Catalunya populista, 1931-1939*, Barcelona, La Malgrana, 1982; y en Hilari Raguer, *El general Batet. Franco contra Batet: crónica de una venganza*, Barcelona, Península, 1996, cap. 7.

eran transitorias y habrían de ser derogadas a corto o medio plazo, Gil Robles y la mayoría de la CEDA las estimaba como una solución permanente hasta la eventual revisión constitucional en un sentido autoritario y corporativo.

La fuerte represión desatada contra las izquierdas y el temor que inspiraba en éstas el ejercicio del poder por parte de la CEDA precipitaron un renovado movimiento hacia la unidad entre los republicanos de izquierda y los socialistas. A lo largo de 1935, Azaña logró unificar a varios grupos en Izquierda Republicana y promovió una campaña popular para restablecer la coalición originaria de 1931 con el fin de concurrir unidos a las próximas elecciones y volver a poner en marcha el programa reformista interrumpido. En el seno del socialismo, la propuesta azañista acentuó la profunda división entre su ala moderada y su corriente radical, ya puesta de manifiesto por el fracaso de la huelga general y de la insurrección asturiana. La facción moderada, dirigida por Indalecio Prieto y con fuertes apoyos en la dirección y las bases del PSOE, consideraba imprescindible unirse a los republicanos para acceder al poder por vía electoral y reanudar desde el gobierno las reformas inconclusas frente a la doble tenaza del golpismo militar y del insurreccionalismo cenetista. Sin embargo, el ala radical, encabezada por Francisco Largo Caballero y hegemónica en la UGT, había agotado su fe en la colaboración gubernamental con los republicanos y apostaba por una estrategia de presión obrera autónoma desde la calle que impusiera las reformas a la par que disputara a la CNT el protagonismo reivindicativo. Habida cuenta del clamor popular en favor de la unidad y del seguro fracaso de la división electoral, la tendencia largo-caballerista hubo de asumir la necesidad de coaligarse con los republicanos para acudir a las elecciones. Pero impusieron que esa nueva conjunción electoral republicano-socialista fuera ampliada por la izquierda hasta incluir al PCE, atrayendo además el voto anarquista con la promesa de la amnistía para todos los detenidos por motivos políticos y sindicales. De este modo, a principios de 1936, las izquierdas españolas habían restablecido mal que bien su unidad en previsión de una nueva consulta electoral y habían firmado el llamado pacto de Frente Popular.[24]

24. Santos Juliá, *Orígenes del Frente Popular en España*, Madrid, Siglo XXI, 1979.

El reagrupamiento de las izquierdas tuvo lugar justo a la par que se iba desmoronando la mayoría gubernamental durante el otoño e invierno de 1935. Al margen de la tensión de fondo que siempre había lastrado a la coalición radical-cedista, un formidable escándalo de corrupción (la crisis del «estraperlo») acabó con el prestigio personal de Lerroux y destruyó literalmente al viejo Partido Radical. Sin embargo, para desconcierto de Gil Robles, la destrucción de su aliado no supuso que el presidente de la República le diera el encargo de formar gobierno en minoría. Alcalá Zamora, temiendo las veleidades autoritarias del líder cedista, optó por ejercer sus prerrogativas constitucionales, convocó nuevas elecciones para el 16 de febrero de 1936 y nombró un gobierno interino encargado de supervisarlas (presidido por el centrista Portela Valladares). Antes de acatar la decisión presidencial, Gil Robles volvió a consultar con sus asesores en el Ministerio de Guerra la posibilidad de anticiparse con un golpe militar. Pero Franco dictaminó que el Ejército no estaba preparado para la operación y que aún quedaban recursos legales y electorales para impedir el retorno al poder de los reformistas.

La confrontación electoral de febrero de 1936 fue esencialmente bipolar, con la izquierda agrupada en candidaturas conjuntas del Frente Popular y la derecha en dispersas candidaturas «contrarrevolucionarias» que incluían a cedistas, carlistas, monárquicos alfonsinos, republicanos conservadores y a veces hasta miembros de Falange Española (el pequeño partido fascista español fundado en 1933 por José Antonio Primo de Rivera, hijo del ex dictador). Sólo el Partido Nacionalista Vasco (PNV), conservador y católico fervoroso, rechazó participar en el bloque derechista ante la promesa frentepopulista de conceder el Estatuto de Autonomía para el País Vasco (promesa cumplida ya en plena guerra, en octubre de 1936). El resultado de la consulta fue una apretada victoria del Frente Popular (no superior a 200.000 votos populares) que, en virtud de la ley electoral, significaba una mayoría absoluta en las Cortes (278 escaños frente a 124 de las derechas y 51 de partidos de centro).

Nada más conocerse los resultados, en la madrugada del día 17 de febrero, tanto Gil Robles como Franco pidieron a Portela Valladares que declarase el estado de guerra en previsión de incidentes, dadas las manifestaciones de júbilo de electores frentepopulistas que inundaban las calles. Pero Alcalá Zamora desautorizó la medida. Franco sondeó entonces la disposición del Ejército para hacerse cargo del poder sin la aprobación del presidente de la República y al margen de los preceptos constitucionales. Como el resultado fue desalentador, volvió a requerir el estado de guerra para «impedir el dominio de la revolución». Portela Valladares se negó y preguntó por qué no actuaba el Ejército a iniciativa propia. La respuesta de Franco fue reveladora: «El Ejército no tiene aún la unidad moral necesaria para acometer esa empresa».[25] Ante la gravedad de la crisis, Alcalá Zamora aceptó la renuncia de su atribulado jefe de gobierno y encargó a Azaña la formación urgente y sin dilación de un gabinete que restaurase la normalidad civil e institucional. De este modo, el 19 de febrero de 1936, sin esperar al plazo legal previsto, Azaña constituyó un gobierno de republicanos de izquierda que contaba con el apoyo parlamentario de todos los firmantes del Frente Popular. De este modo, el conflicto entre grupos e intereses sociales que pugnaban por implantar en España diferentes modelos de organización sociopolítica entraba en una nueva fase: la última antes de que el conflicto pasara a dirimirse en una guerra civil.

Con el fin de lograr una salida a la grave crisis sociopolítica, el gobierno de Azaña comenzó a aplicar de inmediato el programa reformista interrumpido durante dos años. El día 21, a la par que decretaba la amnistía política y legalizaba las excarcelaciones de presos en curso, también restablecía el Estatuto de Autonomía de Cataluña, donde la izquierda catalanista había obtenido una victoria electoral neta. El 29 promulgó la amnistía laboral, en virtud de la cual las empresas quedaban obligadas a readmitir a obreros despedidos por huelgas políticas desde 1934. Poco después, con igual determinación, reactivó la reforma agraria latifundista y aceleró el asentamiento de jornaleros en tierras expropiadas: entre marzo y julio de 1936 fueron asentadas 110.921 familias campesinas en 572.055 hectáreas expropiadas (frente a las 12.260 familias asentadas en 116.837 hectáreas en los tres años previos).[26]

---

25. Joaquín Arrarás Iribarren, *Historia de la Segunda República*, Madrid, Editora Nacional, 1963, vol. 4, pp. 50-60. Del mismo autor, su biografía: *Franco*, Valladolid, Santarén, 1939, pp. 224-227. Cfr. Paul Preston, *Franco. Caudillo de España*, Barcelona, Grijalbo, 1994, p. 152

26. E. Malefakis, *Reforma agraria y revolución campesina*, pp. 432-433. M. Tuñón de Lara, *Tres claves de la Segunda República*, pp. 84-85.

Mientras el gabinete ejecutaba con vigor el programa reformista, la unidad conseguida por la izquierda en período electoral fue fragmentándose. Si bien los republicanos estaban cohesionados en torno al proyecto gubernamental, el PSOE, vínculo tradicional de su alianza con la clase obrera reformista, estaba profundamente dividido. La corriente liderada por Prieto, consciente del peligro golpista que amenazaba la continuidad de las reformas, favorecía la entrada en el ejecutivo para reforzar su apoyo sociopolítico. Pero la izquierda largo-caballerista se negaba a una nueva colaboración ministerial, apostaba por la movilización social para acelerar las reformas y desestimaba la amenaza de involución militar. La consecuente debilidad del socialismo restó a las autoridades republicanas un crucial apoyo cada vez más necesario, habida cuenta del retorno de la CNT a su línea insurreccional previa tras la liberación de sus presos y dada la falta de implantación de masas de un PCE afín a las tesis prietistas y fiel a las directrices moderadoras procedentes de Moscú.

En contraste con la fragmentación orgánica y política de las izquierdas españolas en el primer semestre de 1936, los partidos derechistas experimentaron un movimiento de convergencia de sus estrategias opositoras en torno a un postulado común: la necesaria destrucción de la República democrática mediante un levantamiento militar. Fracasada la vía electoral, la esperanza de todos los grupos conservadores, desde la mayor parte de la CEDA a la Falange, pasando por monárquicos alfonsinos y carlistas, fue cifrándose en el último bastión disponible: el Ejército en su calidad de corporación del Estado con el monopolio del uso de las armas y del ejercicio de la violencia legítima. Con mayor o menor entusiasmo, entre febrero y julio las derechas españolas fueron confiriendo al Ejército, con sus generales al frente, el protagonismo y la dirección política de la reacción conservadora contra la República. Así se fue materializando el pacto tácito contra un tangible reformismo gubernativo y un hipotético espectro revolucionario que había propugnado desde principios de año José Calvo Sotelo, prestigioso líder alfonsino:

Hoy el Ejército es la base de sustentación de la Patria. Ha subido de la categoría de brazo ejecutor, sordo y mudo, a la de columna vertebral, sin la cual no es posible la vida. [...] Cuando las hordas rojas del comunismo avanzan,

43

sólo se concibe un freno: la fuerza del Estado y la transfusión de las virtudes militares—obediencia, disciplina y jerarquía—a la sociedad misma.[27]

En efecto, reactivando la tradición del pretorianismo militar español, desde marzo de 1936 fue extendiéndose una amplia conspiración entre amplios sectores del generalato y la oficialidad cuyo principal objetivo era detener la gestión reformista y atajar la virtual revolución social que percibían tras la movilización obrera y campesina en curso. Bajo el modelo del pronunciamiento de 1923 y consciente del apoyo tácito o expreso de las derechas políticas, la conjura militar fue cobrando forma con Sanjurjo como cabeza reconocida desde su exilio portugués, con el general Emilio Mola como «director técnico» desde Pamplona y con el general Franco y el general Goded desde sus comandancias de Canarias y Baleares, respectivamente.[28] A la altura de mayo ya estaba casi totalmente configurada, coincidiendo con un agravamiento de la crisis sociopolítica por dos fenómenos paralelos: la formación de un nuevo gobierno sin socialistas presidido por Casares Quiroga tras el nombramiento de Azaña como presidente de la República (previa destitución de Alcalá Zamora); y el inicio de un potente movimiento huelguístico en la industria y el campo, resultado tanto de la combatividad sindical como de la resistencia y sabotaje patronal a las medidas gubernativas.

En ese contexto de tensión social y debilidad ejecutiva, el plan insurreccional perfilado por los militares conjurados preveía un levantamiento simultáneo de todas las guarniciones peninsulares e insulares y su marcha centrípeta sobre Madrid (donde se esperaba la mayor resistencia), con las bien dotadas fuerzas de Marruecos avanzando desde el sur y bajo la certeza de que «la acción ha de ser en extremo violenta para reducir lo antes posible al enemigo». Tras el previsible triunfo, un «Directorio Militar» ejercería «el poder con toda su am-

27. Palabras pronunciadas el 12 de enero de 1936. Recogidas en Joaquín Arrarás, *Historia de la Segunda República*, vol. 4, p. 13.

28. Sobre la tradición militarista y pretoriana en España véase: Stanley G. Payne, *Los militares y la política en la España contemporánea*, París, Ruedo Ibérico, 1968. Gabriel Cardona, *El poder militar en la España contemporánea*, Madrid, Siglo XXI, 1983. Manuel Ballbé, *Orden público y militarismo en la España contemporánea*, Madrid, Alianza, 1983.

plitud», derogaría las leyes «que no estén de acuerdo con el nuevo sistema orgánico del Estado» y suprimiría a los grupos «que reciben su inspiración del extranjero».[29] Apenas perfilado el plan golpista, la tensión política alcanzó su punto culminante y proporcionó el pretexto ideal para una intervención militar: el 13 de julio, como represalia al previo asesinato por falangistas en Madrid de un teniente de la Guardia de Asalto de filiación socialista, un grupo de compañeros del fallecido secuestró y asesinó a Calvo Sotelo. Este asesinato no fue causa directa de la sublevación, pero aceleró los preparativos y eliminó las últimas dudas de algunos conjurados. Ese mismo día Mola ordenó que el 17 comenzara el levantamiento en Marruecos, siendo éste la señal para el resto de guarniciones. El gobierno de Casares Quiroga, pese a contar con información sobre los planes, no valoró con exactitud su dimensión ni tomó medidas eficaces para atajarla. Su pasividad suicida, derivada de su doble temor a un golpe militar y a una revolución social, sería mortal para la República y asestaría un golpe terrible al prestigio del gabinete y al propio reformismo republicano.

En definitiva, durante el azaroso quinquenio democrático republicano, los tres proyectos institucionales antagónicos (Reforma, Reacción y Revolución) habían demostrado una fuerza insuficiente para imponerse definitivamente a los contrarios y lograr así la estabilización de las tensiones existentes, como había sucedido en el resto de Europa. De hecho, en España se había llegado a una situación de virtual empate de fuerzas entre la alternativa democrático-reformista y la alternativa contrarreformista, con la recurrente aparición de la alternativa revolucionaria con capacidad para minar y socavar el poder efectivo de las otras pero no para derribarlas o, mucho menos, suplantarlas. Dicho empate era sin duda el fruto decantado del proceso de desarrollo económico desigual y combinado que el país había experimentado en las décadas previas, cuyos efectos políticos más cruciales habían sido la gestación de una profunda división en el seno de las clases medias españolas (por motivos religiosos), junto con una análoga fractura de las clases obreras organizadas (reformistas y revo-

29. Citas textuales de las circulares de Mola a los conjurados, reproducidas en Ricardo de la Cierva, *Historia de la guerra civil. I. Perspectivas y antecedentes*, Madrid, San Martín, 1969, pp. 761-785.

lucionarios). Paradójicamente, en ese empate virtual de fuerzas residió la peculiaridad y singularidad de la crisis española en el contexto continental. A diferencia de otros países europeos, en España se alcanzó un irresoluble equilibrio inestable entre las organizaciones políticas y los apoyos sociales de la alternativa reformista (articulada sobre las clases medias republicanas y el movimiento obrero socialdemócrata) y su contrafigura reaccionaria (implantada en las clases medias católicas urbanas y rurales y alentada por la oligarquía desplazada del poder). Un equilibrio y contrapeso efectivo que hacía imposible la estabilización del país mediante la imposición de uno u otro proyecto de manera incontestable y definitiva, tanto por la fuerza respectiva del contrario como por la presencia de un tercio excluso, el revolucionario, enfrentado a ambos casi por igual y volcado en su propia estrategia insurreccional. De este modo, como resultado de ese empate peculiar y singular, demostrado fehacientemente en la consulta electoral del 16 de febrero de 1936, pudo plantearse y surgir el recurso a las armas como medio último y extremo para dirimir el conflicto y resolver el dilema. Y, por su propia naturaleza, ese recurso al arbitraje de las armas acentuó decisivamente el protagonismo del Ejército español como institución y corporación estatal, donde los apoyos del reformismo estaban en franca minoría frente a las simpatías por la reacción, en consonancia con la tradición militarista y pretoriana dominante en sus filas.

4. EL CONTEXTO EUROPEO E INTERNACIONAL EN LA DÉCADA
   DE LOS AÑOS TREINTA

Además de la estrecha analogía esencial entre la crisis específica española y la crisis genérica europea (que haría posible la mayor o menor identificación de cada uno de los bandos contendientes en España con sus homólogos europeos), entre ambos procesos se produjo una conexión temporal y cronológica de enorme transcendencia: la guerra civil española se iniciaría en julio de 1936 y se desarrollaría hasta abril de 1939 en medio de una coyuntura europea sumamente crítica y decisoria. De hecho, a lo largo del año crucial de 1936 el sistema de relaciones internacionales en el continente entraría en una fase de crisis irreversible que conduciría directa y gradualmente hasta el estallido de la Segunda Guerra Mundial en septiembre de 1939. Esta sincronía y estrecho paralelismo temporal entre el desenvolvimiento de la guerra en España y el agudo deterioro de las tensiones europeas sería la causa generadora del enorme impacto diplomático del conflicto español y de su rápido proceso de internacionalización. No en vano, la tragedia española, convertida en un sangriento «reñidero de Europa», se desarrollaría justo a la par y en íntima vinculación con la crisis final que daría origen a la segunda gran guerra continental del siglo xx.

La crisis del orden europeo y mundial que se manifestó tan vivamente en 1936 tenía su origen en la fragilidad del sistema de relaciones internacionales surgido tras la apretada victoria de la coalición aliada (Gran Bretaña, Francia, Rusia y los EE.UU) contra Alemania y sus satélites (Austria-Hungría y el imperio otomano) en noviembre de 1918.[30] El santo y seña simbólico de dicho sistema lo constituía la Sociedad de Naciones, organismo con sede en Ginebra encargado de mantener la paz y la seguridad colectiva a través de las consultas gubernamentales periódicas, el arbitraje y el potencial recurso a las sanciones económicas o militares frente a un estado agresor que perturbara la estabilidad internacional. En realidad dicho organismo y el llamado «sistema de seguridad colectiva» nunca tuvieron plena eficacia porque contaron desde el origen con fallas insuperables. Ante todo, porque los EE.UU. declinaron su integración en él y se retiraron a una posición de aislacionismo radical que no se quebraría hasta 1941, en tanto que Alemania y la Unión Soviética no serían admitidas como miembros hasta 1926 y 1934, respectivamente. En segundo orden, porque existían poderosas fuerzas revisionistas (evidentes tanto en países vencidos como vencedores) que no se resignaban a aceptar

---

30. Tres obras clásicas ofrecen una exposición genérica sobre el origen y morfología de la crisis de entreguerras: Anthony Adamthwaite, *The Lost Peace. International Relations in Europe, 1918-1939*, Londres, Edward Arnold, 1980; James Joll, *Historia de Europa desde 1870*, Madrid, Alianza, 1983; y William R. Keylor, *The Twentieth-Century World. An International History*, Oxford, Oxford University Press, 1984. Más específico y actualizado es el estudio de P. M. H. Bell, *The Origins of the Second World War in Europe*, Londres, Longman, 1993. Una buena puesta al día sobre el tema es la densa obra de Ricardo Miralles, *Equilibrio, hegemonía y reparto. Las relaciones internacionales entre 1870 y 1945*, Madrid, Síntesis, 1996.

el *status quo* postbélico: Alemania (cuya frontera oriental había sufrido duros recortes y cuya capacidad militar estaba limitada por el Tratado de Versalles) e Italia (donde las expectativas de expansión territorial en los Balcanes se habían visto defraudadas por las limitadas ganancias logradas). Por último, el triunfo bolchevique en Rusia y la ola revolucionaria experimentada en Europa central entre 1919 y 1920 estimularon una reacción general de todos los países capitalistas contra el estado soviético y el movimiento comunista internacional que vino a entretejerse con las antiguas rivalidades nacionales y coloniales.

Pese a esas fracturas, el sistema internacional experimentó un considerable grado de estabilidad durante la década de los años veinte. El resultado más expresivo de esta fase fue el Tratado de Locarno de 1925, a tenor del cual Francia, Bélgica y Alemania se comprometieron a respetar sus fronteras recíprocas bajo la garantía conjunta de Gran Bretaña e Italia. Pero fue imposible alcanzar un acuerdo similar respecto a Europa oriental, por lo que se desarrolló un sistema de alianzas que aseguraba el apoyo francés a los nuevos estados de Polonia, Checoslovaquia, Rumanía y Yugoslavia en caso de agresión alemana. Sin embargo, esta precaria estabilidad del orden internacional quedó truncada por la profunda crisis económica desatada a finales de 1929, que suscitó graves desequilibrios en las relaciones interestatales y en la dinámica interna sociopolítica de varias potencias europeas y extraeuropeas.

La principal amenaza contra el orden internacional imperante en la Europa de entreguerras provenía de los nuevos regímenes contrarrevolucionarios y totalitarios implantados por Benito Mussolini en Italia (1922) y Adolf Hitler en Alemania (1933). Como corolario a su política común de reforzamiento del poder estatal, férrea disciplina social, autarquía económica y exaltación nacionalista, tanto la dictadura fascista como la nazi postulaban una política exterior beligerante y revisionista del *statu quo* territorial, buscando así fuera de sus fronteras la solución a las profundas tensiones y dificultades latentes en su propio interior.

En el caso italiano, el pragmatismo coyuntural desplegado por el Duce se combinaba con una notable coherencia programática: se trataba de convertir a Italia en la potencia hegemónica del Mediterráneo, reactualizando el *Mare Nostrum* de la Roma imperial y contra-rrestando la hegemonía naval anglo-francesa en el área. A este fin habían respondido sus cautelosas actividades en la isla de Corfú, en Albania y en Libia durante los años veinte, como paso previo a iniciativas mayores sólo imaginables cuando Italia hubiera logrado una potencia económica y militar suficiente y una cobertura diplomática más propicia.[31] De hecho, ya en 1927 confesaba en la intimidad a uno de sus colaboradores militares su percepción de la entente anglo-francesa como el obstáculo principal para la realización de los sueños imperiales fascistas:

El objetivo es construir una Marina de guerra que represente ante Francia lo que la marina alemana representó y, a su debido tiempo, representará otra vez para Inglaterra: una pesadilla y una amenaza. Las células comunistas en Francia y el agresivo y tenaz espíritu fascista en Italia harán el resto.[32]

En el caso del Tercer Reich, el oportunismo táctico del Führer también se combinaba con un programa de expansión imperialista en fases graduales que conciliaba tres ideas arraigadas en el pensamiento radical reaccionario germánico: un violento antimarxismo y fobia antiliberal; el dogma de la superioridad racial aria y consiguiente antisemitismo; y la pretensión de colonizar el este europeo para asegurar espacio vital a la raza alemana. En función de dicho *Stufenplan*, en primer lugar, Alemania habría de recuperar su plena capacidad militar y los territorios perdidos por el tratado de paz de Versalles en 1919. Seguidamente, habría de convertirse en la potencia hegemónica en Europa central, anexionando o neutralizando a rivales como Austria,

31. El sentido general de la diplomacia fascista se analiza y describe en los cuatro volúmenes de la magna biografía de Renzo de Felice, *Mussolini il fascista* (Turín, Einaudi, 1966 y 1968) y *Mussolini il Duce* (Turín, Einaudi, 1974 y 1981). Una visión general en Denis Mack Smith, *Modern Italy. A Political History*, New Haven, Yale University Press, 1997, cap. 12. Un estudio monográfico en Steven Morewood, «Anglo-Italian Rivalry in the Mediterranean and Middle East», en R. Boyce y E. Robertson (eds.), *Paths to War. New Essays on the Origins of the Second World War*, Londres, Macmillan, 1989, pp. 167-198.
32. Citado en MacGregor Knox, *Mussolini Unleashed, 1939-1941. Politics and Strategy in Fascist Italy's Last War*, Cambridge, University Press, 1986, p. 19.

Checoslovaquia y Polonia. Por último, habría de conquistar la Rusia europea para convertirse en una potencia continental inexpugnable y una gran potencia mundial sin parangón. Dicha expansión territorial graduada sería paralela a un proceso de depuración biológica de la población alemana y europea que implicaba el exterminio o subordinación de las razas consideradas inferiores desde la perspectiva racista nazi. Para conseguir estos objetivos en sus primeras etapas, y a fin de evitar el cerco estratégico de 1914-1918, Hitler consideraba necesaria la búsqueda de una alianza tácita o expresa con Italia y Gran Bretaña, propiciada por la renuncia al Tirol del sur y a la expansión colonial, respectivamente.[33]

Las pretensiones revisionistas abrigadas por la Italia fascista y la Alemania nazi estaban en franca oposición a los intereses y propósitos de las dos principales potencias beneficiarias y garantes del *status quo* en Europa: los regímenes democráticos de Francia y Gran Bretaña, grandes vencedores del conflicto de 1914-1918 con la indispensable ayuda de los Estados Unidos. En ambos países se percibía con suma prevención el revisionismo territorial nazi y el irredentismo imperial fascista. Sin embargo, también se consideraba muy improbable una combinación hostil de ambas dictaduras porque existía un claro antagonismo en su respectiva política exterior: la voluntad alemana de anexionar Austria y lograr la hegemonía en los Balcanes se enfrentaba al propósito italiano de garantizar la independencia austríaca (como estado tapón en el norte) y de ejercer un protectorado *de facto* sobre los Balcanes. La virtualidad de esa contradicción se puso de manifiesto en marzo de 1935, cuando Hitler (que ya había abandonado la Sociedad de Naciones) anunció la existencia de una fuerza aérea alemana y el restablecimiento del servicio militar obligatorio. La respuesta de Francia, Gran Bretaña e Italia consistió en una declaración conjunta, firmada en Stresa en abril de 1935, que reiteraba su oposi-

---

33. Sobre la política exterior nazi véase: Klaus Hildebrand, *The Foreign Policy of the Third Reich*, London, Batsford, 1973. Andreas Hillgruber, *Germany and the Two World Wars*, Cambridge (Mass.), Harvard University Press, 1981. Fritz Fisher, *From Kaiserreich to the Third Reich. Elements of Continuity in German History*, Londres, Unwin Hyman, 1988. Gerhard L. Weinberg, *The Foreign Policy of Hitler's Germany, 1933-1936*, Chicago, University of Chicago, 1983.

ción al repudio unilateral de los tratados. Sin embargo, el precario «frente de Stresa» iría desmoronándose en meses sucesivos. Los preparativos italianos para la conquista de Abisinia pronto generarían la resistencia franco-británica. La búsqueda francesa de seguridad contra el renacido poder alemán desembocaría en la firma del pacto franco-soviético de consultas mutuas en caso de agresión firmado en mayo de 1935. Por el contrario, el gobierno británico, un mes más tarde, firmó con Hitler un acuerdo naval que prescribía límites precisos y seguros a las dimensiones de la futura flota de guerra alemana.

Estas divergencias patentes en la respuesta de los antiguos aliados al desafío alemán no eran los únicos factores que impedían una conjunción de estrategias diplomáticas y militares. De hecho, el temor franco-británico a lo que parecía una difícil concertación italo-germana estaba eclipsado por otra preocupación fundamental en el escenario diplomático de la época: la sustitución de Rusia por la Unión Soviética tras el triunfo de la revolución bolchevique en octubre de 1917. Tanto por su naturaleza social revolucionaria y anticapitalista, como por su ascendiente en la política interior de otros Estados a través de los Partidos Comunistas, la URSS provocaba fuertes recelos en los círculos gobernantes británicos y franceses, tanto si eran conservadores como liberales, socialdemócratas o laboristas. Además, en esos medios políticos existía la convicción de que el estallido de otra guerra general europea sólo serviría para desencadenar nuevas revoluciones sociales y extender el comunismo, tal y como había sucedido en la propia Rusia y en Europa central entre 1917 y 1920. Y la perceptible moderación de la diplomacia soviética a partir de 1933 en nada aliviaría esos profundos temores y prevenciones: «La política soviética actual de búsqueda de un respiro, de pacífica coexistencia de los dos sistemas, no debe hacernos olvidar el objetivo revolucionario último y todavía vigente del primer Estado proletario».[34]

Bajo la férrea orientación dictatorial de Stalin, la política exterior de la Unión Soviética había experimentado un cambio muy notable como resultado de la instauración del nazismo en Alemania, con su

34. Nota del consejero de la embajada británica en Moscú, abril de 1933. Citado en Sir Curtis Keeble, *Britain and the Soviet Union, 1917-1989*, Londres, Macmillan, 1990, p. 121.

declarado programa de expansión anticomunista hacia el Este. Previamente, los dirigentes soviéticos habían alentado a través de la Comintern el proyecto de una revolución mundial que sacara de su aislamiento al régimen revolucionario y facilitara el difícil proceso de «construcción del socialismo en un solo país» mediante la industrialización y colectivización agraria en curso. Destruida esa esperanza, la aguda conciencia de vulnerabilidad estratégica e impreparación militar había sido agravada por el surgimiento casi simultáneo del peligro expansionista japonés en Asia oriental y del peligro alemán en Europa central. El vivo temor a una agresión combinada por ambos flancos distantes y expuestos, con la posible connivencia del resto de las potencias capitalistas, había forzado a Stalin a retirar su apoyo a la revolución mundial y a buscar un entendimiento diplomático y militar con las potencias democráticas para contener la amenaza alemana y evitar la pesadilla de una coalición de estados capitalistas contra la URSS. Ese era el firme motivo de la nueva política exterior soviética de defensa de la seguridad colectiva y el *statu quo* emprendida en 1934 (con el ingreso en la Sociedad de Naciones) y reforzada en mayo de 1935 (con la firma del pacto de asistencia mutua con Francia). Su complemento necesario era la nueva estrategia de la Comintern y de los partidos comunistas en favor la constitución de frentes populares interclasistas en oposición al fascismo y para la defensa de la democracia parlamentaria.[35]

Dentro de ese inestable contexto diplomático, el primer aldabonazo serio al precario sistema internacional lo había dado Japón a finales de 1931 al invadir la provincia china de Manchuria e incorporarla a su incipiente imperio asiático. La denuncia de China en la Sociedad de Naciones no logró que Gran Bretaña y Francia asumieran la condena de Japón y adoptaran sanciones económicas o militares. El Reino Unido se hallaba atrapado en plena crisis financiera y política (apenas formado el gobierno de unión nacional tras el descalabro del gobierno laborista) y no contaba con recursos militares para

---

35. Jonathan Haslam, *The Soviet Union and the Struggle for Collective Security in Europe, 1933-1940*, Londres, Macmillan, 1984. Edward Hallett Carr, *El ocaso de la Comintern, 1930-1935*, Madrid, Alianza, 1986. Geoffrey Roberts, *The Soviet Union and the Origins of the Second World War*, Londres, Macmillan, 1995.

contener en solitario el expansionismo nipón en una zona todavía alejada de sus principales posesiones asiáticas. Por su parte, los Estados Unidos, el virtual coloso occidental en Extremo Oriente, ni consideraba una amenaza vital la incorporación de Manchuria ni deseaba arriesgar sus relaciones con «la barrera (asiática) al avance del bolchevismo».[36] En consecuencia, la reacción del organismo ginebrino se limitó a una condena moral que motivó la retirada de Japón y fue incapaz de detener la marcha del revisionismo en Asia y de la larvada guerra chino-japonesa.

Dos años después del fiasco de Manchuria, Hitler había secundado ese desafío retirando a Alemania de la Sociedad de Naciones y abandonando una moribunda Conferencia de Desarme Internacional. Poco después, en 1934, había firmado un pacto de no agresión con Polonia para separar a este país del sistema de alianzas francés y había alentado un frustrado golpe de los nazis austríacos en favor de la anexión al Tercer Reich. Al año siguiente, la puesta en marcha de un programa de rearme intenso que violaba abiertamente las cláusulas del Tratado de Versalles había dado origen al efímero «frente de Stresa» de los antiguos aliados de la Primera Guerra Mundial. Sin embargo, el derrumbe definitivo de ese frente coyuntural se produjo en el otoño de 1935, como consecuencia de la invasión italiana de Abisinia. La decisión de Mussolini, plenamente coherente con sus proyectos de hegemonía mediterránea e imperio africano, planteó un grave dilema en París y en Londres. Si no detenían la agresión a un país miembro de la Sociedad de Naciones, ésta y la política de seguridad colectiva recibirían un golpe mortal. Pero la oposición a Mussolini podría provocar la guerra y, en cualquier caso, alienaría el apoyo italiano en Europa y fortalecería así la posición alemana. Por tanto, el gobierno conservador francés desestimó resueltamente el enfrentamiento y trató de alcanzar un compromiso que satisficiera las ambi-

36. Acerca de la política norteamericana durante la crisis de los años treinta, véase: Jean-Batiste Duroselle, *Política exterior de los Estados Unidos, 1913-1945*, México, FCE, 1975. Walter LaFaber, *The American Age. U.S. Foreign Policy, 1750 to the Present*, Nueva York, Norton, 1994. Robert D. Schulzinger, *American Diplomacy in the Twentieth Century*, Oxford, University Press, 1993. Sobre la prevención antibolchevique, John Lewis Gaddis, *Russia, the Soviet Union and the United States. An Interpretative History*, Nueva York, McGraw-Hill, 1990.

ciones italianas. El gabinete británico, pese a declarar su propósito de resistir la agresión, autorizó la búsqueda del ansiado compromiso. Sin embargo, cuando en diciembre de 1935 se filtró el contenido del pacto, la opinión pública y la oposición parlamentaria británica estallaron indignados ante lo que parecía una traición a la seguridad colectiva y un premio al agresor. El gobierno del Reino Unido tuvo que repudiar el compromiso logrado por Francia y ponerse al frente de la Sociedad de Naciones en la aplicación de sanciones económicas contra Italia. La dubitativa política anglo-francesa fracasó en todos sus objetivos: las sanciones, que excluían conscientemente una materia estratégica vital (el petróleo), no evitaron el triunfo italiano pero bastaron para enajenar su apoyo en Europa y sirvieron de ocasión para que Alemania apoyara resueltamente a Italia.

Consciente de la fractura entre los aliados, Hitler dio un paso decisivo en la denuncia de los tratados de Versalles y de Locarno: el 7 de marzo de 1936 el ejército alemán ocupó la zona desmilitarizada de Renania mientras el canciller ofrecía un nuevo pacto de no-agresión a los signatarios de Locarno. Era un arriesgado desafío que afectaba directamente a la seguridad francesa. Pero, como había previsto Hitler, no habría respuesta militar a su iniciativa. Francia se hallaba entonces inmersa en una aguda crisis sociopolítica que conduciría a la victoria de la coalición del Frente Popular en las elecciones generales de mayo de 1936.[37] Su posición estratégica se había debilitado con el rearme alemán y la defección italiana, acentuando la importancia vital de su alianza con el Reino Unido, muy afectada por el fracaso abisinio y por la firma del pacto franco-soviético. Todo ello hacía imposible una reacción diplomática o militar francesa que no contase con el apoyo británico. Sin embargo, Londres contemplaba la remilitarización de Renania como un acto inevitable de recuperación de la soberanía por Alemania y favorecía la negociación de un nuevo Locarno que apaciguase las tensiones en Europa occidental.

En definitiva, ninguno de los actos revisionistas llevados a cabo entre 1933 y 1936, realizados siempre *manu militari*, fueron conteni-

37. David A. L. Levy, «The French Popular Front, 1936-1937», en Helen Graham y Paul Preston (eds.), *The Popular Front in Europe*, Londres, Macmillan, 1987, pp. 58-83. Georges Lefranc, *El Frente Popular*, Barcelona, Oikos-Tau, 1971.

dos de manera efectiva por Francia y Gran Bretaña, que seguían confiando en la posibilidad de evitar un nuevo enfrentamiento armado y de lograr un reacomodo de las pretensiones italianas y alemanas en el concierto europeo e internacional. De hecho, los dirigentes británicos, secundados con mayor o menor entusiasmo por las autoridades francesas, habían puesto en marcha desde el primer momento de la crisis la llamada «política de apaciguamiento» de ambas dictaduras. Esta política era esencialmente una estrategia diplomática de emergencia destinada a evitar una nueva guerra mediante la negociación explícita (o aceptación implícita) de cambios razonables en el *status quo* territorial que satisficieran sustancialmente las demandas revisionistas sin poner en peligro los intereses vitales franco-británicos.[38]

En la base de dicha política de apaciguamiento estaba la convicción de que ambas democracias no tenían fuerza ni recursos suficientes para librar un posible conflicto con las tres potencias revisionistas simultáneamente. Y ello por varios motivos. Primeramente, por la debilidad económica de ambos países como resultado de la grave crisis económica; una debilidad que afectó mucho más a Francia que a Gran Bretaña y que otorgó a este país la posición dominante en la alianza bilateral. En segundo orden, por la vulnerabilidad militar francesa y británica en caso de conflicto simultáneo con Japón en el Lejano Oriente, Alemania en Europa e Italia en el Mediterráneo: de hecho, ya la Primera Guerra Mundial había demostrado la extrema dificultad de contener sin aliados el empuje bélico alemán en un solo frente. En tercer lugar, por la desventajosa situación diplomática de los años treinta: a diferencia de 1914-1918, Gran Bretaña y Francia no podían contar con la ayuda vital de los EE.UU., replegados a una posición de aislacionismo absoluto, ni tampoco con la de Rusia, con-

---

38. Sobre los fundamentos de la política de apaciguamiento franco-británica véanse: Anthony Adamthwaite, *France and the Coming of the Second World War*, Londres, Cass, 1977. Jean Baptiste Duroselle, *Politique étrangère de la France. La décadence (1932-1939)*, París, Imprimerie Nationale, 1979. Martin Thomas, *Britain, France and Appeasement*, Oxford, Berg, 1997. R. A. C. Parker, *Chamberlain and Appeasement. British Policy and the Coming of the Second World War*, Londres, Macmillan, 1993. Gustav Schmidt, *The Politics and Economics of Appeasement. British Foreign Policy in the 1930s*, Leamington Spa, Berg, 1984. Maurice Cowling, *The Impact of Hitler. British Politics and British Policy, 1933-1940*, Cambridge, University Press, 1975.

vertida en un país peligroso por sus doctrinas sociales, sospechoso por sus intenciones políticas e incierto por su valor militar. Y en cuarto y último lugar, por la fragilidad política de ambos Estados: la expectativa de un enfrentamiento bélico provocaba gran rechazo en la opinión pública francesa y británica, cuyos sentimientos pacifistas pretendían evitar a toda costa, si era posible, una nueva sangría humana como la de la última Gran Guerra.

Estas sólidas razones apuntalaban la conveniencia de transitar la vía del apaciguamiento como estrategia más adecuada para evitar un nuevo conflicto europeo y para ensayar la posibilidad de un reacomodo de las demandas de Italia y Alemania sin llegar a un enfrentamiento total. Aunque sólo fuera porque esta contingencia de nueva «Guerra Total», aparte de sus efectos sobre la estabilidad de ambos imperios (afectados por focos de tensión notables), podría significar una nueva oleada revolucionaria de impredecibles consecuencias. El primer ministro británico, Stanley Baldwin, advertiría a su gabinete sobre el riesgo de lanzar una guerra preventiva contra Hitler con motivo de la remilitarización renana: «[tal guerra] podría conseguir el aplastamiento de Alemania con la ayuda de Rusia, pero probablemente sólo conseguiría la bolchevización del país».[39] En resolución, la respuesta anglo-francesa ante el estallido de la guerra civil española y sus implicaciones internacionales se subordinaría en todo momento a los objetivos básicos de esa política de apaciguamiento general. No en vano, exactamente un mes antes del inicio del conflicto español, un informe secreto de los Jefes de Estado Mayor del Reino Unido había recordado a su gobierno la prioridad del apaciguamiento de Italia para la seguridad del país y de su imperio colonial:

Hemos subrayado en más de una ocasión que es de primordial importancia para los intereses estratégicos británicos que nos veamos libres de compromisos en el Mediterráneo, a fin de que nuestros dispositivos defensivos se ajusten a la amenaza de hostilidades en el Lejano Oriente [frente a Japón] o en Europa [ante Alemania], y a fin de lograr el tiempo necesario para reno-

39. Palabras recogidas en la biografía de Anthony R. Peters sobre el ministro de asuntos exteriores británico: *Anthony Eden at the Foreign Office, 1931-1938*, Nueva York, Gower, 1986, p. 213.

var nuestras fuerzas militares. Es evidente que para ello debemos retornar cuanto antes a un estado de relaciones amistosas con Italia y que el período de antagonismo no debe prolongarse innecesariamente.[40]

Y los mismos responsables de la defensa del Reino Unido, apenas una semana antes del estallido de la crisis española, emitirían otro informe similar en el que descartaban resueltamente la viabilidad de una colaboración franco-británica con la Unión Soviética para atajar la pesadilla de una guerra en tres frentes dispersos y distantes:

El temor ruso al expansionismo alemán ha distraído la atención, por ahora, de las relaciones anglo-rusas, en las que sin embargo no ha habido cambio básico. La política de la Unión Soviética sigue siendo fundamentalmente contraria a todo lo que representa el Imperio Británico, y la estabilidad del propio Imperio constituye el mayor obstáculo para la realización del ideal comunista de revolución mundial.[41]

En definitiva, en vísperas del estallido de la guerra civil española, los síntomas de disgregación en el sistema de relaciones intraeuropeo eran manifiestos y evidentes. Alemania, de nuevo una potencia militar en Europa central, se había desvinculado de los compromisos que habían limitado su soberanía. Sus relaciones con Italia habían mejorado sensiblemente como consecuencia del apoyo prestado a la campaña militar abisinia, culminada triunfalmente en mayo de 1936. El contencioso sobre Austria se superaría con la aprobación por Musso-

---

40. *Report by the Chiefs of Staff Sub-Committee. Problems facing His Majesty's Government in the Mediterranean as a result of the Italo-League dispute*, 18 de junio de 1936. Cabinet Office Records (CAB), serie «Cabinet Office Papers and Memoranda» (clave 24), legajo 263. En adelante: CAB 24/263. Sobre el factor italiano en la política británica véase Lawrence R. Pratt, *East of Malta, West of Suez. Britain's Mediterranean Crisis, 1936-1939*, Cambridge, University Press, 1975.

41. *Strategical Review. Chiefs of Staff Sub-Committee*, 13 de julio de 1936. Archivo del Foreign Office, serie «General Correspondence» (clave archivística: 371), legajo 19910, documento número C5356. En adelante: FO 371/19910 C5356. El día 21 otro informe reiteraba con mayor claridad: «el credo comunista es completamente opuesto a nuestra política democrática y, por consiguiente, Rusia debe ser considerada siempre como enemigo potencial del Imperio Británico». FO 371/20383 R4650.

lini del Tratado austro-germano de julio del mismo año, que prescribía la coordinación de la política exterior de ambos estados. La Sociedad de Naciones había quedado mortalmente herida y desacreditada en virtud de sus reiterados fracasos en el mantenimiento de la seguridad colectiva. Y, entre tanto, Gran Bretaña y Francia fijaban sus objetivos en la consecución de un acuerdo con Alemania que garantizase la paz continental y confiaban en restablecer la armonía con Italia anulando las sanciones en junio de 1936. Este convulso medio europeo en transformación habría de ser el marco crítico para el estallido de la guerra civil en España.

II

LA GUERRA QUE IBA A SER BREVE
(JULIO - DICIEMBRE 1936)

I. ESPAÑA EN CARNE VIVA: UN GOLPE MILITAR DEVENIDO EN GUERRA CIVIL

El levantamiento militar contra el gobierno de la República coordinado por el general Mola comenzó el 17 de julio de 1936 en el Protectorado de Marruecos y se propagó de inmediato por casi todas las guarniciones peninsulares, insulares y coloniales de España. Cuatro días después de su inicio, los militares sublevados habían logrado implantar su dominio indiscutido sobre todas las colonias, una amplia zona del oeste y centro peninsular (Navarra, Álava, León, Castilla la Vieja, Galicia, Cáceres y la mitad de Aragón), un reducido núcleo andaluz (en torno a Sevilla, Cádiz, Córdoba y Granada) y en los archipiélagos de Canarias y Baleares (salvo la isla de Menorca). Sin embargo, la rebelión había sido aplastada por un pequeño sector del Ejército fiel al gobierno, con ayuda de milicias obreras armadas urgentemente, en dos grandes zonas separadas entre sí: la zona centrosur y este peninsular (incluyendo Madrid, Barcelona y la región catalana, además de Badajoz, la Mancha y toda la costa mediterránea hasta Málaga) y en una estrecha y aislada franja norteña (desde Guipúzcoa y Vizcaya en el País Vasco hasta toda Asturias, menos Oviedo, y la provincia intermedia de Santander).[1]

El territorio decantado finalmente hacia el gobierno republicano

---

1. Sendas panorámicas clásicas y actualizadas en: Hugh Thomas, *La guerra civil española*, Barcelona, Grijalbo, 1976, 2 vols.; Manuel Tuñón de Lara y otros, *La guerra civil. 50 años después*, Barcelona, Labor, 1985; Ramón y Jesús Salas Larrazábal, *Historia general de la guerra civil*, Madrid, Rialp, 1986; Walther L. Bernecker, *Guerra en España*, Madrid, Síntesis, 1996; y Paul Preston, *La guerra civil española*, Barcelona, Plaza y Janés, 2000.

era el más densamente poblado y urbanizado (englobando a unos 14,5 millones de habitantes y a las principales ciudades), el más industrializado (incluyendo la siderometalurgia vasca, la minería asturiana y la industria textil y química catalana) y el de menores posibilidades agrarias y alimenticias (exceptuando los productos horto-frutícolas de la rica huerta levantina). Por el contrario, el área en manos de los militares insurgentes tenía menos habitantes y un mayor poblamiento rural (unos 10 millones), muy débil infraestructura industrial (aunque incluía las minas de piritas de Huelva y las minas de hierro marroquíes) e importantes recursos alimenticios agrarios y ganaderos (más de dos tercios de la producción triguera, la mayor parte de la patata y legumbres y poco más de la mitad del maíz). En el orden financiero, la República tenía ventaja porque controlaba las sustanciales reservas de oro del Banco de España, cuya movilización serviría como medio de pago de los suministros importados del extranjero, en tanto que sus enemigos carecían de recursos constantes análogos y sólo disponían de sus posibilidades exportadoras para obtener divisas aplicables a las ineludibles compras exteriores.

En términos militares, los sublevados contaban con las bien preparadas y pertrechadas fuerzas de Marruecos (especialmente el contingente humano de la temible Legión y de las Fuerzas de Regulares Indígenas: «los moros») y la amplia mayoría de las fuerzas armadas en la propia Península, con una estructura, equipo y cadena de mando intactas y funcionalmente operativas. El gobierno sufrió la defección de más de la mitad del generalato y de cuatro quintas partes de la oficialidad, quedando su defensa en manos de milicias sindicales y populares improvisadas y a duras penas mandadas y dirigidas por los escasos mandos militares que se mantuvieron leales. No obstante, la República retuvo dos tercios de la minúscula fuerza aérea y algo más de la anticuada flota de guerra, cuya marinería se había amotinado contra los oficiales rebeldes y había implantado un bloqueo del Estrecho de Gibraltar para evitar el traslado de las decisivas tropas marroquíes al mando del general Franco.[2] En definitiva, aunque habían

2. Sobre la división de fuerzas militares, al igual que sobre los recursos económicos y demográficos, cabe seguir con prudencia las cifras aportadas por el general Ramón Salas Larrazábal, *Los datos exactos de la guerra civil*, Madrid, Rioduero, 1980, cotejándolas con las ofrecidas por Michael Alpert, *El ejército republicano en la guerra*

triunfado ampliamente en la España rural y agraria, el fracaso de los militares sublevados en las partes de España más modernizadas, incluyendo la propia capital del Estado, les obligaba a emprender su conquista mediante verdaderas operaciones bélicas. El golpe militar parcialmente fallido devenía así en una verdadera y cruenta guerra civil. Y como ningún bando disponía de los medios y el equipo militar necesarios y suficientes para sostener un esfuerzo bélico de envergadura, ambos se dirigieron de inmediato en demanda de ayuda a las potencias europeas más afines a sus postulados, abriendo así la vía al crucial proceso de internacionalización de la contienda.

En la parte de España que se mantuvo fiel al gobierno de la República, la extensa defección de sus fuerzas coactivas, unida a la masiva movilización obrera y popular que hizo frente armado a la insurrección, asestaron un golpe mortal a las estructuras del Estado, debilitaron a las fuerzas burguesas soportes del programa reformista y crearon las condiciones para el desencadenamiento de un heteróclito proceso revolucionario de morfología diversa y amplitud variable. En definitiva, el proyecto reaccionario encarnado en el golpe militar no consiguió destruir por completo al reformismo en el poder en casi media España pero sí desencadenó en su retaguardia la temida revolución social colectivista y anarquizante (Apéndice II).

La primera manifestación de ese colapso de las estructuras estatales que abrió paso a la revolución fue el surgimiento de múltiples juntas, consejos o comités autónomos, formados por los sindicatos y partidos de izquierda, que asumieron las funciones de dirección política y administrativa en su respectivo ámbito territorial, a veces con escasa, dudosa o nula relación con el gobierno republicano y sus impotentes representantes territoriales y locales. Ese fue el caso del Comité Central de Milicias Antifascistas de Cataluña, hegemonizado por la CNT y a duras penas legalizado por una marginada Generalitat. También fue el caso del Comité de Salud Pública en Málaga, constituido por todos los partidos y sindicatos de la provincia, también bajo

---

civil, Madrid, Siglo XXI, 1989, cap. 2. Cfr. las estimaciones de Walther L. Bernecker, *Guerra de España*, pp. 31-33; Gabriel Cardona («Las operaciones militares») y Josep M. Bricall («La economía española»), ambos en M. Tuñón de Lara y otros, *La guerra civil*, pp. 204-206 y 365-373.

predominio cenetista, y al que el gobernador civil prestaba su apariencia de autoridad (como igualmente sucedía en la Junta de Defensa de Badajoz o en el posterior Consejo de Aragón). El gobierno republicano en Madrid, urgentemente remodelado y presidido por el azañista José Giral desde el día 19 de julio (tras un amago de gobierno más moderado encabezado por Diego Martínez Barrio), no tuvo otra salida que arriesgarse a colaborar con esos nuevos poderes autónomos en defensa del régimen y contra la reacción militar, a pesar de la amenaza virtual de revolución proletaria y con la esperanza de encauzar el proceso y retomar el control final del mismo. Paralelamente a la multiplicación de esos organismos de poder revolucionario, la forzada disolución de los restos del Ejército y de la policía otorgó a las milicias sindicales y partidistas obreras, brazos ejecutivos de las juntas y comités, el monopolio de la fuerza armada y coactiva tanto en el frente de combate como en la retaguardia. Y en función de la tradición antimilarista de las organizaciones sindicales, particularmente de la CNT, dichas milicias se resistían tenazmente a adoptar las formas disciplinarias y jerárquicas del antiguo ejército regular (incluyendo sus grados y uniformes) y se negaban a obedecer las órdenes centralizadas emanadas de un precario embrión de estado mayor sito en el Ministerio de la Guerra madrileño.[3]

Ambos procesos políticos y militares hicieron posible un movimiento general de expropiaciones, colectivizaciones e imposición del control obrero en las actividades económicas que tuvo su mayor desarrollo en zonas de predominio anarquista (sobre todo en Cataluña y el Aragón oriental) y fue más reducido en el País Vasco (donde el Partido Nacionalista Vasco, demócrata-cristiano, se alineó con la República por su promesa de concesión de la autonomía, cumplida en octubre de 1936). Así, por ejemplo, mientras el Ministerio de Agricultura intensificaba las medidas de reforma agraria (y en poco más de dos años expropiaría un total de más de cinco millones de hectáreas: el 40 por 100 de la superficie útil), la CNT, al margen de las disposiciones

---

3. Sin duda, el estudio más preciso y completo sobre el proceso revolucionario en la retaguardia republicana lo constituye Burnett Bolloten, *La guerra civil española. Revolución y contrarrevolución*, Madrid, Alianza, 1989. Para el aspecto militar, véase Michael Alpert, *El ejército republicano*, cap. 3.

oficiales y más o menos secundada por la UGT, impulsaba en sus zonas de influencia un extenso proceso de colectivización agrícola que llegaría a sumar en torno a 1.500 colectividades: sólo en el Aragón ocupado por las milicias confederales se colectivizó el 75 por 100 de la tierra con un mínimo de 306 colectividades (275 de CNT y 31 de UGT).[4] Completando el cuadro de signos que delataba la quiebra básica de las funciones del Estado surgió otro fenómeno social inequívocamente revolucionario: la represión incontrolada del enemigo de clase (básicamente, militares, sacerdotes y civiles burgueses y derechistas), auténtico parámetro de la incapacidad del gobierno para imponerse a los acontecimientos durante los primeros meses del conflicto. El saldo final de esa represión primero espontánea (mediante «paseos» a cargo de patrullas milicianas) y luego encauzada (mediante Tribunales Populares y ejecución de sentencia firme) llegaría a totalizar entre 55.000 y 60.000 víctimas mortales (de ellas 6.832 religiosos y en torno a 2.670 militares).[5]

La dinámica política en la zona gubernamental estuvo determinada desde el principio por la posición adoptada por cada partido y sindicato ante esas transformaciones revolucionarias surgidas tras el aplastamiento de la sublevación. Las diferentes percepciones sobre la relación existente entre la guerra en el frente y la revolución en retaguardia constituyeron la raíz de la falta de unidad de acción que lastró la defensa de la República. Y esas profundas diferencias de percepción sobre el binomio Guerra-Revolución hizo enormemente difícil a los gobernantes republicanos la resolución de los tres grandes problemas inducidos por la guerra en aquella coyuntura: la reconstrucción de un Ejército regular, con mando centralizado y suministros constantes, para hacer frente al avance ofensivo del enemigo; la reconfiguración del aparato de Estado para hacer uso eficaz de todos los recursos internos, humanos y materiales, en beneficio del esfuerzo bélico; y la articulación de unos fines de guerra comunes y compartidos por la gran

---

4. J. Casanova, *De la calle al frente. El anarcosindicalismo en España*, pp. 198-201. W. L. Bernecker, *Guerra en España*, cap. 5.

5. Joan Villarroya, «La vergüenza de la República», *La aventura de la Historia* (Madrid), n° 3, 1999, p. 26-33. Cfr. Santos Juliá y otros, *Víctimas de la guerra civil*, Madrid, Temas de Hoy, 1999.

mayoría de la población civil y de las fuerzas sociopolíticas contrarias a la reacción militar en curso.

El hegemónico movimiento anarcosindicalista, el comunismo heterodoxo de filiación trotsquista (el POUM: Partido Obrero de Unificación Marxista, con pequeña implantación en Cataluña) y la mayoría largo-caballerista de la UGT promovieron con tesón esas transformaciones revolucionarias y sostuvieron la necesidad de preservar o profundizar las mismas como requisito para asegurar el apoyo obrero y jornalero y obtener la victoria sobre los insurrectos. En definitiva, para esos grupos y sus partidarios, el combate contra las tropas insurrectas no tenía como propósito la defensa de una República democrática y socialmente reformista, sino la lucha por la revolución social colectivista. Por eso se resistieron tenazmente a las llamadas a disolver las milicias en un nuevo Ejército regular con mando centralizado y jerárquico y a otras medidas económicas o políticas que suponían la recomposición de la autoridad estatal en perjuicio de los poderes autónomos y de la limitación del proceso revolucionario. Como declararía sin reservas en septiembre de 1936 Andrés Nin, líder del POUM, ex secretario de Trotsky y antiguo dirigente de la Comintern hasta su expulsión por Stalin:

Contra el fascismo sólo hay un medio eficaz de lucha: la revolución proletaria. Si dejándonos deslumbrar por las bellas frases demagógicas de los señores republicanos de izquierda creyésemos que corresponde hoy a nuestros intereses defender la República democrática, con esto no haríamos otra cosa que preparar la victoria del fascismo para un porvenir más o menos lejano, y por eso repito, en nombre de nuestro partido, que el proletariado de España hoy sólo tiene un camino: el de la revolución proletaria para instaurar en nuestro país una república socialista. [...] Es preciso proseguir la lucha sin dar ni un solo paso atrás, ni dejarse confundir por las instrucciones democráticas. En España no se lucha por la república democrática. Se levanta una nueva aurora en el cielo de nuestro país. Esta nueva aurora es la de la República Socialista. ¡A luchar por ella hasta el fin, trabajadores de Barcelona![6]

6. Discurso pronunciado en Barcelona el 6 de septiembre de 1936. A. Nin, *Los problemas de la revolución española*, Barcelona, Fontamara, 1978 (introducción de Pelai Pagès), pp. 214 y 220.

Sin embargo, la gran debilidad de la revolución española del verano de 1936 estribaba en dos obstáculos igualmente insuperables. Por un lado, el contexto internacional hostil en el que se desenvolvía una revolución que no sólo era una fiesta popular antimilitarista sino que estaba embarcada en una guerra total y a muerte contra un enemigo poderoso, dotado de un eficaz ejército regular bien apoyado y abastecido por potencias extranjeras. Por otro, el hecho de que su continuidad destruía la expectativa de una alianza firme entre la clase obrera y las fracciones reformistas de la pequeña y mediana burguesía enfrentadas también a la reacción militar de los grupos dominantes tradicionales. Esos dobles impedimentos habían sido apreciados desde el principio por los dirigentes anarcosindicalistas de Barcelona que se encontraron con el poder en sus manos tras la supresión de la rebelión militar a fines de julio de 1936. El dilema expuesto por Juan García Oliver en un pleno de la CNT-FAI catalana en agosto era en gran medida irreal: («¡O bien colaboramos—con la Generalitat y otros partidos republicanos—o bien imponemos la dictadura!»). Como explicarían posteriormente los anarquistas españoles a sus correligionarios de todo el mundo:

No podíamos destruir al gobierno porque, en el instante en que nosotros hubiéramos derribado al gobierno de Madrid y al de Barcelona, el mundo hubiera reconocido al de Burgos [sede de la Junta de Defensa Nacional creada por los insurgentes]. ¿Cómo no ? Frente a la España anarquista, sin gobierno, sin responsabilidad jurídica, sin existencia dentro del Derecho internacional; frente a la España revolucionaria que representaba un peligro para todos los intereses creados del capitalismo, de la pequeña y gran burguesía, de la reacción y de las democracias, se situarían todas las potencias de Europa. Hasta la ayuda de México y de Rusia, que empezaban a perfilarse, se harían imposibles.[7]

Efectivamente, habiendo sido la insurrección militar reaccionaria el factor desencadenante de unas condiciones revolucionarias, la revolu-

---

7. Informe de la FAI al Movimiento Libertario Internacional, 5 de octubre de 1937. Reproducido en César M. Lorenzo, *Los anarquistas españoles y el poder, 1868-1969*, París, Ruedo Ibérico, 1969, p. 195, nota 4. La cita previa de García Oliver, líder indiscutido de la CNT-FAI barcelonesa junto con Buenaventura Durruti, en p. 98.

ción era a su vez incapaz de hacer frente a la guerra con plenas garantías de éxito. En función de esa situación de hecho, a la par del proceso revolucionario fue fraguándose el pacto social y político entre el republicanismo marginado por la crisis bélica, el socialismo prietista y el comunismo ortodoxo (a tono con las prédicas de moderación dictadas por Moscú), con el propósito común de restituir al Estado las funciones perdidas, rechazando o restringiendo los cambios acaecidos que fueran incompatibles con el proyecto original reformista y con las necesidades impuestas por la guerra. La consecuente «dualidad de poderes» creó una situación de equilibrio inestable y precario en la retaguardia republicana que iría progresivamente erosionando la fortaleza de los grupos revolucionarios en beneficio de la coalición reformista. Con posterioridad, el presidente Azaña recordaría amargamente la situación creada en los primeros meses de la contienda y sus efectos sobre la eficacia del esfuerzo bélico republicano:

Lo primero que habría hecho una revolución de verdad, hubiera sido apoderarse del Gobierno. Abundancia de desorden, improvisaciones, falta de pensamiento político, de plan, de autoridad y de hombres. Han estorbado para la guerra, me temo que irreparablemente; pero, a su vez, la presencia grave de la guerra les ha estorbado a ellos, porque no podían desconocer que, lanzándose a fondo contra el poder y usurpándolo, perdían la guerra en pocas semanas. [...] Giral recuerda la situación en que se halló, minada no solamente por el barullo y la indisciplina visibles, sino por el despego sordo y la hostilidad mal encubierta de algunas organizaciones cuyo concurso había derecho a esperar, como la UGT, en la que era entonces omnipotente Largo Caballero. [...] El primer objetivo de una revolución es apoderarse del Gobierno. Aquí, por diversos motivos, no han sabido, no han podido o no han querido hacerlo. Por su parte, los Gobiernos no han aceptado ni prohijado la revolución. Todo ha quedado en desbarajuste, indisciplina, despilfarro de energías. Los Gobiernos lo han soportado mientras no podían revolverse contra ellos.[8]

El muy adverso curso militar de la contienda a lo largo de los meses de agosto y septiembre de 1936 (con el incontenible avance de las tro-

8. M. Azaña, *Memorias de guerra, 1936-1939*, Barcelona, Grijalbo, 1978, pp. 146, 372 y 382. La primera cita es una anotación del 12 de julio de 1937. Las dos siguientes son anotaciones del 17 y 29 de noviembre de 1937.

pas de Franco por Andalucía y Extremadura y el paralelo freno de las milicias cenetistas en Aragón) incidiría de modo determinante sobre esa ardua polémica y propiciaría un cambio de actitud de la izquierda socialista y del anarquismo, más dispuestos a asumir los «sacrificios» exigidos por la guerra bajo la forma de militarización de milicias, concentración del mando político y estratégico y limitación de medidas económicas lesivas para los intereses de clases burguesas de lealtad republicana. Si en el verano de 1936 el dilema parecía ser: «¿Hay que hacer la revolución antes de hacer la guerra, o hay que hacer la guerra antes de poder hacer la revolución ?», desde principios del otoño la respuesta estaba clara y meridiana: «Si se pierde la guerra, se pierde todo, y para medio siglo o más tiempo ya no habrá ninguna discusión más sobre el problema de la revolución».[9]

A principios de septiembre de 1936 la izquierda socialista asumió con todas sus consecuencias la gravedad de la situación y Francisco Largo Caballero se convirtió en jefe de un gobierno de coalición de todas las fuerzas republicanas: seis ministros socialistas (tres de la facción de izquierda, aparte del presidente, y tres de derecha, incluyendo a Prieto), cinco republicanos (incluyendo un nacionalista catalán y otro vasco), y dos comunistas (por primera vez en la historia occidental). Un mes más tarde, con el enemigo a las puertas de Madrid preparando su previsible asalto frontal y definitivo, el gobierno de Largo Caballero trasladaba la capitalidad a Valencia en una velada confesión de su mínima confianza en el desenlace de la batalla. Al mismo tiempo, presionada por la virtual emergencia bélica y tratando de evitar su total marginalización política, la CNT-FAI entraba en el ejecutivo con cuatro ministros anarquistas (por primera vez en toda la historia universal) y su diario oficial anunciaba que el gobierno «ha dejado de ser una fuerza de opresión contra la clase trabajadora, así como el Estado no representa ya el organismo que separa la sociedad en clases».[10]

9. La pregunta y su respuesta fue formula en junio de 1937 por Helmut Rudiger, secretario de la AIT (Asociación Internacional de Trabajadores) en España. Citado en J. Casanova, *De la calle al frente*, p. 177.

10. La cita de *Solidaridad Obrera*, del 4 de noviembre de 1936, en C. M. Lorenzo, *Los anarquistas españoles y el poder*, p. 205. La súbita conversión del sindicalismo revolucionario en gestor de una política económica de guerra se apreció, con todas sus contradicciones, hasta en los nuevos lemas de intensificación del esfuerzo labo-

La ampliación del gobierno de Largo Caballero hasta el sindicalismo cenetista supuso un hito crucial en la tensión política interna dentro de la zona republicana. De hecho, aun cuando su constitución representaba un pacto de emergencia antifascista hegemonizado por los sindicatos, su difícil objetivo y razón de ser era impedir la derrota de la República mediante la reconstrucción urgente de las estructuras estatales para atajar el meteórico avance del enemigo con el casi exclusivo apoyo militar de la Unión Soviética. Y, en efecto, contrariando las previas posiciones ugetistas y cenetistas, el nuevo gobierno acometió una política de restricción de «experimentos revolucionarios» y «regularización» de la vida política en todos los órdenes: la militarización de las milicias abrió paso a la formación del Ejército Popular de la República y a la concentración del mando militar en un Estado Mayor Central sometido al Ministerio de la Guerra (que también ocupaba Largo Caballero) y al propio gobierno; las medidas económicas se dirigieron a garantizar los derechos de la propiedad privada y la salvaguardia de la libertad de empresa, dentro de un propósito de planificación central del Estado con el objetivo de asegurar las prioridades del esfuerzo bélico; el control del orden público y de las fronteras pasó a ser gradualmente ejercido por agentes e instituciones policiales regulares (en sustitución de las «patrullas de control» milicianas), al tiempo que los detenidos y encarcelados eran sometidos a tribunales con garantías jurídicas reconocidas; etc. Y en este proceso de asunción y ejecución del programa reformista paralizado y quebrantado por la insurrección militar y la explosión revolucionaria, fue agotándose la capacidad de gestión y el crédito político tanto de la izquierda caballerista como del cenetismo. No en vano, los días de fiesta popular revolucionaria se fueron tornando jornadas de emergencia bélica con todas sus consecuencias: intensificación de los ritmos de trabajo (la jornada laboral de 44 horas pasó a 48 en la mayoría de empresas); deterioro de la capacidad salarial ante una inflación galopan-

---

ral: «El hecho de no trabajar o gandulear en la etapa del capitalismo estaba justificado, pero ahora que la empresa es nuestra, tenemos que poner el cuello: el que no trabaja es un fascista». Reproducido en Anna Monjo y Carme Vega, «La clase obrera durante la guerra civil española: una historia silenciada», *Historia y Fuente Oral* (Barcelona), n° 3, 1990, pp. 67-91(cita en p. 75).

te e incontenible; escasez de víveres e imposición de cartillas de racionamiento para atajar la expansión del mercado negro; carencia de vivienda por destrucciones o por aumento de población debido a afluencia de refugiados (sólo en Cataluña, a finales de 1936, había más de 300.000 refugiados procedentes de otras zonas españolas); etc.

En cualquier caso, el resultado de las eficaces medidas tomadas por el gobierno republicano dieron su fruto inesperado a finales de noviembre de 1936, en pleno asalto frontal insurgente sobre Madrid. Las tropas atacantes contaban con unos efectivos cercanos a los 25.000 hombres y estaban muy desgastadas después de su larga marcha desde Andalucía. Enfrente se situaban unos 40.000 milicianos mal equipados y sin capacidad de maniobra táctica, pero con voluntad de lucha en un medio urbano más apropado para resistir que en el campo abierto andaluz o extremeño. En todo caso, a pesar del desgaste de sus fuerzas, el general Franco planeó un asalto frontal desde los flancos sudoeste de la ciudad despreciando los cambios experimentados por el enemigo: la militarización de las milicias y su adaptabilidad a la lucha urbana; y la llegada del primer armamento soviético (los tanques entraron en acción el 29 de octubre y los aviones el 3 de noviembre) y del primer contingente de las Brigadas Internacionales. En consecuncia, el asalto iniciado el 8 de noviembre de 1936 apenas consiguió abrir una cuña en las defensas de la ciudad y tuvo que ser suspendido el 23 de noviembre. La primera fase de la batalla de Madrid era un triunfo para los defensores puesto que la capital había quedado asediada pero no había sido tomada. La guerra breve que todos esperaban se convertiría casi imperceptiblemente en un conflicto de larga duración.

La imprevista conversión de una guerra supuestamente corta en una contienda prolongada tuvo lugar cuando el bando insurgente había completado su configuración definitiva en el plano político. En un primer momento, en las zonas de España donde la sublevación militar logró sus objetivos, el poder había quedado en manos de la cadena de mando del Ejército insurrecto, con arreglo a la preceptiva declaración del estado de guerra y previa depuración de elementos hostiles o indecisos en sus filas. Como resultado de los éxitos parciales del golpe, surgieron tres núcleos geográficos aislados que estaban bajo el control respectivo de un destacado jefe militar: el general Mola, en

Pamplona, era la autoridad máxima en la zona centrooccidental; el general Queipo de Llano, en Sevilla, estaba al frente del reducto andaluz; y el general Franco, en Tetuán, se había puesto al mando de las tropas de Marruecos.[11] Los generales Fanjul y Goded habían fracaso en su tentativa de controlar Madrid y Barcelona y serían pronto fusilados por traición. Por su parte, el general Sanjurjo, que debía ponerse al frente de la sublevación regresando de su exilio portugués, perdería la vida en accidente aéreo el día veinte. Esta muerte inesperada dejó sin cabeza reconocida la rebelión, acentuando los problemas derivados de su indefinición política.

Efectivamente, los generales sublevados carecían de alternativa política unánime, existiendo entre ellos una mayoría monárquica alfonsina, pero registrándose también carlistas (Varela), republicanos conservadores (Queipo de Llano y Cabanellas) y aun falangistas (Yagüe) o meros accidentalistas (Mola y, en gran medida, el propio Franco). Esa diversidad había sido la razón del acuerdo entre los conjurados sobre el carácter neutral del pronunciamiento y de la necesidad de establecer una dictadura militar más o menos transitoria, cuyo objetivo esencial era frenar las reformas gubernamentales y conjurar al mismo tiempo la amenaza de una revolución proletaria. Se trataba, en definitiva de una contrarrevolución preventiva cuyo fracaso parcial habría de dar origen al temido proceso revolucionario en las zonas escapadas a su control. En función de esa laxitud política, su universo ideológico inicial se circunscribía a dos ideas sumarias y comunes a todas las derechas: el nacionalismo español historicista y unitarista ferozmente opuesto a la descentralización autonomista o secesionista; y un anticomunismo genérico que repudiaba tanto el comunismo *stricto sensu* como el liberalismo democrático, el socialismo y el anarquismo. Con su habitual simplicidad, Mola había sintetizado ese credo con una declaración lacónica: «Somos nacionalistas; nacionalista es lo contrario de marxista».[12]

---

11. Véase una panorámica detallada del proceso sociopolítico en la España insurgente durante la guerra civil en E. Moradiellos, *La España de Franco. Política y sociedad*, Madrid, Síntesis, 2000, cap. 2.

12. Citado en Guillermo Cabanellas, *Cuatro generales. II. La lucha por el poder*, Barcelona, Planeta, 1977, p. 240.

Para cubrir el vacío creado por la muerte de Sanjurjo y la dispersión de autoridad, Mola constituyó en Burgos el 24 de julio de 1936 una Junta de Defensa Nacional, «que asume todos los Poderes del Estado y representa legítimamente al País ante las Potencias extranjeras» (según decreto del *Boletín Oficial del Estado* del día 25). Integrada por la plana mayor del generalato sublevado, la junta estaba presidida por Cabanellas (en su condición de jefe más antiguo en el escalafón) y compuesta por otros cuatro generales (Mola, Saliquet, Ponte y Dávila) y dos coroneles como secretarios (Montaner y Moreno). Franco, Queipo, Orgaz, Yuste y el almirante Moreno se incorporarían poco después a este organismo colegiado cuyo cometido fue ser «una especie de instrumento de la intendencia y la administración básicas».[13] Su evidente carácter interino sólo pretendía asegurar las mínimas funciones administrativas hasta que la esperada ocupación de Madrid permitiera hacerse con los órganos centrales estatales residentes en la capital.

Si bien la Junta se convirtió en el instrumento de representación colegiada del poder militar imperante en la zona sublevada, como tal organismo no tuvo dirección estratégica en las operaciones bélicas, que siguió en manos de Mola (al norte), Queipo (al sur) y Franco (al frente del Ejército de África trasladado a la Península con ayuda italo-germana y en marcha victoriosa sobre Madrid). La militarización efectiva fue legitimada por un bando de la Junta del 28 de julio que extendía el estado de guerra a todo el territorio español (significativamente dicho bando permaneció en vigor hasta abril de 1948).[14] Por otra parte, la voluntad autoritaria de ruptura con el liberalismo democrático, patente en las proclamas iniciales, se confirmó el 13 de septiembre con la ilegalización de todos los partidos y sindicatos de izquierda, la incautación de sus bienes y propiedades, y la depuración de la administración pública de sus afiliados y militantes por «sus actuaciones antipatrióticas o contrarias al Movimiento Nacional» (BOE del 16 de septiembre). La exclusividad del dominio militar fue

---

13. Javier Tusell, «La Junta de Defensa de Burgos», en AA. VV. *La guerra civil*, Madrid, Historia 16, 1986, vol. 6, p. 64.
14. M. Ballbé, *Orden público y militarismo en la España contemporánea*, Madrid, Alianza, 1983, p. 402-408.

ratificada por otro decreto del 25 de septiembre prohibiendo «todas las actuaciones políticas y las sindicales obreras y patronales de carácter político». La transcendental medida iba destinada a los partidos derechistas que apoyaban la insurrección y se justificaba por necesidades bélicas y supremo interés nacional:

El carácter netamente nacional del movimiento salvador iniciado por el Ejército y secundado entusiásticamente por el pueblo, exige un apartamiento absoluto de todo partidismo político, pues todos los españoles de buena voluntad, cualesquiera que sean sus peculiares ideologías, están fervorosamente unidos al Ejército, símbolo efectivo de la unidad nacional (BOE del 28 de septiembre).

Ese dominio absoluto de los mandos militares no encontró resistencia alguna de entidad. El decreto confirmaba la previa satelización de los partidos derechistas por el Ejército y su propia incapacidad política y programática. A la par que la CEDA se hundía como partido, sus bases católicas y sus dirigentes (incluyendo a Gil Robles, exiliado en Portugal), colaboraron en la instauración del nuevo orden político dictatorial. Idéntica colaboración prestó el monarquismo alfonsino, descabezado por la muerte de Calvo Sotelo, que a pesar de no encuadrar masas de seguidores tenía asegurada una influencia política en virtud de la alta cualificación profesional de sus afiliados, sus apoyos en medios económicos y sus fecundas conexiones diplomáticas internacionales. Mayores reservas abrigaron el carlismo y el falangismo, cuyo crecimiento masivo desde los primeros días de la guerra les permitió constituir sus propias milicias de voluntarios para combatir, siempre sometidas a la jerarquía militar y encuadradas en la disciplina del Ejército: en octubre de 1936 había casi 37.000 milicianos falangistas frente a 22.000 carlistas del Requeté.[15] Ese hecho, junto a las divisiones internas en ambos partidos (entre colaboracionistas e intransigentes) y a la ausencia del líder de Falange (José Antonio estaba preso en zona republicana y sería fusilado en noviembre), impidieron

---

15. Sheelagh Ellwood, *Prietas las filas. Historia de Falange Española*, Barcelona, Crítica, 1984, pp. 78-80. M. Blinkhorn, *Carlismo y contrarrevolución en España, 1931-1939*, Barcelona, Crítica, 1979, pp. 348-355.

todo desafío al papel político rector de los generales. En esencia, los partidos derechistas asumían que la emergencia bélica y la necesidad de vencer exigían la subordinación a la autoridad y decisiones de los mandos del Ejército combatiente.

La Junta militar pudo contar desde muy pronto con una asistencia crucial y decisiva por sus implicaciones internas y externas: la de la jerarquía episcopal española y de las masas de fieles católicos. En consonancia con su previa hostilidad al programa secularizador de la República y aterrada por la furia anticlerical desatada en la zona gubernamental, la Iglesia española se alineó resueltamente con los militares sublevados. El catolicismo pasó a convertirse en uno de los principales valedores nacionales e internacionales del esfuerzo bélico insurgente, encumbrado a la categoría de Cruzada por la fe de Cristo y la salvación de España frente al ateísmo comunista y la Anti-España. El decidido apoyo católico convirtió a la Iglesia en la fuerza social e institucional de mayor influencia, tras el Ejército, en la conformación de las estructuras políticas que germinaban en la España insurgente. La compensación por parte de los generales a ese apoyo vital no pudo ser más generosa. Una catarata de medidas legislativas fueron anulando las reformas secularizadoras republicanas (divorcio, cementerios civiles, coeducación de niños y niñas, supresión de financiación estatal, etc.) y entregando de nuevo al clero el control de las costumbres civiles, de la enseñanza y de la vida intelectual y cultural del país.[16] Ya en enero de 1937, la primera carta pastoral del cardenal Gomá «sobre el sentido cristiano-español de la guerra» reflejaría con crudeza el apoyo eclesiástico a un régimen autoritario que restauraba la posición hegemónica de la Iglesia y hacía posible la recatolización forzada del país:

España católica, de hecho, hasta su entraña viva: en la conciencia, en las instituciones y leyes, en la familia y en la escuela, en la ciencia y el trabajo, con la imagen de nuestro buen Dios, Jesucristo, en el hogar y en la tumba. [...] Corrosivos de la autoridad son la indisciplina y el sovietismo. La primera podrá curarse con la selección de jerarquías y las debidas sanciones. Para el

16. Hilari Raguer, *La pólvora y el incienso. La Iglesia y la Guerra Civil española*, Barcelona, Península, 2001. José Angel Tello, *Ideología y política. La Iglesia católica española, 1936-1959*, Zaragoza, Pórtico, 1984.

segundo no puede haber en España sino guerra hasta el exterminio de ideas y de procedimientos.[17]

Las medidas de restauración de privilegios de la Iglesia católica revelaban el sentido social autoritario, reaccionario y contrarreformista del movimiento de fuerza en curso, además de constituir una faceta crucial del intenso proceso de involución social auspiciado por la sublevación militar desde el principio. Ese sentido reaccionario y restaurador de las relaciones sociales alteradas por el programa reformista se apreció inmediatamente en las disposiciones de la Junta de Defensa. La militarización decretada por el estado de guerra había significado ya la proscripción de todo tipo de huelgas y actividades opositoras bajo pena de muerte (Apéndice III). Poco después, una catarata de medidas desarticulaba las organizaciones de resistencia obrera y jornalera y dejaba a estos grupos indefensos ante las iniciativas patronales para la drástica revisión de sus condiciones de trabajo y existencia. En el caso de la política social agraria, el propósito de restablecer el orden anterior a 1931 fue especialmente evidente, con la liquidación de la reforma agraria republicana y el aplastamiento de toda oposición al pleno dominio de la oligarquía latifundista.

La faceta más atroz de esa dimensión reaccionaria y restauracionista del movimiento militar insurgente fue la represión violenta y sistemática del enemigo interno, fehaciente o potencial. Mola había previsto en sus instrucciones previas al levantamiento la necesidad de hacer uso de la violencia para atajar resistencias y paralizar mediante el terror a los adversarios: «Se tendrá en cuenta que la acción ha de ser en extremo violenta para reducir lo antes posible al enemigo, que es fuerte y bien organizado». La conversión del golpe en guerra civil permitió que las medidas represivas iniciales (bajo la forma de «paseos» o ejecuciones irregulares) se transformaran en una persistente política de depuración y «limpieza» de la retaguardia con una finalidad social «redentora» (en manos de tribunales militares sumarísimos). Su fruto habría de ser una cifra probablemente cercana a las 90.000 víctimas durante el conjunto de la guerra (a las que habría que sumar en torno

17. María Luisa Rodríguez Aisa, *El cardenal Gomá y la guerra de España*, Madrid, CSIC, 1981, p 133 y 143.

a otras 40.000 en la inmediata posguerra y como resultado de la victoria nacionalista y su completo dominio de la totalidad de España).[18]

A finales de septiembre de 1936, los triunfos militares cosechados y la expectativa de un próximo asalto final sobre Madrid plantearon a los generales la necesidad de concentrar la dirección estratégica y política en un mando único para aumentar la eficacia del esfuerzo de guerra y preparar institucionalmente la victoria. Una mera situación de fuerza como la representada por la junta de generales no podía prolongarse sin riesgos internos y diplomáticos. En dos reuniones sucesivas celebradas en Salamanca, el 21 y 28 de septiembre, la Junta decidió elegir a Franco (con la única reserva de Cabanellas) como «Generalísimo de las fuerzas nacionales de tierra, mar y aire» y «Jefe del Gobierno del Estado Español», confiriéndole expresamente «todos los poderes del Nuevo Estado» (BOE del día 30). El 1 de octubre, en su primera decisión política firmada como «Jefe del Estado», Franco creaba una Junta Técnica del Estado sometida en sus dictámenes «a la aprobación del Jefe del Estado» y encargada de asegurar las funciones administrativas hasta ver «dominado todo el territorio nacional» (BOE del día 2). Poco después se ponía en marcha una campaña de propaganda con las primeras referencias públicas a Franco como «Caudillo de España» y las consignas análogas de obligada inclusión en la prensa: «Una Patria, un Estado, un Caudillo»; «Los Césares eran generales victoriosos».

El encumbramiento político del general Franco significaba la conversión de la junta militar colegiada en una dictadura militar de

---

18. S. Juliá y otros, *Víctimas de la guerra civil*, pp. 407-410. Francisco Moreno Gómez, «El terrible secreto del franquismo», *La aventura de la Historia*, n° 3, 1999, pp. 12-25. E. Moradiellos, «La represión franquista durante la guerra civil y la postguerra: un balance historiográfico», *El Basilisco* (Oviedo), n° 26, 1999, pp. 43-50. La distinta intensidad de la represión en el bando insurgente y en zona republicana obedece, entre otras cosas, a dos factores diferenciales de orden espacial y temporal. En primer lugar, la represión en el primer caso afectó a todo el territorio nacional (gracias a su incontestada victoria militar), en tanto que la represión en zona republicana no existió en unas catorce provincias (en poder de los sublevados desde el primer momento). En segundo orden, la represión insurgente se efectuó durante toda la guerra y se prolongó bastantes años en la posguerra, en tanto que la represión republicana quedó circunscrita a los casi tres años de hostilidades.

carácter personal, con un titular individual investido por sus compañeros de armas como supremo líder y representante del único poder imperante en la España insurgente.[19] No cabía duda de que sus títulos para el cargo eran superiores a los de sus potenciales rivales. Por esa asombrosa suerte que Franco tomaba como muestra de favor de la Divina Providencia, habían desaparecido los políticos (Calvo Sotelo y José Antonio) y generales (Sanjurjo y Goded) que hubieran podido disputarle la preeminencia pública. A los restantes los superaba por antigüedad y jerarquía (Mola), por triunfos militares (Queipo) y por conexiones políticas internacionales (no en vano, había conseguido la vital ayuda militar y diplomática italiana y alemana y el reconocimiento como jefe insurgente de Hitler y Mussolini). Además, en función de su reputado posibilismo y neutralidad política, gozaba del apoyo tácito y preferencial de todos los grupos derechistas. Por si ello fuera poco, habida cuenta de su condición de católico ferviente, gozaba también de la simpatía de la jerarquía episcopal, que no tardó en bendecirlo como *homo missus a Deo* y encargado providencial del triunfo de la Cruzada: «Caudillo de España por la Gracia de Dios». Según informó Gomá al Vaticano tras su primera entrevista con Franco en diciembre de 1936, «se trata de un excelente hombre de gobierno» y a él ya «no podía pedir más» porque había garantizado que «no sólo respetará esta libertad de la Iglesia en el ejercicio de sus funciones propias, sino que le prestará su leal concurso».[20]

La conversión de Franco en el Caudillo indiscutido de la España insurgente tuvo lugar apenas dos meses antes del fracaso del asalto frontal a Madrid en noviembre de 1936. La consecuente metamorfosis de la guerra en un conflicto de larga duración impulsaría decisivamente a Franco a dar pasos cruciales para la institucionalización de su régimen de autoridad personal, superando su condición de mero dictador comisarial elegido por sus iguales y buscando fuentes de legitimación al margen del Ejército y de la Iglesia. Ya en el mismo discurso del 1 de octubre de 1936 en el que se autotitulaba «Jefe del Estado», Franco había anunciado su propósito de organizar a España «dentro de un amplio

19.   No resulta extraño que Franco exclamase tras su elección: «éste es el momento más importante de mi vida». P. Preston, *Franco. Caudillo de España*, p. 234.

20.   M. L. Rodríguez Aisa, *El cardenal Gomá y la guerra de España*, pp. 95, 97, 148.

concepto totalitario de unidad y continuidad». En efecto, desde ese momento y sobre todo tras el fracaso del asalto a Madrid, el nuevo Caudillo demostraría su voluntad de emular a sus valedores italiano y alemán mediante la promoción de un controlado proceso de fascistización política que satisficiera las demandas de integración popular y de modernidad formal exigidas por la movilización de masas derivada de la guerra.

En definitiva, el año 1936 terminaba en España con una guerra civil en la que se enfrentaban dos bandos configurados como alternativas radicalmente opuestas: una República apenas repuesta de la sacudida revolucionaria y embarcada en su reconstrucción bajo fórmulas democráticas y socialmente reformistas; y una dictadura militar reaccionaria encabezada por un Caudillo de omnímodo poder personal que emprendía los primeros pasos por la vía de la fascistización totalitaria de su régimen.

2. EL PROCESO DE INTERNACIONALIZACIÓN DEL CONFLICTO: FRACASOS REPUBLICANOS Y ÉXITOS INSURGENTES

Nada más comenzar la guerra civil, ambos bandos contendientes tuvieron conciencia inmediata de que en España no existían ni estaban disponibles los medios materiales y el equipo militar necesarios para sostener un esfuerzo bélico de envergadura y prolongado. Por ese motivo, el mismo día 19 de julio de 1936, tanto el jefe del nuevo gobierno republicano, José Giral, como el general Francisco Franco, comandante de las cruciales fuerzas sublevadas en Marruecos, se dirigieron en demanda de ayuda a las potencias europeas de las que podían esperar algún auxilio y apoyo. La República solicitó confidencialmente «el envío de armas y aviones» para aplastar «un peligroso golpe militar» a Francia, donde hacía pocas semanas había accedido al poder un gobierno análogo al Frente Popular presidido por el socialista Léon Blum (Apéndice IV).[21] El general Franco envió sus emisarios

21. Testimonio de Blum ante una comisión informativa de la Asamblea Nacional en 1947. *Rapport fait au nom de la Commission chargée d'enquêter sur les événements survenus en France de 1933 à 1945*, París, Imprimerie de l'Assamblée National, 1951, *Annexes*, tomo 1, p. 215. Reproducido en apéndice IV.

personales a Roma y Berlín, solicitando también confidencialmente armamento y aviones para transportar sus experimentadas tropas a Sevilla y poder iniciar así la marcha sobre Madrid, capital del Estado cuya conquista era requisito para lograr el reconocimiento internacional.[22]

La simultánea petición de ayuda exterior formulada por ambos bandos suponía un reconocimiento explícito de la dimensión internacional presente en el conflicto español y un intento deliberado de sumergirlo en las graves tensiones que fracturaban la Europa de los años treinta. De hecho, ambas peticiones, en el contexto crítico del verano de 1936, iban a abrir la vía a un rápido proceso de internacionalización de la guerra civil que tuvo resultados bien distintos para los militares sublevados y para las autoridades de la República.

La reacción inicial francesa ante la demanda de ayuda republicana había sido totalmente favorable por obvias razones políticas y militares: la República democrática española era un régimen amigo y su benevolencia y colaboración sería crucial en caso de guerra europea para asegurar la tranquilidad de la frontera pirenaica (la tercera frontera terrestre de Francia, tras la franco-alemana y la franco-italiana) y garantizar el libre tránsito, comercial y de tropas, entre Francia y sus vitales colonias norteafricanas (donde estaba acuartelado un tercio del ejército francés).[23] Sin embargo, nada más conocerse esa decisión re-

22. Cfr. Á. Viñas, *La Alemania nazi y el 18 de julio*; I. Saz *Mussolini contra la II República*; y P. Preston, «La aventura española de Mussolini: del riesgo limitado a la guerra abierta», en P. Preston (ed.), *La República asediada. Hostilidad internacional y conflictos internos durante la Guerra Civil*, Barcelona, Península, 1999, pp. 41-69. El texto de las peticiones se reproduce en las colecciones de documentación oficial diplomática de Alemania e Italia. *Documents on German Foreign Policy, 1918-1945*, series D (1937-1945), volumen III (*Germany and the Spanish Civil War*), Londres, His Majesty's Stationary Office, 1951, documentos número 2 y 14 (pp. 3 y 15). En adelante, DGFP y número. *I Documenti Diplomatici Italiani*, Roma, Ministero degli Affari Esteri, 1993, 8ª serie, volumen IV, documentos número 570, 578 y 584 (pp. 640, 649 y 584). En adelante se citará DDI, volumen y número.

23. Juan Avilés, *Pasión y farsa. Franceses y británicos ante la guerra civil española*, Madrid, Eudema, 1994. Pierre Renouvin, «La politique extérieure du premier gouvernement Léon Blum», en Autores Varios, *Léon Blum, chef de gouvernement, 1936-1937*, París, Fondation Nationale des Sciences Politiques, 1967, pp. 329-353. David W. Pike, *Les Français et la guerre d'Espagne*, París, Presses Universitaires de France, 1975.

servada de Blum gracias a una filtración de agentes franquistas en la embajada española de París, la opinión pública y los medios políticos franceses se dividieron profundamente al respecto.

La izquierda en general, socialista y comunista, así como sectores afines al partido radical (coaligados con el socialista en el gobierno) aprobaron la medida sin reservas. Por su parte, la derecha política, la opinión pública católica, y amplios sectores de la administración estatal y del Ejército rechazaron el envío de cualquier ayuda y postularon la neutralidad por un doble motivo: la hostilidad hacia los síntomas revolucionarios percibidos en el bando gubernamental español y el temor a que la ayuda francesa desencadenase una guerra europea. Como señalaría el semanario derechista *Candide* en su último número de julio de 1936: «La intervención francesa en la guerra civil española sería el comienzo de la conflagración europea deseada por Moscú».[24] En particular, en el seno de las fuerzas armadas, ya muy sensibilizadas por la oleada de huelgas que acompañó el triunfo del Frente Popular francés, los sucesos españoles se percibieron como «una crisis peligrosa» y contagiosa: «Había miedo a un tercer frente. [...] Había miedo a la revolución y a que los graves sucesos de España se propagaran en Francia» (según testimonio posterior del capitán Desfrasne, encargado en 1936 de la sección meridional europea en los servicios de inteligencia del Estado Mayor Francés).[25] Además de esta fuerte oposición interior, que halló pronto eco en los influyentes ministros del partido radical (especialmente en el de Guerra, Édouard

---

24. Charles A. Micaud, *The French Right and Nazi Germany, 1933-1939. A Study of Public Opinion*, Nueva York, Octagon Books, 1972, p. 114. Véase igualmente: José María Borrás Llop, *Francia ante la guerra civil española. Burguesía, interés nacional e interés de clase*, Madrid, Centro de Investigaciones Sociológicas, 1981; y Catherine Breen, *La droite française et la guerre d'Espagne*, Ginebra, Ed. Médecine et Hygiéne, 1973.

25. El testimonio de Defrasne se recoge en Jaime Martínez Parrilla, *Las fuerzas armadas francesas ante la guerra civil española*, Madrid, Ediciones Ejército, 1987, p. 206. Cfr. Robert J. Young, *In Command of France. French Foreign Policy and Military Planning, 1933-1940*, Cambridge, Harvard University Press, 1978, p. 286, nota 22; y Peter Jackson, «French Strategy and the Spanish Civil War», en Ch. Leitz y D. J. Dunthorn (eds.), *Spain in an International Context, 1936-1959*, Oxford, Berghan, 1999, pp. 55-79.

Daladier, y Asuntos Exteriores, Yvon Delbos), Blum se encontró también con otra oposición igualmente firme y decisiva: la actitud de estricta neutralidad adoptada desde el primer momento por el gobierno británico, su vital e insustituible aliado en Europa.

En efecto, en el Reino Unido, el gabinete conservador en el poder desde 1931, presidido entonces por Stanley Baldwin, había visto en el estallido de la guerra española sobre todo un grave obstáculo para su política de apaciguamiento y el peligro de eclosión de una nueva guerra europea. Además, debido a la situación española durante el primer semestre de 1936 y a las noticias sobre lo que sucedía en la retaguardia republicana, los gobernantes británicos estaban convencidos de que en España, bajo la mirada impotente del gobierno republicano, se estaba librando un combate entre un Ejército contrarrevolucionario y unas execrables milicias republicanas dominadas por comunistas y anarquistas. Así lo habían advertido los representantes diplomáticos y consulares británicos en el país con reiterada insistencia: «La verdad sobre España era que hoy no existía ningún gobierno. De un lado estaban actuando las fuerzas militares y de otro se les oponía un Soviet virtual» (llamada telefónica del agregado comercial el 21 de julio); «Si las fuerzas del gobierno, que son prácticamente comunistas, ganan la partida, puede presentarse peligro para los súbditos británicos» (telegrama del comandante de Gibraltar el mismo día 21); «Si el gobierno triunfa y aplasta la rebelión militar, España se precipitará en el caos de alguna forma de bolchevismo» (despacho del cónsul general en Barcelona el 29 de julio).[26] El propio embajador en Madrid, Sir Henry Chilton, remitía un despacho el 30 de julio subrayando que «en aquellas regiones de España que todavía controla el gobierno» se estaba reproduciendo «muy fielmente» las condiciones de «la revolución (rusa) de 1917», y terminaba advirtiendo:

El control de estas regiones está de hecho en manos de los comunistas. Por el momento, sirve a sus fines ir al lado del gobierno republicano, pero es casi seguro que si éste sale victorioso de la contienda actual tendrá que enfren-

---

26. Todas las comunicaciones citadas se reproducen en E. Moradiellos, *La perfidia de Albión. El gobierno británico y la guerra civil española*, Madrid, Siglo XXI, 1996, pp. 43, 46 y 61.

tarse inmediatamente después con los comunistas en un combate por el dominio único.[27]

En definitiva, a juicio de las autoridades británicas, el conflicto armado en España constituía un choque frontal entre milicias sindicales revolucionarias y fuerzas militares contrarrevolucionarias que habían arrumbado al gobierno reformista republicano a la función de mera comparsa impotente y legitimadora de las primeras. Y aquí residía la gran e inesperada diferencia entre el caso español de 1936 y el caso ruso de 1917, origen de todos los problemas y dificultades para la diplomacia británica: la legalidad formal republicana había quedado en el campo donde se desataría la temida revolución social, en tanto que la ilegitimidad formal se encontraba en el campo de la contrarrevolución militar (Apéndice V).

En cualquier caso, la doble preocupación por el perfil interno y repercusión externa del conflicto español quedó patente en la única directriz política sobre la crisis que Baldwin le dio a su ministro de asuntos exteriores, el secretario del Foreign Office, Anthony Eden, el 26 de julio: «De ningún modo, con independencia de lo que haga Francia o cualquier otro país, debe meternos en la lucha al lado de los rusos».[28] La firmeza de esa directriz política fue reiterada el día 29 por el propio Baldwin a una comisión de diputados conservadores presidida por sir Winston Churchill que había solicitado una audiencia para manifestarle su temor por la amenaza alemana para los intereses británicos y la lentitud del programa de rearme disuasorio aprobado dos años antes. Sin duda pensando en «las complicaciones españolas»

27. FO 371/20527 W7812. Chilton se encontraba en San Sebastián, con el resto del cuerpo diplomático en el momento de estallido del conflicto. El 2 de agosto, junto con otros representantes (el francés y el norteamericano entre ellos) cruzaría la frontera francesa e instalaría su residencia en Hendaya, al lado del puente internacional que enlazaba esa localidad con Irún. Allí permanecería el resto de la guerra.

28. Confesión de Baldwin a Thomas Jones, ex secretario del gabinete, amigo íntimo y asesor oficioso. Recogida en T. Jones, *A Diary with Letters, 1931-1950*, Oxford, University Press, 1954, p. 231. Sobre la política británica en la guerra, aparte de la obra ya citada de E. Moradiellos, cabe subrayar los estudios de Jill Edwards, *The British Government and the Spanish Civil War*, Londres, Macmillan, 1979; y Tom Buchanan, *Britain and the Spanish Civil War*, Cambridge, University Press, 1997.

y confiado en la discreción de sus correligionarios, el primer ministro se expresó con franqueza ejemplar:

No voy a meter a este país en una guerra contra nadie por la Sociedad de Naciones ni por cualquier otra razón o cosa. Por supuesto, existe un peligro que probablemente está en la mente de todos: supongamos que los rusos y los alemanes van a la guerra y los franceses se suman como aliados de los rusos por culpa de ese horrible pacto que han firmado con ellos. No pensaréis que estamos obligados a ir en ayuda de Francia ¿verdad? Si hay alguna lucha que librar en Europa, me gustaría ver a los bolcheviques y a los nazis en ella.[29]

En función de ese doble motivo, y a fin de garantizar la seguridad de la base naval de Gibraltar (punto clave en la ruta imperial hacia la India) y de los cuantiosos intereses económicos británicos en España (el 40 por 100 de las inversiones extranjeras en España eran británicas), el gobierno del Reino Unido decidió inmediatamente adoptar de hecho una actitud de estricta neutralidad entre los dos bandos contendientes. Una neutralidad tácita que significaba la imposición de un embargo de armas y municiones con destino a España, equiparando así en un aspecto clave al gobierno legal reconocido (único con capacidad jurídica para importar dicho material) y a los militares insurgentes (sin derecho a importar armas hasta que no fuesen reconocidos como beligerantes mediante una declaración de neutralidad formal y oficial). Por eso mismo, se trataba de una neutralidad benévola hacia el bando insurgente y notoriamente malévola hacia la causa del gobierno de la República. No en vano, la inmediata retirada británica hacia un neutralismo *de facto* no reconocido públicamente para evitar acusaciones de partidismo por parte de la oposición laborista y liberal, tenía un propósito claro y definido: dada la certeza de que el gobierno republicano carecía de la fuerza necesaria para frenar la revolución latente en su retaguardia, habría de evitarse la contingencia de ayudar a un bando gubernamental cuya legalidad formal encubría un aborrecible proceso revolucionario en ciernes. La consecuente preferencia furtiva por una rápida victoria de los militares insurgentes fue reco-

---

29. Cita recogida en Martin Gilbert, *Winston Churchill. Prophet of Truth, 1922-1939*, Londres, Heinemann, 1976, pp. 777.

nocida por el jefe del grupo parlamentario conservador en la Cámara de los Comunes ante un diplomático italiano el 29 de julio con palabras reveladoras:

Indudablemente, nuestro interés, nuestro deseo, es que la revolución (de los militares) triunfe y el comunismo sea aplastado, pero por otra parte no queremos salir de nuestra neutralidad. [...] El gobierno quiere escabullirse con declaraciones genéricas de neutralidad. Esta es la única manera que tenemos de contrarrestar la agitación laborista.[30]

En la misma línea, un comentario reservado de sir Samuel Hoare, primer lord del Almirantazgo (ministro de la Marina), reflejaría elocuentemente el carácter diferencial de esa política neutralista adoptada unilateralmente por el gabinete conservador británico:

Por el momento parece claro que debemos mantener nuestra política de neutralidad. [...] Cuando hablo de «neutralidad» quiero decir estricta neutralidad: una situación en la que los rusos ni oficial ni extraoficialmente den ayuda a los comunistas. En ningún caso debemos hacer nada que estimule el comunismo en España, especialmente si tenemos en cuenta que el comunismo en Portugal, adonde probablemente se extendería y sobre todo a Lisboa, sería un grave peligro para el Imperio británico.[31]

En definitiva, muy pocos días después del inicio de la crisis española, los gobernantes británicos consumaron la formulación de una verdadera estrategia política ante un golpe militar devenido en guerra civil. La neutralidad tácita e incondicional era la manifestación externa de la misma, apoyada sobre dos factores condicionantes y dos supuestos implícitos.[32]

30. Despacho del encargado de negocios italiano en Londres, fechado el 29 de julio de 1936 y custodiado en el Archivio Storico e Diplomatico del Ministero degli Affari Esteri (Roma). Copia del mismo me fue amablemente proporcionada por el profesor Ismael Saz, que reproduce parcialmente dicho texto en su obra *Mussolini contra la Segunda República*, pp. 204-205.

31. Minuta escrita el 5 de agosto de 1936. FO 371/20527 W7781.

32. Un estudio detallado de esta estrategia política en E. Moradiellos, *Neutralidad benévola. El gobierno británico y la insurrección militar española de 1936*, Oviedo, Pentalfa, 1989, pp. 147-188.

El primer factor lo constituía la aguda prevención antirrevolucionaria imperante en los medios oficiales británicos, horrorizados ante la expectativa de un proceso de bolchevización en la otra esquina de Europa, que dictó el completo desahucio del gobierno republicano e hizo preferible la victoria, cuanto antes mejor, de los militares insurgentes. Esta larvada preferencia se basaba en la convicción de que el movimiento militar español era políticamente inocuo, dado su carácter meramente contrarrevolucionario y el predominio del Ejército sobre las pequeñas fuerzas fascistas presentes. Por eso mismo, la contingencia de una pequeña y encubierta ayuda italo-germana a los rebeldes no provocaba alarma o sospecha excesiva sobre sus efectos ni atemperaba el deseo de su rápido triunfo. En la base de esta relativa indiferencia se hallaba un supuesto tácito sólidamente arraigado en Londres: la hegemonía de los intereses británicos en la economía española y la segura indispensabilidad del mercado financiero y comercial británico para esa economía en la etapa de reconstrucción postbélica. Además, si fallaba ese polo de atracción, siempre quedaba el palo de la disuasión: la indiscutible superioridad de la Royal Navy en el Mediterráneo occidental y la costa atlántica, con capacidad dual de protección y vigilancia de las costas y puertos españoles o de bloqueo y estrangulamiento de las mismas.

El segundo factor condicionante de la estrategia neutralista británica radicaba en la situación interna del Reino Unido. La fortaleza sindical y en menor medida parlamentaria del movimiento laborista, unida a la creciente simpatía de medios populares e intelectuales hacia la causa de la República, constituían límites infranqueables para la libertad de acción exterior del gabinete conservador, como se había puesto de manifiesto durante la crisis italo-abisinia. Además, la preservación de un alto grado de consenso sociopolítico era un objetivo y requisito del programa gubernamental de recuperación económica y apaciguamiento europeo. Todo ello motivó la prudencia observada en público por las autoridades y evitó una mayor demostración de simpatía hacia los rebeldes (como hubiera supuesto una inmediata declaración formal de neutralidad y reconocimiento de derechos de beligerancia a los insurgentes). Bajo esas circunstancias, la neutralidad tácita se presentaba como un expediente provisional a tono con un supuesto temporal clave: la expectativa de que la guerra civil sería breve y de corta duración, dado que las inexpertas y mal abastecidas milicias obreras republicanas no podrían contener mucho tiempo el avance de un Ejército regular experimentado y pronto abastecido por dos potencias militares de Europa. En otras palabras: el neutralismo inconfeso era un refugio provisional e interino a la espera de que la marcha de las hostilidades eliminara por sí misma el «problema español» o hiciera justificable la adopción de una neutralidad pública y oficial.

La profunda y renovada prevención antisoviética imperante en Londres como resultado de la guerra civil española fue apreciada por todas las cancillerías europeas sin excepción. El propio Blum, que viajó a Londres el 23 y 24 de julio para conferenciar con Baldwin y Eden acerca de la situación general europea, recibió de este último una advertencia sutil respecto a su decisión de suministrar armas a la República: «Es asunto vuestro; pero os pido una sola cosa: os ruego que seáis prudentes».[33] La cautela formal de ese consejo diplomático contrasta con las mucho más explícitas declaraciones hechas por varios diputados de la mayoría gubernamental conservadora al representante italiano en Londres. Estas declaraciones, convenientemente telegrafiadas a Mussolini y a su yerno y ministro de Asuntos Exteriores, el conde Ciano, no dejaban lugar a dudas sobre las simpatías y antipatías del gabinete británico y del Partido Conservador en el poder:

En todos [los diputados conservadores] he encontrado la mayor preocupación por los sucesos españoles, la convicción general de que estos sucesos son sin duda el efecto de la propaganda subversiva del gobierno soviético (al cual se atribuye una participación directa en la organización del comunismo español), la más viva esperanza de que la revolución [militar] termine con el aplastamiento de los comunistas y con el establecimiento de un régimen autoritario de derechas. Se considera que ésta es la única solución para salvar a España de la ruina y defender a Europa del grave peligro que en este momento la amenaza. Los rumores que corren de ayuda en armas y dinero que

---

33. Testimonio de Blum en *Rapport fait au nom de la Commission*, p. 216. El embajador norteamericano en París informaría a Washington de otra gestión similar de su homólogo británico ante Blum el día 22. Recogida en la colección documental: *Foreign Relations of the United States. Diplomatic Papers. Department of State. 1936*, Washington, Government Printing Office, 1953, vol. 2, pp. 447-448. En adelante, FRUS, año, vol. y página.

el Frente Popular [de Francia] se dispone a proporcionar al gobierno español agravan la sensación de peligro que la política del Frente Popular y la «colaboración franco-soviética» podrían representar para Europa. Ayer me dijeron: «Una intervención francesa en España no sólo sería una locura criminal sino que dividiría fatalmente a Europa en dos campos enemigos, precipitando un nuevo conflicto. La responsabilidad de tal conflicto recaería enteramente sobre Francia y la URSS, y Francia no puede estar segura de contar con la ayuda o la simpatía de Inglaterra».[34]

La situación creada por la profunda división interna en Francia y por la irreductible actitud neutralista británica preocuparon vivamente a todos los integrantes del gobierno de coalición francés, tanto socialistas como radicales. El propio Blum, según el testimonio de su jefe de gabinete, regresó de Londres el día 24 a París «convencido de que Inglaterra no se comprometería (con Francia) en una guerra que tuviera por origen los sucesos españoles».[35] Además, entre tanto, la situación en la propia Francia había dado un giro muy notable en contra de las pretensiones iniciales del jefe del gobierno francés. El presidente del Senado, Jules Jeanneney, uno de los prohombres del partido radical, comunicó de inmediato a Blum su certeza de que «si hubiera complicaciones europeas por una intervención en los asuntos de España, Inglaterra no nos secundaría». El presidente de la República, Albert Lebrun, le advirtió crudamente que «entregar armas a España puede ser la guerra europea o la revolución en Francia» y exigió la convocatoria de una sesión extraordinaria del consejo de ministros para debatir la situación.[36] Finalmente, entre las fuerzas armadas el

34. Telegrama del encargado de negocios italiano en Londres, 29 de julio de 1936. DDI, vol. 4, n° 642 (p. 713). El mismo diplomático había informado ya el 25 de julio de esas opiniones (n° 620) y recibió orden expresa de Ciano dos días después de comunicar urgentemente todas las impresiones recibidas de «círculos conservadores sobre la revolución española» (n° 633).

35. Testimonio posterior de Jules Moch (1965) recogido en AA.VV., *Léon Blum, chef de gouvernement, 1936-1937*, p. 371. Cfr. Claude Thiebaut, «Léon Blum, Alexis Léger et la décision de non intervention en Espagne», en Jean Sagnes y Sylvie Caucanas (eds.), *Les Français et la guerre d'Espagne*, Perpiñán, Université de Perpignan-CERPF, 1990, pp. 23-43.

36. La advertencia de Lebrun fue revelada por Blum al diputado socialista Fernando de los Ríos, que se hizo cargo de la embajada española en París en sustitución

deseo de neutralidad y la simpatía hacia los sublevados eran sentimientos casi generales y muy patentes. El mariscal Philippe Pétain, influyente ex comandante en jefe del ejército francés, no ocultaba sus preferencias, como percibieron las autoridades insurgentes con alivio:

Dentro del Ejército francés la inmensa mayoría de la Oficialidad simpatiza con nosotros, siendo esponente (sic) de ello la visita del Mariscal Pétain al Sr. Quiñones de León [ex embajador monárquico en París y agente oficioso de los sublevados en Francia] y el ofrecimiento confidencial del Estado Mayor de boicotear toda orden que pueda sernos contraria.[37]

Las sutiles pero certeras presiones exteriores recibidas, junto con la intensidad de la crisis interna planteada, llevaron a Blum a revocar su decisión inicial de prestar ayuda a la República. El 25 de julio de 1936, tras un vivo debate en el consejo de ministros, el gobierno francés anunció la decisión de «no intervenir de ninguna manera en el conflicto interno de España» mediante el envío de armas y municiones al gobierno de la República.[38] Las autoridades frentepopulistas creían que así contribuían a apaciguar la situación interna, a preservar la unidad de la coalición gubernamental, a reforzar la vital alianza con Gran Bretaña, a localizar la lucha dentro de España y a evitar el peligro de su conversión en una guerra europea. El propio Yvon Delbos reconocería con posterioridad que la medida se había adoptado principal-

---

37. «Informe confidencial. Asesoría de Estado», Burgos, 4 de agosto de 1936. Custodiado en el Archivo del Ministerio de Asuntos Exteriores (Madrid), serie «Archivo Renovado», legajo 614, expediente número 5. En adelante se citará abreviadamente: AMAE R614/5.

38. Testimonio de Blum, *ibidem*. Telegramas del director adjunto de asuntos exteriores al ministro Delbos, 23 de julio; nota de la embajada de España para Delbos, 24 de julio; telegrama de Delbos al ministro de Finanzas, 26 de julio de 1936. Reproducidos en *Documents Diplomatiques Français, 1932-1939*, Série 2 (1936-1939), vol. 3, París, Ministère des Affaires Étrangères, 1966, documentos número 17, 25 y 33. En adelante se citará: DDF, volumen y número.

---

del dimitido embajador. Carta de Fernando de los Ríos a José Giral, nuevo jefe de gobierno republicano, 29 de julio de 1936. Reproducida en Ángel Viñas, «Blum traicionó a la República», *Historia 16* (Madrid), n° 24, 1978, p. 54. La advertencia de Jeanneney se recoge en el testimonio de Blum de 1947, *op.cit.*, p. 216.

mente «para no dar pretexto a quienes tuvieran la tentación de enviar armas a los rebeldes».[39] Sin embargo, la forzada retracción francesa no impidió ni mucho menos la rápida internacionalización del conflicto. Antes al contrario.

La primera petición de ayuda enviada por Franco a Alemania no había obtenido una respuesta afirmativa de las cautelosas autoridades diplomáticas y militares germanas. Por eso, el 23 de julio, Franco envió a Berlín a dos empresarios nazis residentes en Marruecos (Johannes Bernhardt y Adolf Langenheim) para solicitar el apoyo directamente a Hitler. Ambos se entrevistaron el día 25 con el Führer en Bayreuth y consiguieron que aceptase la demanda de asistencia de Franco. Se comprometió a enviar, secretamente y mediante una ficticia compañía privada (la HISMA: Sociedad Hispano-Marroquí de Transportes), 20 aviones de transporte (Junker 52) y 6 cazas (Heinkel 51) con su correspondiente tripulación y equipo ténico, que comenzaron a salir con destino a Tetuán el 29 de julio. Con el concurso de esos aviones y de sus tripulantes y técnicos, el general Franco pudo organizar inmediatamente un puente aéreo de tropas hacia Sevilla que eludiera el bloqueo naval implantado en el Estrecho de Gibraltar por la marina republicana y comenzar así la marcha sobre Madrid.[40]

Los motivos de Hitler para intervenir en la guerra española fueron esencialmente de orden político-estratégico: si el envío de una pequeña y encubierta ayuda alemana favorecía el triunfo de un golpe militar derechista, podría alterarse el equilibrio de fuerzas en Europa occidental puesto que se privaría a Francia de un aliado seguro en su flanco sur. Por el contrario, una victoria republicana sobre los milita-

---

39. John E. Dreifort, *Yvon Delbos at the Quai d'Orsay. French Foreign Policy during the Popular Front, 1936-1939*, Lawrence, University Press of Kansas, 1973.

40. Sobre el conjunto de la intervención alemana, además de Á. Viñas (*La Alemania nazi y el 18 de julio*), véanse: Robert Whealey, *Hitler and Spain. The Nazi Role in the Spanish Civil War*, Lexington, University Press of Kentucky, 1989; Raymond Proctor, *Hitler's Luftwaffe in the Spanish Civil War*, Westport, Greenwood Press, 1983; Walther L. Bernecker, «La intervención alemana en la guerra civil española», *Espacio, tiempo y forma. Historia contemporánea* (Madrid), nº 5, 1992, pp. 77-104; y Denis Smyth, «Reacción refleja: Alemania y el comienzo de la guerra civil española», en P. Preston (comp.), *Revolución y guerra en España, 1931-1939*, Madrid, Alianza, 1986, pp. 205-220.

res insurgentes reforzaría la vinculación de España con Francia y la URSS, las dos potencias que cercaban a Alemania por el este y el oeste y que se oponían a los proyectos expansionistas nazis. Así se contemplaba en las directrices dadas por el propio Führer a su primer representante diplomático ante Franco, el general retirado Wilhelm Faupel, pocos meses después de estallar la guerra:

Su misión consiste única y exclusivamente en evitar que, una vez concluida la guerra (con la victoria de Franco), la política exterior española resulte influida por París, Londres o Moscú, de modo que, en el enfrentamiento definitivo para una nueva estructuración de Europa—que ha de llegar, no cabe duda—, España no se encuentre del lado de los enemigos de Alemania, sino, a ser posible, de sus aliados.[41]

Además de esas posibles ventajas, Hitler apreció la existencia de una oportunidad política única en la coyuntura imperante: el amago de revolución social desatado en la zona republicana como consecuencia del levantamiento militar permitía presentar la intervención alemana, caso de ser descubierta, como una acción meramente anticomunista y desconectada de otros propósitos más inquietantes. De hecho, a la vista de lo que había sucedido en Francia y Gran Bretaña, era previsible que esa ayuda no fuera condenada por los sectores conservadores británicos y franceses ni fuera objeto de una respuesta enérgica por sus gobiernos respectivos. En todo caso, el carácter inicialmente secreto y limitado de la ayuda alemana dejaba abierta la posibilidad de una retirada honrosa del conflicto español si ello resultara necesario y conveniente.

Apenas decidida la intervención nazi, Mussolini adoptó una decisión similar después de recibir reiteradas demandas de ayuda transmitidas por Franco a través del cónsul italiano en Tánger y de su agregado militar. El 27 de julio, el Duce resolvió apoyar a los insurgentes con el envío de 12 aviones (bombarderos Savoia 81), con su correspondiente tripulación, para posibilitar el traslado de las cruciales tro-

41. Á. Viñas, *La Alemania nazi y el 18 de julio*, nota 6, p. 363. Cfr. E. Moradiellos, «Hitler y España: la intervención alemana en la guerra civil», *Sine Ira et Studio. Ejercicios de crítica historiográfica*, Cáceres, Universidad de Extremadura, 2000, pp. 63-70.

pas marroquíes a Sevilla. Paralelamente, decidió reforzar la precaria posición de los militares rebeldes en la estratégica isla de Mallorca con el envío de una expedición de soldados italianos al mando de un extravagante oficial llamado el conde Rossi. Es evidente que tomó esas medidas gradualmente, después de conocer la decisión de Hitler de apoyar a Franco, una vez que supo que Francia había renunciado a intervenir por su división interna y tras haber comprobado que Gran Bretaña recelaba del gobierno republicano y abrigaba una simpatía apenas encubierta por los sublevados. En esas circunstancias, todo parecía indicar que una limitada y secreta ayuda italiana a Franco podría decidir el curso de la guerra sin provocar un grave conflicto internacional con las democracias occidentales (ni tampoco con la Unión Soviética, dada su actitud de prudente distanciamiento del conflicto).[42] Las motivaciones de Mussolini, al igual que las de Hitler, fueron esencialmente de naturaleza geoestratégica: se ofrecía la posibilidad de ganar un aliado agradecido en el Mediterráneo occidental, debilitando la posición militar francesa e incluso británica, y todo a bajo precio y con riesgo limitado. Además, en caso necesario, podrían camuflarse esos motivos bajo el manto de una intervención meramente anticomunista y en absoluto dirigida contra los intereses franco-británicos.

Estas primeras y básicas motivaciones de los dictadores italiano y alemán se irían ampliando a medida que su intervención en favor de Franco aumentaba cuantitativamente y que la guerra se prolongaba en el tiempo. Entonces irían apareciendo otras razones derivadas y secundarias para justificar y refrendar el mantenimiento de dicha política. Al respecto, cabe subrayar, por ejemplo, la pretensión alemana de asegurarse los suministros de piritas ferro-cobrizas y mineral de hierro español, esenciales para abastecer su programa de rearme ace-

---

42. John Coverdale, *La intervención fascista en la guerra civil española*, Madrid, Alianza, 1979. I. Saz Campos, *Mussolini contra la Segunda República*; y «El fracaso del éxito: Italia en la guerra de España», *Espacio, Tiempo y Forma, Historia Contemporánea*, nº 5, 1992, pp. 105-128. I. Saz y J. Tusell (eds.), *Fascistas en España. La intervención italiana en la guerra civil a través de los telegramas de la «Missione Militare Italiana in Spagna»*, Madrid, C.S.I.C., 1981. Páginas relevantes sobre el asunto en la magna biografía de Renzo de Felice, *Mussolini il Duce: Lo Stato totalitario, 1936-1940*, Turín, Einaudi, 1981, cap. 4.

lerado. De hecho, a lo largo de la guerra, Alemania se convertiría en el primer importador de minerales españoles de interés estratégico, superando con mucho a Gran Bretaña y a Francia, tradicionales mercados de dicha exportación. Como resultado, la partida de piritas españolas adquirida por Alemania pasó de 562.584 toneladas en 1935 a 895.000 toneladas en 1938, mientras que la partida de minerales de hierro pasó de 1.321.000 toneladas en 1935 a 1.825.401 toneladas tres años más tarde.[43]

Igualmente, como otra razón derivada podría citarse la voluntad de convertir la guerra española en un campo de pruebas militares donde los ejércitos alemán e italiano ensayaban técnicas y equipos y adquirían experiencia bélica con vistas al futuro. Así se explicarían las aplicaciones de la estrategia de «guerra celere» por parte de las tropas italianas en el frente de Málaga (febrero de 1937) y, con bastante peor fortuna, en la batalla de Guadalajara (marzo de 1937). También se comprende bajo esta perspectiva la terrible y polémica destrucción alemana de la pequeña villa vasca de Guernica (26 de abril de 1937), primer ejemplo de bombardeo masivo y deliberado contra objetivos civiles sin valor militar directo y probado pero con alto grado de impacto psicológico y desmoralizador.

En cualquier caso, esas nuevas razones nunca llegarían a eclipsar el motivo central político-estratégico que había determinado en primer lugar la decisión germano-italiana de intervenir en apoyo de Franco. A finales de diciembre de 1936, el embajador alemán en Roma exponía certeramente en un despacho confidencial para sus superiores esas prioridades y justificaba la acordada precedencia de Italia sobre Alemania en la política de asistencia a los insurgentes españoles:

43. Sobre los aspectos económicos de las relaciones hispano-alemanas, además de las obras citadas en la nota 42, resultan claves los estudios de Rafael García Pérez, *Franquismo y Tercer Reich*, Madrid, Centro de Estudios Constitucionales, 1994; Glenn T. Harper, *German Economic Policy in Spain during the Spanish Civil War*, París, Mouton, 1967; y Christian Leitz, *Economic Relations between Nazi Germany and Franco's Spain, 1936-1945*, Oxford, Oxford University Press, 1996. De este último autor, véase también «La intervención de la Alemania nazi en la guerra civil española y la fundación de Hisma/Rowak», en P. Preston (ed.), *La República asediada*, pp. 71-100.

Los intereses de Alemania e Italia en el problema español coinciden en la medida de que ambos países pretenden evitar una victoria del bolchevismo en España o Cataluña. Sin embargo, mientras que Alemania no persigue ningún objetivo diplomático inmediato en España al margen de éste, los esfuerzos de Roma se dirigen sin ninguna duda a lograr que España se acomode a su política mediterránea o, al menos, a evitar la cooperación política entre España y el bloque de Francia e Inglaterra. Los medios utilizados para este fin son: apoyo inmediato a Franco; asentamiento en las islas Baleares que previsiblemente no será retirado voluntariamente a menos que se instale en España un gobierno central favorable a Italia; compromiso político de Franco con Italia; y estrecho vínculo entre el fascismo y el nuevo sistema político establecido en España [...]. Nosotros debemos considerar como deseable la creación en el sur de Francia de un factor que, libre del bolchevismo y de la hegemonía de las potencias occidentales y por el contrario en alianza con Italia, sirva para hacer reflexionar a los franceses y a los británicos. Un factor que se oponga al tránsito de tropas francesas desde África y que tome en plena consideración nuestras necesidades en el ámbito económico.[44]

3. ORIGEN Y SIGNIFICADO DE LA POLÍTICA DE NO INTERVENCIÓN

El comienzo de la intervención italo-germana en favor de Franco fue inmediatamente descubierta por el gobierno francés porque dos de los aviones enviados por Italia aterrizaron por error en la Argelia francesa el 30 de julio. Esta evidencia fehaciente de apoyo militar nazi-fascista a los insurgentes españoles obligó al gobierno francés a reconsiderar su decisión de no intervenir en auxilio a la República. En el mismo sentido operaron las inquietantes noticias sobre la frenética actividad de un contingente de soldados italianos dirigidos por el conde Rossi en Mallorca, que hacía temer una implantación de Italia en medio de las vitales líneas de comunicación entre Marsella y Argelia.[45] No en vano, los estrategas militares franceses siempre habían consi-

44. Despacho del embajador alemán en Roma, 18 de diciembre de 1936. Recogido en la colección DGFP, nº 157, pp. 170-173

45. J. Coverdale, *La intervención fascista*, pp. 130-142. Josep Massot i Muntaner, *Vida i miracles del «conde Rossi». Mallorca, agost-desembre 1936. Málaga, gener-febrer 1937*, Montserrat, Abadía, 1988.

derado la benevolencia de España como una necesidad imperiosa para la seguridad francesa. Y, como reconocería con posterioridad un estudio del Ministerio del Aire, el peligro de una España hostil aliada a una potencial combinación italo-germana era una contingencia de extrema gravedad:

1º. Las comunicaciones entre el Mediterráneo y el Atlántico se verían interrumpidas. Cualquier maniobra de la flota francesa sería imposible entre los dos teatros de operaciones del Mar del Norte y del Mediterráneo. La ruta de las Indias estaría cortada.

2º. Francia perdería su libertad de acción en el Mediterráneo. Ahora bien, la conducción de una guerra implica esta libertad de acción. Si ciertos convoyes tuvieran que desviarse y rodear el continente africano, nuestro abastecimiento se vería comprometido. Teniendo en cuenta además las necesidades de los ejércitos y las características de nuestra economía, así como las de la Inglaterra y Alemania, nos resultaría imposible el mantenimiento de nuestras fuerzas e incluso el Ejército del Aire no podría desempeñar el papel que le corresponde.

3º. Las posesiones del África del Norte quedarían aisladas y en peligro. Por otra parte, si los ejércitos del Aire de Italia y Alemania atacaran masivamente en el Mediterráneo podrían desligarnos de esas posesiones, consiguiendo así una baza militar extraordinaria incluso antes de cualquier ataque a la Francia metropolitana.

Francia estaría expuesta de esta forma a una verdadera catástrofe.[46]

Sin embargo, a pesar de la gravedad de la amenaza, la profunda división interna en el país y la absoluta oposición del aliado británico hicieron imposible cualquier medida enérgica favorable a los republicanos por parte del gobierno francés. Principalmente porque sus temores estratégicos no tuvieron el eco deseado al otro lado del Canal de la Mancha. De hecho, a pesar de que el Foreign Office británico recibió con aprensión la posibilidad de que Mussolini estuviese «intentando establecer una posición en Mallorca... probablemente en la forma de un protectorado italiano», su temor estaba mitigado por un reciente juicio de sus estrategas militares según el cual esa even-

---

46. «La situación en España», 13 de abril de 1937. Reproducido en J. Martínez Parrilla, *Las fuerzas armadas francesas ante la guerra civil española*, p. 237.

tualidad «no pondría seriamente en peligro a Gibraltar».[47] Además, aunque los Jefes de Estado Mayor eran muy conscientes de que «en una guerra con una potencia europea sería esencial para nuestros intereses que España fuese favorable o, en el peor de los casos, estrictamente neutral», seguían considerando como prioridad estratégica la reconciliación con Italia para evitar su acercamiento a Alemania y asegurar así la tranquilidad del Mediterráneo.[48] Incluso un firme partidario de la entente franco-británica como era sir Winston Churchill, entonces un mero pero influyente diputado conservador muy atento al peligro nazi para el imperio británico, hizo llegar a Blum, a través del embajador francés en Londres, una clara advertencia cautelar:

Debo informarle de que, a mi juicio, la gran mayoría del Partido Conservador está muy a favor de animar a los llamados rebeldes españoles. Seguro estoy de que si Francia envía aviones, etc., al gobierno de Madrid, mientras los alemanes e italianos hacen lo mismo en sentido contrario, las fuerzas dominantes aquí mirarán complacidas a Italia y Alemania y se alejarán de Francia. [...] Tengo la certidumbre de que, en el presente, la única actitud correcta y segura consiste en una estricta neutralidad con una enérgica protesta contra toda infracción de la misma.[49]

47. E. Moradiellos, *Neutralidad benévola*, pp. 245-246. Londres había recibido información sobre la presencia de Rossi y sus 50 hombres ya el día 30 de julio, gracias a la presteza de su vicecónsul en Mallorca, el capitán retirado Alan Hillgarth. Sobre esta figura véase Josep Massot i Muntaner, *El cónsol Alan Hillgarth i les Illes Baleares, 1936-1939*, Montserrat, Abadía, 1995.

48. *Western Mediterranean: Situation Arising from the Spanish Civil War. Report by the Chiefs of Staff Sub-Committee*, 24 de agosto de 1936. CAB 24/264. El informe decía textualmente: «Una España hostil o la ocupación del territorio español por una potencia hostil haría extremadamente difícil, sino imposible, nuestro control del Estrecho y el uso de Gibraltar como base naval y aérea, poniendo así en peligro las comunicaciones imperiales a través del Mediterráneo. De igual modo, y con independencia de la situación en el Mediterráneo occidental, la posesión de los puertos de la costa atlántica española por una potencia hostil pondría en peligro nuestras comunicaciones oceánicas». Sin embargo, concluía: «El principio que debe regir cualquier acción del gobierno de Su Majestad debe ser la consideración de que lo más importante es evitar cualquier medida que, fracasando en la obtención de nuestro objetivo, sólo sirva para enajenarnos más a Italia».

49. M. Gilbert, *Winston Churchill*, pp. 781-782. Significativamente, en la reproducción de esta carta para sus memorias, Churchill suprimió el revelador párra-

En esa situación, tras intensos debates internos y con el fin de lograr como mínimo un confinamiento real de la guerra española, el gobierno francés propuso el 1 de agosto de 1936 que las principales potencias europeas suscribieran un *Acuerdo de No Intervención en España* y prohibieran la venta, envío y tránsito de armas y municiones con destino a ambos bandos contendientes.[50] En esencia, las autoridades francesas pretendían con ese compromiso de embargo colectivo, en palabras textuales del secretario de Léon Blum, «evitar que otros hicieran lo que nosotros mismos éramos incapaces de hacer»: puesto que no podían ayudar a la República, al menos intentarían evitar que Italia y Alemania ayudaran a los rebeldes. Así lo apreciaron certeramente y de inmediato los diplomáticos británicos en París con alivio notorio: «Francia renunció a ayudar al gobierno español para atajar la ayuda de Italia y de Alemania a los insurgentes, con su consecuente peligro de guerra». Y así lo reconocería el propio Blum varios años después en público: «Es cierto que Francia tomó la iniciativa (de proponer el Acuerdo de No Intervención). ¿Por qué? Porque queríamos impedir que Alemania e Italia enviaran a Franco armas y hombres [...]. ¿Nos era posible ayudar al gobierno legal de España sin que Hitler y Mussolini ayudaran a la sublevación?».[51] Un año más tarde, Louis de Brouckère, presidente de la Internacional Socialista y estrecho colaborador de Blum, confesaría al presidente de la República, Manuel Azaña, la imposibilidad de adoptar otra política con palabras bien reveladoras, según anotó en su diario este último:

---

50. El texto oficial de la propuesta francesa de No Intervención se recoge en DDF, vol. 3, núm. 56.

51. Declaraciones hechas en 1945 en *Le Populaire*, órgano oficial de prensa del partido socialista. Reproducido por J. Martínez Parrilla, *Las fuerzas armadas francesas*, p. 216. El juicio previo citado es de Mr. Lloyd Thomas, consejero de la embajada británica en París, en un despacho remitido a Eden el 23 de septiembre de 1936. FO 425/414 W17863. Las palabras de André Blumel, secretario de Blum, proceden de su testimonio de 1965, recogido en AA.VV., *Léon Blum, chef de gouvernement*, p. 339.

---

fo inicial sobre las simpatías gubernamentales británicas: *Memorias. La Segunda Guerra Mundial*, Barcelona, Plaza y Janés, 1965, vol. 1, p. 255.

El año pasado, al regresar de España [Brouckère había visitado el país a principios de agosto de 1936], llegó a París cuando se ponía en marcha la política de no-intervención. Habló de ello con Blum toda una tarde. Blum no podía tomar otro camino. Si hubiese dado armas a España, la guerra civil en Francia no habría tardado en estallar. Blum le dijo que no tenía seguridad del ejército. El Estado Mayor era opuesto a que se ayudase a España. La opinión se hubiera puesto en contra de Blum, acusándole de servir a Moscú. Inglaterra no le habría secundado en caso de guerra extranjera. De Brouckère habla del «miedo a Inglaterra» como uno de los motivos de aquella política.[52]

La propuesta francesa de lograr un pacto de No Intervención colectiva fue inmediatamente asumida por las autoridades de Gran Bretaña, que vieron en ella un mecanismo ideal para preservar su neutralidad *de facto* y amortiguar así las críticas de una oposición laborista solidaria con la República (no en vano, la iniciativa era del socialista Blum). Además, esa propuesta permitiría igualmente garantizar los tres objetivos diplomáticos básicos establecidos por el Foreign Office en la crisis española: confinar la lucha dentro de España y, al mismo tiempo, refrenar la hipotética intervención del aliado francés en apoyo a la República, evitar a toda costa el alineamiento con la Unión Soviética en el conflicto, y eludir totalmente el enfrentamiento con Italia y Alemania por su presente o futura ayuda a Franco. El 5 de agosto, un emisario confidencial de Blum en Londres, el almirante Darlan, jefe del Estado Mayor de la Marina francesa, pudo conocer de primera mano esa firme posición política de su homólogo británico, el almirante Chatfield. Ante los vivos temores del francés por el posible efecto del apoyo italo-germano a Franco (que le inclinaba a creer en la conveniencia de «que no se facilite de ningún modo el triunfo de los elementos nacionalistas españoles»), lord Chatfield desestimó esas preocupaciones y reiteró que «la única solución consiste en no inmiscuirse de ninguna manera en la guerra civil».[53] Sir Winston Churchill había definido crudamente el sentido

____

52. Anotación del 9 de septiembre de 1937 sobre su entrevista con De Brouckère. Manuel Azaña, *Memorias de guerra, 1936-1939*, Barcelona, Grijalbo, 1996, p. 263.

53. Minuta de Chatfield. FO 371/20527 W7781. La versión francesa en DDF, 1936, III, núm. 87.

real de esa política de pasividad neutralista en una carta particular a Anthony Eden el 7 de agosto:

Este asunto español no deja de preocuparme. Considero sumamente importante hacer que Blum permanezca con nosotros estrictamente neutral, incluso si Alemania e Italia continúan ayudando a los rebeldes y Rusia envía dinero al gobierno. Si el gobierno francés toma partido contra los rebeldes, será un don del cielo para los alemanes y pro-alemanes.[54]

Al día siguiente de redactar esa carta, el propio Churchill reconoció privadamente ante el representante italiano en Londres la preocupación principal de las autoridades británicas ante la crisis y las simpatías y antipatías abrigadas ante los dos bandos enfrentados en España. El diplomático fascista remitió con presteza las reveladoras opiniones de su significado interlocutor a Mussolini y Ciano, que tomaron buena cuenta de las mismas:

La bolchevización de España sería un verdadero desastre para Europa y daría a la actividad del gobierno soviético un nuevo impulso para amenazar a todos los países. Todos debemos desear que el comunismo español sea aplastado e indudablemente éste es el sentimiento hoy prevaleciente en Inglaterra. Aunque, frente a los sucesos españoles, estamos decididos a permanecer en una posición de neutralidad.

Nuestra mayor preocupación ha sido y es una intervención francesa a favor del gobierno español. Tal intervención sería verdaderamente un acto de locura no sólo porque una victoria comunista en España habría de repercutir en Francia, sino porque Francia daría a su política exterior un carácter partidista que enajenaría la simpatía del pueblo inglés en beneficio de Alemania, hacia la cual una gran parte de nuestro pueblo se muestra casi favorable. Debemos lograr a toda costa que Francia permanezca neutral. [...] Diré más. Soy de la opinión de que aunque Italia y Alemania presten ayuda a Franco, como resulta que están haciendo, Francia debe permanecer igualmente neutral y abstenerse de proporcionar ayuda al gobierno español. Por esto habría que activar ese proyecto de acuerdo de neutralidad colectiva, de modo que el gobierno francés, que se halla bajo presión y amenaza de las organizaciones comunistas y socialistas, pueda refugiarse en un escudo internacional y rehusar

54. Churchill College (Cambridge), Churchill Archives Centre, Chartwell Trust, serie 2 (Correspondencia política), legajo 257. CHAR 2/257.

cualquier ayuda a España. Por lo que respecta a Inglaterra, estoy a favor de la más absoluta neutralidad. Inglaterra debe mantenerse al margen de la guerra civil española y debe imponer a Francia esa misma política.[55]

En esas circunstancias, vivamente impresionado por el fracaso de la gestión de Darlan en Londres, Blum convocó una nueva reunión del gobierno francés el 8 de agosto de 1936 que decidió formalmente poner en vigor de modo unilateral el embargo de armas y municiones contenido en su propuesta de pacto colectivo de No Intervención.[56] Con el visto bueno del Reino Unido, a partir de ese momento la diplomacia franco-británica desplegó un tenaz esfuerzo para lograr el concurso de todos los gobiernos europeos a esa política multilateral de neutralidad cualificada. En consecuencia, a finales de agosto de 1936 todos los estados europeos (excepto Suiza, neutral por imperativo constitucional) habían suscrito oficialmente el *Acuerdo de No Intervención en España*, que cobró la forma de una declaración política similar por parte de cada gobierno partícipe (no la de un tratado jurídico de obligado cumplimiento):

El gobierno (sigue relación nominal y alfabética de los países firmantes):
  Deplorando los trágicos acontecimientos de que España es teatro; Decididos a abstenerse rigurosamente de toda injerencia, directa o indirecta, en los asuntos internos de ese país; Animados por la voluntad de evitar toda complicación perjudicial para el mantenimiento de las buenas relaciones entre las naciones; Declaran lo que sigue:

55. Despacho del encargado de negocios italiano en Londres a sus superiores en Roma, 9 de agosto de 1936. DDI, vol. 4, n° 708 (p. 782). El día anterior al envío de ese despacho, el mismo diplomático había remitido por telegrama la esencia de las declaraciones de Churchill (n° 701, p. 775).
56. Delbos había recibido aquel mismo día una visita del embajador británico que le advirtió del «peligro de cualquier acción que comprometiera definitivamente al gobierno francés con uno de los bandos en lucha e hiciera más difícil la estrecha cooperación entre nuestros dos países que requería esta crisis». Además, el embajador no ocultó sus preferencias por los insurgentes y planteó el interrogante: «¿Estaba seguro (Delbos) de que el gobierno de Madrid era el gobierno real y no una pantalla tras la cual los elementos anarquistas más radicales dirigían los acontecimientos?». Telegrama del embajador a Londres. FO 371/20528 W7964. DDF, 1936, III, núm. 108.

1º. Los gobiernos citados prohiben, cada uno en lo que le concierne, la exportación, directa o indirecta, la reexportación y el tránsito a España, posesiones españolas o zona española de Marruecos, de toda clase de armas, municiones y material de guerra, incluyendo aviones, montados o desmontados, y todo navío de guerra.

2º. Esta prohibición se aplica a los contratos en curso de ejecución.

3º. Los gobiernos... se mantendrán informados de todas las medidas que tomen para hacer efectiva la precedente declaración, que entra inmediatamente en vigor.[57]

Muy poco después, los gobiernos firmantes también aceptaron una nueva propuesta franco-británica para formar parte de un Comité, con sede en Londres e integrado por los respectivos representantes diplomáticos en dicha capital, que tendría como misión la vigilancia teórica de la aplicación de dicho acuerdo de embargo de armas colectivo. En efecto, el 9 de septiembre de 1936, en el flamante salón Locarno del Foreign Office, quedó constituido el Comité de No Intervención bajo la presidencia del delegado británico (primero William Morrison, subsecretario del Ministerio del Tesoro, y desde la tercera reunión, Lord Plymouth, subsecretario parlamentario del Foreign Office). Inmediatamente, a propuesta británica, fue constituido un Subcomité de No Intervención integrado por los delegados de los países adyacentes a España y los principales productores de armas: Alemania, Bélgica, Checoslovaquia, Francia, Gran Bretaña, Italia, Portugal, Suecia y la Unión Soviética. También por iniciativa británica fue aprobado un «procedimiento de trabajo» que sólo permitiría al subcomité examinar las denuncias de infracción al acuerdo basadas en «pruebas sustanciales» y presentadas por un gobierno partícipe (no

---

57. DDF, 1936, III, nº 84. DGFP, nº 29. *Ciano's Diplomatic Papers*, Londres, Odhams Press, 1948, pp. 25-26. Tras la firma oficial franco-británica el día 15 de agosto, los restantes países fueron sumándose en días sucesivos. Italia y Portugal lo hicieron el 21. La Unión Soviética el 23. Y, finalmente, Alemania firmó dicha declaración el 24 de agosto. Muchos de ellos lo hicieron con pequeñas reservas que limitaban el alcance de este compromiso genérico. Los 27 gobiernos adheridos al acuerdo fueron los siguientes: Albania, Alemania, Austria, Bélgica, Bulgaria, Checoslovaquia, Dinamarca, Estonia, Finlandia, Francia, Gran Bretaña, Grecia, Holanda, Hungría, Irlanda, Italia, Letonia, Lituania, Luxemburgo, Noruega, Polonia, Portugal, Rumanía, Suecia, Turquía, Unión Soviética, Yugoslavia.

por los bandos españoles, prensa u otras instituciones independientes), tras lo cual se esperaría a las explicaciones del gobierno acusado «para establecer los hechos», sin provisión de sanciones en el caso de que se demostrase la veracidad de la denuncia original.[58]

Sin embargo, el triunfo de esa política de No Intervención multilateral patrocinada por Francia y Gran Bretaña era desde el principio mucho más aparente que real. Los tres estados que se habían manifestado más resueltamente favorables hacia los insurgentes, Italia, Alemania y la dictadura de Oliveira Salazar en Portugal (Apéndice VI) habían consentido en firmar el Acuerdo y tomar parte en el Comité para relajar la tensión internacional y no forzar una reacción enérgica anglo-francesa. Pero no tenían intención de respetar el compromiso de embargo de armas. De hecho, Mussolini comunicó de inmediato a Berlín que había instruido a su embajador en Londres, Dino Grandi, para que «hiciese todo lo posible a fin de dar a las actividades del Comité un carácter puramente platónico». Y, en efecto, Italia y Alemania continuaron enviando armas y municiones a Franco mientras Portugal seguía prestándole un vital apoyo logístico y diplomático.[59] Además, al mismo tiempo que Roma y Berlín suscribían el pacto de No Intervención, también iniciaban una coordinación de sus actividades militares en España que abriría la vía al establecimiento formal, ya en el mes de octubre, de su alianza diplomática: el llamado «Eje Roma-Berlín». El 28 de agosto de 1936, por encargo de Hitler

58. El archivo del Comité de No Intervención se conserva en el P. R. O., Archivo del Foreign Office, serie «Records of the Non-Intervention Committee» (clave 849). Las actas de las reuniones plenarias se recogen en el legajo 1. En adelante: FO 849/1. Las actas del subcomité se hallan en el legajo 27. En adelante: FO 849/27.

59. Buena prueba de ese apoyo pudiera ser las palabras dichas a Eden por Armindo Monteiro, ministro de exteriores de Salazar, durante su visita a Londres el 30 de julio de 1936: «Le expliqué que una victoria del Ejército (en España) no implicaría necesariamente una victoria de tipo político italiano o alemán, en tanto que una victoria de los rojos sería fatalmente una victoria de la anarquía, con graves consecuencias para Francia y, por ende, para Europa, donde la fuerza del comunismo era ya enorme». Telegrama del ministro a Lisboa, recogido en *Dez Anos de Politica Externa, 1936-1947. A Naçao Portuguesa e a Segunda Guerra Mundial*, Lisboa, Impresa Nacional, 1964, vol. 3, núm. 75. Sobre los temores portugueses hacia la República española véase Hipólito de la Torre Gómez, *La relación peninsular en la antecámara de la guerra civil de España*, Mérida, UNED, 1988.

y Mussolini, se reunieron en Roma el almirante Wilhelm Canaris, jefe del servicio secreto militar alemán, y el general Mario Roatta, su homólogo italiano. Entre los cruciales acuerdos adoptados en esa reunión figuraron los siguientes:

1) Proseguir (a pesar del embargo de armas) los suministros de material bélico y las entregas de municiones, según las peticiones del general Franco (posiblemente suministros italianos y alemanes en paridad). [...]

2) La ayuda material será remitida sólo al general Franco y estará bajo el control de las fuerzas armadas. [...]

6) Envío de parte de cada uno de los dos gobiernos de un oficial (eventualmente con un ayudante) como órgano de comunicación con Franco. Entre sus competencias estarán: a) garantizar conjuntamente los intereses de ambos países desde el punto de vista político-militar y económico-militar; b) aconsejar al general Franco en cuanto sea necesario; c) acordar el pago de los suministros (al contado—materias primas). [...]

8) No exigirle a Franco compensaciones de tipo político.[60]

En consecuencia, el continuo sabotaje italo-germano (con la activa colaboración portuguesa), unido a la debilidad de la respuesta franco-británica, determinaron casi desde el comienzo el rotundo fracaso real de la política de No Intervención colectiva en España. Apenas constituido en Londres el Comité, el representante alemán en el mismo remitió a Berlín un informe confidencial donde subrayaba certeramente la falta de una firme voluntad anglo-francesa para detener la intervención y la naturaleza de recurso elusivo y dilatorio que tenía el organismo recién creado:

La sesión de hoy dio la impresión de que para Francia y Gran Bretaña, las dos potencias interesadas principalmente en el Comité, no se trata tanto de tomar medidas reales e inmediatas como de apaciguar la excitación de los partidos de izquierda en ambos países mediante el mero establecimiento de tal Comité. En particular, durante mi entrevista de hoy con [sir Robert]

60. «Colloqui italo-tedeschi per un'azione comune in Spagna. Colloquio Roatta-Canaris. Roma, 28 agosto 1936», en DDI, vol. 4, nº 819, p. 892-894. La cita previa con las instrucciones de Mussolini a su embajador procede de una nota alemana sobre la información proporcionada por el representante italiano en Berlín, 5 de septiembre de 1936. DGFP, número 73, p. 75.

Vansittart [subsecretario permanente del Foreign Office] sobre otro asunto, tuve la sensación de que el gobierno británico confiaba en aliviar la situación política interior del primer ministro francés con la formación del Comité.[61]

En efecto, durante el mes de septiembre de 1936, a la sombra de las primeras y parsimoniosas deliberaciones del Comité de No Intervención, el proceso de internacionalización de la guerra había generado una estructura de apoyos e inhibiciones muy favorable para el esfuerzo bélico de los insurgentes y muy perjudicial para la capacidad defensiva del gobierno republicano.

Por una parte, el bando liderado por el general Franco había logrado mantener intacta la vital corriente de suministros militares procedente de Italia y Alemania (concedidos además a crédito) y el inestimable apoyo logístico y diplomático de la dictadura portuguesa de Oliveira Salazar (primera ayuda externa recibida en el orden temporal, en función del arraigado temor portugués a los efectos contagiosos de la situación española sobre la estabilidad del *Estado Novo*).[62] Y todo ello a pesar de las prescripciones del Acuerdo y de la presencia de los representantes de esos tres países en el Comité de Londres.

Por otro lado, las autoridades republicanas se habían visto privadas de los potenciales suministros bélicos procedentes de Francia, Gran Bretaña y otros estados europeos en virtud de la observancia estricta del Acuerdo por parte de sus gobiernos respectivos. Esta política había sido secundada en los Estados Unidos mediante un embargo de armas unilateral (primero «moral» y desde enero de 1937 «legal») decretado por la administración del presidente Franklin D. Roosevelt, en virtud de su tradicional alineamiento diplomático con la entente franco-británica, de las tendencias aislacionistas de la opinión

---

61. Telegrama del encargado de negocios alemán en Londres, 9 de septiembre de 1936. DGFP, número 79, p. 84.

62. Sobre el apoyo portugués a Franco son claves las obras de Iva Delgado, *Portugal e a guerra civil de Espanha*, Lisboa, Publicaçoes Europa-América, 1980; César Oliveira, *Salazar e a guerra civil de Espanha*, Lisboa, O Jornal, 1987; y Glyn Stone, *The Oldest Ally. Britain and the Portuguese Connection, 1936-1941*, Woodbridge, Boydell Press, 1994. Cfr. Soledad Gómez de las Heras, «Portugal ante la guerra civil española», *Espacio, tiempo y forma. Historia contemporánea*, núm. 5, 1992, pp. 273-292; y Fernado Rosas (ed.), *Portugal e a guerra civil espanhola*, Lisboa, Colibrí, 1998.

pública norteamericana y del temor demócrata a enajenarse el apoyo católico en beneficio de sus adversarios republicanos.[63] En consecuencia, la República sólo pudo contar con el apoyo abierto pero limitado del México presidido por Lázaro Cárdenas,[64] con la abierta simpatía mayormente estéril de los ámbitos populares e intelectuales del mundo occidental,[65] y con las dudosas oportunidades ofrecidas por el oscuro mundo de los traficantes de armas internacionales. A título de mero ejemplo, los agentes republicanos fueron capaces de comprar viejas armas y municiones en la muy conservadora Polonia del mariscal Smigly-Rydz a precios desorbitados (con un incremento de entre el 30 y 40 por 100 de su valor de mercado), previo pago de sustanciosas comisiones de soborno y con la complicidad encubierta de sus autoridades. No en vano, como alardeó uno de los intermediarios polacos: «vendiendo chatarra a los (republicanos) españoles a precios astronómicos conseguimos restablecer la solvencia de la banca polaca». Y el caso de Polonia es bien representativo de lo sucedido igualmente en las repúblicas bálticas, Checoslovaquia o Turquía.[66]

Para empeorar la situación, desde mediados de septiembre de 1936, a la vista de la brutal persecución sufrida en la retaguardia re-

63. Marta Rey García, *Stars for Spain. La guerra civil española en los Estados Unidos*, La Coruña, Castro, 1997. Richard P. Traina, *American Diplomacy and the Spanish Civil War*, Bloomington, Indiana University, 1968. F. J. Taylor, *The United States and the Spanish Civil War*, Nueva York, Bookman, 1956. Mark Falcoff y Fredrick Pike (dirs.), *The Spanish Civil War. American Hemispheric Perspectives*, Lincoln, University of Nebraska, 1982.

64. Sobre el crucial papel mexicano véanse: J. A. Matesanz, *Las raíces del exilio. México ante la guerra civil española*, México, Colegio de México-Universidad Nacional Autónoma, 1999; y T. G. Powell, *Mexico and the Spanish Civil War*, Albuquerque, University of New Mexico, 1981. La distinta reacción en el resto de América se trata en la obra editada por M. Falcoff y F. Pike citada en nota previa.

65. Stanley Weintraub, *The Last Great Cause: the Intellectuals and the Spanish Civil War*, Nueva York, Weybright and Talley, 1968. Marc Hanrez (ed.), *Los escritores y la guerra de España*, Barcelona, Monte Ávila, 1977. Valentine Cunningham (ed.), *Spanish Front. Writers on the Spanish Civil War*, Oxford, University Press, 1986.

66. G. Howson, *Arms for Spain*, p. 113 (edición española, *Armas para España*, p. 164). Del mismo autor, véase la síntesis contenida en «Los armamentos: asuntos ocultos a tratar», en P. Preston (ed.), *La República asediada*, pp. 239-264.

publicana por el clero y el culto católico (con un saldo total de 6.832 víctimas religiosas), el Vaticano comenzó a secundar públicamente la beligerante actitud adoptada desde el primer momento por la jerarquía episcopal española, firme partidaria de los insurgentes y enfrentada desde 1931 a las autoridades republicanas por su decidido programa secularizante (Apéndice VII). De este modo, el catolicismo mundial pasó a convertirse en uno de los principales valedores internacionales del esfuerzo bélico franquista, encumbrado a la categoría de Cruzada por la fe de Cristo y la salvación de España frente al ateísmo comunista y antinacional. En palabras reveladoras de un informe confidencial para la Santa Sede del cardenal Isidro Gomá, arzobispo de Toledo y cardenal primado de la Iglesia española, ya a mediados de agosto de 1936:

En conjunto puede decirse que el movimiento es una fuerte protesta de la conciencia nacional y del sentimiento patrio contra la legislación y procedimientos del Gobierno de este último quinquenio, que paso a paso llevaron a España al borde del abismo marxista y comunista. [...] Puede afirmarse que en la actualidad luchan España y la anti-España, la religión y el ateísmo, la civilización cristiana y la barbarie.[67]

Sólo el hecho crucial de que los nacionalistas vascos, fervorosos católicos y demócratas, se hubieran alineado con el bando republicano (a cambio de la promesa de concesión de un Estatuto de Autonomía que sería aprobado en octubre de 1936) evitó una toma de partido en favor de Franco más abierta y rotunda por parte del anciano Papa Pío XI. Su decisiva alocución del 14 de septiembre de 1936 en Castelgandolfo a un grupo de refugiados españoles huidos de la zona republica-

---

67. Informe de Gomá para el cardenal Pacelli (futuro Pío XII), 13 de agosto de 1936. Recogido en María Luisa Rodríguez Aisa, *El cardenal Gomá y la guerra de España*, Madrid, CSIC, 1981, pp. 19 y 23. Sobre las razones de la actitud de la Iglesia en la guerra véanse: Hilari Raguer, *La pólvora y el incienso*; Antonio Marquina Barrio, *La diplomacia vaticana y la España de Franco (1936-1945)*, Madrid, CSIC, 1983; Antonio Montero Moreno, *Historia de la persecución religiosa en España, 1936-1939*, Madrid, BAC, 1961; y Gabriele Ranzato, «Dies irae. La persecuzione religiosa nella zona repubblicana durante la guerra civile spagnola» en su libro *La difficile modernità*, Turín, Edizione dell'Orso, 1997, pp. 147-187.

na se limitó a condenar tajantemente a las «fuerzas subversivas» del comunismo y lamentar el sufrimiento de las víctimas de la furia anti-rreligiosa. El único apoyo velado al bando franquista se deslizó en un cauteloso párrafo final de la alocución:

Por encima de toda consideración política y mundana, Nuestra bendición se dirige de manera especial a cuantos han asumido la difícil y peligrosa tarea de defender y restaurar los derechos y el honor de Dios y de la religión, que es tanto como decir los derechos y la dignidad de las conciencias, condición primaria y la más sólida de todo bienestar humano y civil.[68]

Sin embargo, esa prudencia oficial de la Santa Sede no aminoró en la práctica la intensidad del apoyo del mundo católico universal a la causa franquista. De hecho, el Pontífice envió pocas semanas después al general Franco, por conducto reservado del cardenal Gomá, «una bendición especial, a él y a cuantos con él colaboran en la defensa del honor de Dios, de la Iglesia y de España».[69] Al respecto, es significativo que el único grupo numeroso de auténticos voluntarios extranjeros alistados en el bando franquista fuera el contingente de unos 700 católicos irlandeses dirigidos por el general Eoin O'Duffy. Dejando aparte, claro está, a un contingente de voluntarios extranjeros difícilmente reconciliable con la idea de Cruzada: las tropas de regulares indígenas formadas por mercenarios marroquíes reclutados en el Protectorado, cuyo número ascendió a 70.000 hombres.[70]

68. Recogido en M. L. Rodríguez Aisa, *op. cit.*, p. 113. Véase también Hilari Raguer, «El Vaticano y la guerra civil española», *Cristianesimo nella storia* (Bolonia), vol. 3, n° 1, 1982, pp. 137-209; y Javier Tusell y Genoveva García Queipo de Llano, *El catolicismo mundial y la guerra de España*, Madrid, Biblioteca de Autores Cristianos, 1993

69. La bendición apostólica a Franco se recoge en M. L. Rodríguez Aisa, *op. cit.*, p. 93. Cfr. Alfonso Álvarez Bolado, *Para ganar la guerra, para ganar la paz. Iglesia y guerra civil* (Madrid, U. Pontificia de Comillas, 1995); Julián Casanova, *La Iglesia de Franco* (Madrid, Temas de Hoy, 2001); Gonzalo Redondo, *Historia de la Iglesia en España (1931-1939). II. La guerra civil*, Madrid, Rialp, 1993.

70. Sobre la participación irlandesa véase R. A. Stradling, «Campo de batalla de las reputaciones: Irlanda y la guerra civil española», en P. Preston (ed.), *La República asediada*, pp. 119-143. La estimación del número de voluntarios en pp. 131-132. Respecto a los regulares indígenas, véase María Rosa de Madariaga, «The Intervention of Moroccan Troops in the Spanish Civil War: A Reconsideration», *European*

En su conjunto, la cristalización de esa estructura tan asimétrica de apoyos e inhibiciones internacionales en el otoño de 1936 tuvo su reflejo inmediato en el curso de las hostilidades en España, con su cosecha de triunfos militares insurgentes y de clamorosas derrotas republicanas a lo largo de los meses de agosto y septiembre de 1936. Como resultado de las mismas, el 5 de septiembre, con la conquista insurgente de Irún y la ocupación de toda la frontera vasco-francesa, la estrecha bolsa republicana aislada en el norte peninsular había quedado totalmente incomunicada por contacto terrestre del resto de la zona todavía leal al gobierno de Madrid. Por su parte, en el frente central, el 28 de septiembre las tropas del general Franco liberaban la fortaleza del Alcázar de Toledo, logrando una victoria simbólica muy notable y dejando expedita la vía para lanzar el asalto frontal y previsiblemente definitivo sobre la capital española. La guerra parecía que iba a ser resuelta rápidamente y con un claro triunfador. El mismo día de la caída de Irún, Winston Churchill reflejaba elocuentemente esa expectativa y deseo en una carta privada a su mujer:

Me alegro de que los nacionalistas españoles estén haciendo progresos. Son los únicos que tienen capacidad de ataque. Los otros sólo pueden morir sentados. ¡Horrible! Pero mejor para la seguridad de todos si los comunistas son aplastados.[71]

4. EL DECISIVO VIRAJE SOVIÉTICO Y LA RESISTENCIA REPUBLICANA

Secundando la iniciativa franco-británica, la Unión Soviética también había suscrito el Acuerdo de No Intervención y se había sumado al Comité de vigilancia de Londres sin dilaciones.[72] Los dirigentes so-

71. Martin Gilbert, *op. cit.*, p. 785.

72. David T. Cattell, *Soviet Diplomacy and the Spanish Civil War*, Berkeley, University of California, 1955. Edward H. Carr, *La Comintern y la guerra civil española*, Madrid, Alianza, 1986. Jonathan Haslam, *The Soviet Union and the Struggle for Co-*

History Quarterly (Londres), vol. 22, 1992, pp. 67-97; y José Fernando García Cruz, «Las fuerzas militares nativas procedentes del Protectorado de Marruecos en la Guerra Civil», *Hispania Nova* (*http:hispanianova.rediris.es*).

viéticos habían percibido el estallido de la guerra como una perturbación grave y sumamente inoportuna, ya que el amago revolucionario desatado en zona republicana podría arruinar su esfuerzo de acercamiento diplomático a Francia y Gran Bretaña e incluso podría estrechar los vínculos de esas potencias con las dictaduras fascistas por el temor compartido a una nueva revolución en Europa occidental. Por eso, Stalin había decidido demostrar su distanciamiento respecto del conflicto y mantener una actitud de inhibición y pasividad, declarando su simpatía formal y «platónica» por la causa republicana pero sin intervenir a su favor con el envío directo de armas o municiones (que además planteaba grandes dificultades logísticas en virtud de la enorme distancia geográfica y la debilidad de la industria bélica soviética). Así lo había apreciado certeramente el representante italiano en Moscú al comienzo mismo de la guerra (el 23 de julio) y así lo había comunicado con presteza al propio Mussolini:

El gobierno soviético se encuentra ante una situación de lo más difícil. Un triunfo de los insurgentes, además de poner fin a las grandes esperanzas abrigadas sobre el «frente popular español», no dejaría de hecho de tener repercusiones en la vecina Francia, comprometiendo así la política de su propio «frente popular» y minando las bases de la colaboración franco-soviética, que el gobierno de la URSS estima en sumo grado en las actuales circunstancias. Por otra parte, una victoria de los obreros armados, que se considera que no dejaría de ir seguida de una rápida sovietización de España, además de acrecentar la actual incertidumbre europea, reforzaría las corrientes antibolcheviques en el mundo entero, poniendo en el más serio peligro la obra de normalización iniciada hace años por la diplomacia soviética y, sobre todo, el proyecto auspiciado por Litvinov [comisario soviético de asuntos exteriores] de colaboración con todos los estados hostiles a la Alemania de Hitler y al expansionismo japonés. La

---

llective Security in Europe, 1933-1939, Londres, Macmillan, 1984, capítulo 7. Geoffrey Roberts, The Unholy Alliance. Stalin's Pact with Hitler, Bloomington, Indiana University Press, 1989, pp. 72-81; y «Soviet Foreign Policy and the Spanish Civil War», en Ch. Leitz y D. J. Dunthorn (eds.), Spain in an International Context, 1936-1959, pp. 81-103. Denis Smyth, «Estamos con vosotros: solidaridad y egoísmo en la política soviética hacia la España republicana, 1936-1939», en P. Preston (ed.), La República asediada, pp. 101-118.

instauración de un soviet en España encontraría ciertamente—siempre según el pensamiento de estos dirigentes—una abierta hostilidad por parte de los países vecinos de España (sobre todo de Italia) y también de otros estados con fuertes intereses en el Mediterráneo (Inglaterra). [...] Ante estas perspectivas, el gobierno soviético intenta ya desde ahora mismo esforzarse por demostrar que no abandonará, suceda lo que suceda, una cómoda posición oficial de prudente neutralidad. Un portavoz de estos círculos dirigentes justo hoy me confirmaba que el Kremlin sí estaba muy sorprendido y perplejo por los sucesos de España, pero que el gobierno soviético bajo ninguna circunstancia se dejaría involucrar en los asuntos internos de la Península (Ibérica), donde tiene mucho que perder y nada que ganar.[73]

Además de esas razones que forzaban al Kremlin a permanecer prudentemente neutral, Stalin, al igual que los gobernantes franceses, también confiaba en que sería posible localizar la guerra y evitar el peligro de un triunfo rebelde mediante la anulación de todos los suministros exteriores. Así lo expresaba *Le Journal de Moscou* en su editorial del 28 de julio: «El gobierno español nunca ha pedido ayuda a nuestra Unión (Soviética) y estamos convencidos de que encontrará fuerzas suficientes dentro del país para aplastar la revuelta de generales fascistas al servicio de potencias extranjeras». Con esa percepción y propósito, Moscú se apresuró a asumir la propuesta de Blum de firmar un pacto de no intervención colectivo como alternativa idónea para superar sus dilemas estratégicos y diplomáticos. Como escribió el mismo diplomático italiano a Roma el 6 de agosto:

Colocado en la clásica situación del asno de Buridán [incapaz de decidirse a beber o comer por tener igual deseo de ambas cosas], el gobierno soviético se ha esforzado en comprometerse lo menos posible (en el conflicto español). En consecuencia, la iniciativa francesa en pro de un acuerdo de no intervención en España ha sido recibida con enorme alivio.[74]

---

73. Despacho del encargado de negocios italiano en Moscú a sus superiores en Roma, 23 de julio de 1936. DDI, vol. 4, n° 604 (p. 676).

74. Despacho del encargado de negocios italiano en Moscú, 6 de agosto de 1936. DDI, vol. 4, n° 693 (p. 761). La previa cita del diario en J. Haslam, *The Soviet Union and the Struggle for Collective Security in Europe*, p. 110.

Sin embargo, la posición neutralista inicial soviética (que sólo expresó su simpatía por la República con declaraciones públicas y envíos de colectas de material humanitario) estaba condicionada al éxito de dicha política multilateral para confinar el conflicto español, evitar la intervención fascista y garantizar la supervivencia de la República democrática. Así se contemplaba en las instrucciones reservadas dadas por el Kremlin a Marcel Rosenberg, primer embajador soviético en España, llegado a Madrid el 28 de agosto de 1936:

Hemos discutido en reiteradas ocasiones el problema de la ayuda al gobierno español después de su partida, pero hemos llegado a la conclusión de que no era posible enviar nada [de material bélico] desde aquí [...]. Nuestro apoyo proporcionaría a Alemania e Italia el pretexto para organizar una invasión abierta y un abastecimiento de tal volumen que nos sería imposible igualarlo [por la distancia geográfica y las limitaciones de producción bélica] [...]. No obstante, si se probara que pese a la declaración de No Intervención se sigue prestando apoyo a los sublevados, entonces podríamos cambiar nuestra decisión.[75]

Y efectivamente, una vez demostrado el patente fracaso de la política colectiva de No Intervención para detener en la práctica la ayuda italo-germana a Franco, Stalin acabaría modificando sustancialmente su política española. El día 14 de septiembre de 1936, el dictador soviético resolvió en persona el envío directo de armamento a la República y dos días más tarde, bajo la supervisión de la NKVD (servicios de seguridad soviéticos: luego KGB), se constituyó en Moscú la llamada «Sección X», encargada de coordinar toda la operación en el más absoluto de los secretos. Secundando esa decisión previa, el 18 de septiembre el Secretariado de la Comintern reunido en Moscú aprobaba una serie de líneas de actuación que reflejaban la nueva disposición soviética (Apéndice VIII). Entre otras, la Internacional Comunista

---

75. Antonio Elorza y Marta Bizcarrondo, *Queridos camaradas. La Internacional Comunista y España, 1919-1939*, Barcelona, Planeta, 1999, p. 460. J. Haslam (*op. cit.*, p. 112) señala igualmente que una de las razones internas esgrimidas por la diplomacia soviética para aceptar la propuesta francesa de No Intervención era que «la distancia que nos separa de España hace muy difícil la posibilidad de prestar cualquier forma de ayuda militar».

acordaba «proceder al reclutamiento entre los obreros de todos los países de voluntarios con experiencia militar con el fin de su envío a España» y «organizar la ayuda técnica al pueblo español mediante el envío de obreros y técnicos cualificados».[76]

A principios de octubre, la Unión Soviética comenzó a socorrer militarmente a la República sin abandonar de modo oficial la política de No Intervención, siguiendo así los pasos y el ejemplo previo de las potencias del Eje. El embajador soviético en Londres, Iván Maiski, expuso esa nueva política ante el Comité de No Intervención el 23 de octubre de 1936. Su declaración pública, tras afirmar que el sabotaje nazi-fascista y la falta de medidas de control habían desvirtuado el Acuerdo y exigían la restitución al gobierno español de su derecho a comprar armas, concluía sin ambages:

En cualquier caso, el gobierno soviético está obligado a declarar que no puede considerarse ligado por el Acuerdo de No Intervención en mayor medida que el resto de los participantes en el mismo.[77]

Los motivos de ese cambio de conducta fueron esencialmente políticos y estratégicos. Todo parece indicar que Stalin decidió enfrentarse a las potencias fascistas en España para poner a prueba la viabilidad de su estrategia de colaboración con las democracias europeas contra el peligro de expansionismo nazi. España habría de ser la piedra de toque de ese proyecto de gran coalición antifascista: la arena donde se comprobaría la disposición o falta de disposición de las democracias para colaborar con la URSS en la contención de los proyectos agresivos alemanas. El embajador británico en Moscú había apreciado desde el principio esa omnipresente preocupación estratégica en los cálculos soviéticos. A su juicio, la «actitud correcta y neutral» del Kremlin en la guerra española se hubiera mantenido «si no hubiera sido por las crecientes pruebas de que los dos principales estados fascistas están ayudando activamente a los insur-

---

76. Los datos sobre la decisión de Stalin, basándose en archivos soviéticos, se describen en G. Howson, *Arms for Spain*, pp. 125-126 (edición española: *Armas para España*, pp. 179-180). Cfr. E. Moradiellos, «La Unión Soviética y la República española durante la guerra civil», en E. Moradiellos, *Sine Ira et Studio*, pp. 77-87.

77. Actas de la séptima sesión plenaria del Comité. FO 849/1

gentes». Y subrayaba lo que era «el núcleo del problema para el gobierno soviético»:

Aquí no puede recibirse con alegría ninguna complicación de la escena europea que proporcione a Alemania una oportunidad para intervenir [...]. Lenin profetizó tiempo atrás que España sería el primer país en seguir la vía de Rusia. Pero España y la revolución mundial pueden esperar; mientras tanto, cualquier peligro para Francia es un peligro para la Unión Soviética».[78]

El embajador republicano en Moscú fue informado reiteradamente por el propio Stalin del carácter interino y supletorio de esa ayuda soviética (hasta que se materializase el apoyo franco-británico) y de los límites infranqueables fijados a la misma (el enfrentamiento con el bloque franco-británico y la precipitación de una guerra general). Así lo informaría en el verano de 1937 el embajador, Marcelino Pascua, al presidente Azaña:

Terminantemente, [Stalin] le reitera que aquí [en Moscú] no persiguen ningún propósito político especial. España, según ellos, no está propicia al comunismo, ni preparada para adoptarlo, y menos para imponérselo, ni aunque lo adoptara o se lo impusieran podría durar, rodeado de países de régimen burgués, hostiles. Pretenden impedir, oponiéndose al triunfo de Italia y de Alemania, que el poder o la situación militar de Francia se debilite. [...] El Gobierno ruso tiene un interés primordial en mantener la paz. Sabe de sobra que la guerra pondría en grave peligro al régimen comunista. Necesitan años todavía para consolidarlo. Incluso en el orden militar están lejos de haber logrado sus propósitos. Escuadra, apenas tienen, y se proponen construirla. La aviación es excelente, según se prueba en España. El ejército de tierra es numeroso, disciplinado y al parecer bien instruido. Pero no bien dotado en todas las clases de material. [...] Gran interés en no tropezar con Inglaterra.[79]

---

78. Despacho de Lord Chilston (Moscú) al Foreign Office, 10 de agosto de 1936. Recogido en la colección de documentos oficiales titulada: *Documents on British Foreign Policy, 1919-1939*. Serie 2, vol. XVII, *Western Pact Negotiations: Outbreak of the Spanish Civil War, June 23, 1936 - January 2, 1937*, Londres, Her Majesty's Stationary Office, 1979, núm. 78. En adelante, DBFP, volumen y número.

79. Anotación del diario del presidente sobre su entrevista con Pascua, 12 de junio de 1937. M. Azaña, *Memorias de guerra*, pp. 74-75. El 13 de agosto, tras una nue-

En esas circunstancias y bajo esas premisas, hasta que llegara el hipotético apoyo franco-británico, las autoridades soviéticas decidieron poner en marcha dos vías paralelas para posibilitar la resistencia de la República ante lo que parecía un incontenible avance militar de las tropas de Franco: 1°) mediante la formación de Brigadas Internacionales; y 2°) mediante el envío directo de material bélico soviético.

Desde finales de septiembre de 1936, los partidos comunistas de todo el mundo (bajo la dirección de la Comintern y previa autorización de Moscú) habían iniciado el reclutamiento de voluntarios para combatir en España con la República. El gobierno republicano aceptó la medida con cierta renuencia porque su pretensión era recibir armas que escaseaban y no tanto disponer de más hombres. En todo caso, debido al enorme impacto de la guerra en la opinión pública antifascista internacional, la campaña tuvo un éxito sorprendente, resonante e inmediato. A mediados de octubre llegaron los primeros efectivos a la base de entrenamiento de Albacete y el 8 de noviembre, en plena batalla de Madrid, entró en combate la primera de las Brigadas Internacionales (la XI Brigada, compuesta por unos 1.900 hombres, en su mayoría alemanes exiliados del nazismo). En conjunto, un total ligeramente superior a 35.000 voluntarios extranjeros, procedentes de más de cincuenta países de todos los continentes, sirvieron en las siete Brigadas Internacionales creadas en el seno del Ejército Popular de la República (la cifra exacta de brigadistas internacionales resulta imposible de establecer debido a la inexistencia de archivos centrales fidedignos, ya sea por destrucciones bélicas durante el conflicto o por el carácter semiclandestino del reclutamiento en muchos países, que impedía la conservación de registros regulares).[80] El contingente

---

80. La cifra mínima de 35.000 la sostienen Jacques Delperrie de Bayac (*Las Brigadas Internacionales*, Gijón, Júcar, 1980) y Robert Rosentone («International Brigades» en James Cortada (ed.), *Historical Dictionary of the Spanish Civil War*, Westport, Greenwood Press, 1982). Andreu Castells (*Las Brigadas Internacionales de la guerra de España*, Barcelona, Ariel, 1974) apunta la cifra de 60.000. Los últimos trabajos más

---

va entrevista con el embajador, Azaña anotaba en su diario: «Opino que la URSS no hará nada en favor nuestro que pueda embarullar gravemente sus relaciones con Inglaterra ni comprometer su posición en la política de amistades occidentales. [...] Para la URSS el asunto de España es *baza menor*». *Op. cit.*, p. 216.

francés era ampliamente mayoritario (unos 10.000), seguido del grupo de alemanes y austríacos (en torno a 5.000), del italiano (un máximo de 4.000), del anglófono (2.500 británicos y 2.000 norteamericanos) y de hasta un millar de latinoamericanos. Su afiliación política mayoritaria era la progresista antifascista y no necesariamente la de comunista de inspiración ortodoxa (por ejemplo: del 60 al 80 por 100 de los alemanes eran comunistas filosoviéticos, frente a sólo el 50 por 100 de los voluntarios norteamericanos). En su seno predominaron los voluntarios procedentes de medios obreros y populares (más del 80 por 100), aunque hubo una abundante representación de miembros de las clases medias y círculos intelectuales. A este respecto, es reveladora la descripción confidencial del contingente británico hecha a finales de 1938 por un militar enviado a España por las autoridades británicas: «Un panorama de rudos mineros y estibadores galeses y escoceses mezclados con hombres cultivados. Todas las profesiones representadas. Uno era proyectista aeronáutico».[81]

Las siete Brigadas Internacionales (numeradas XI, XII, XIII, XIV, XV, 129 y 150) combatirían como fuerza de choque en casi todas las grandes batallas de la guerra hasta septiembre de 1938, cuando el gobierno republicano presidido por el doctor Negrín decidió su evacuación unilateral en un intento frustrado para forzar al bando franquista a imitar esa medida con las tropas germano-italianas. Su contribución a la capacidad de resistencia de la República fue fundamental, no tanto por su estricto valor militar (por otra parte indudable:

---

81. Palabras del informe dirigido al War Office (Ministerio de la Guerra) por el general Molesworth, integrante de la comisión oficial de la Sociedad de Naciones que supervisó la retirada de los últimos brigadistas. El contingente británico estaba entonces formado por 407 personas. Archivo del War Office, serie «General Staff. Directorate of Military Operations and Intelligence» (clave 106), legajo 1589. En adelante: WO 106/1589. El informe final de la comisión se reproduce en las memorias del embajador republicano: Pablo de Azcárate, *Mi embajada en Londres durante la guerra civil*, Barcelona, Ariel, 1976, pp. 393-395.

---

cualificados tienden a compartir la primera cifra: Michael Jackson, *Fallen Sparrows. The International Brigades in the Spanish Civil War*, Philadelphia, American Philosophical Society, 1994; y Rémi Skoutelsky, *L'Espoir guidait leurs pas. Les volontaires français dans les Brigades internacionales*, París, Grasset, 1998, pp. 327-331.

tuvieron 10.000 bajas mortales y más del 50 por 100 de sus efectivos sufrieron heridas de consideración), cuanto por el ejemplo de solidaridad internacional que demostraban y por el modelo de disciplina que ofrecieron al ejército republicano entonces en vías de formación.[82]

El primer envío de material bélico remitido desde la Unión Soviética fue recibido en el puerto de Cartagena a bordo del mercante *Campeche* el 4 de octubre de 1936 (habiendo salido de Odessa el 26 de septiembre). Desde entonces, a través de 48 envíos por vía marítima, los suministros soviéticos de aviones, tanques, ametralladoras y piezas de artillería no dejaron de afluir a la España republicana hasta el final de la guerra, de un modo intermitente y según las facilidades u obstáculos encontrados en la ruta marítima mediterránea (que llegaba directamente a los puertos levantinos republicanos) y en la ruta naval atlántica (que terminaba en puertos franceses y proseguía por ferrocarril hasta la frontera terrestre francesa con la Cataluña republicana). Al lado de ese material bélico, los soviéticos también enviaron a España un conjunto de aproximadamente 2.000 asesores, técnicos y especialistas militares (incluyendo agentes del NKVD bajo el mando de Alexander Orlov), que trataron de ayudar en la constitución del Ejército Popular de la República y que serían discretamente retirados durante el verano de 1938. No cabe ninguna duda de que los suministros militares soviéticos supusieron un refuerzo vital e inexcusable para la capacidad de resistencia republicana. De hecho, los envíos soviéticos serían el aporte fundamental de material bélico para la República durante toda la guerra, a mucha distancia del recibido de Francia u otros orígenes (sirva como muestra este simple dato: el 60 por 100 de todos los aviones importados durante la guerra procedían de la URSS).[83]

82. Sobre el historial militar de las Brigadas véase Ken Bradley y Mike Chappell, *International Brigades in Spain, 1936-1939*, Londres, Osprey, 1994; Santiago Álvarez, *Historia política y militar de las Brigadas Internacionales*, Madrid, Compañía Literaria, 1996; y Gabriel Cardona, «Las Brigadas Internacionales y el Ejército Popular», en M. Requena (coord.), *La Guerra Civil española y las Brigadas Internacionales*, Cuenca, Universidad de Castilla-La Mancha, 1988, pp. 71-81. Cfr. E. Moradiellos, «Las Brigadas Internacionales: una revisión histórica y bibliográfica», en *Sine Ira et Studio*, pp. 39-47.

83. Véase en el Apéndice I de este libro una estimación de la ayuda militar soviética a la República según fuentes oficiales de la URSS. Gerald Howson, autor del

Al igual que la ayuda italo-germana a finales de julio de 1936 había salvado a los insurgentes de una situación muy grave (puesto que les permitió trasladar el Ejército de África a la península e iniciar la marcha sobre Madrid), también la ayuda soviética contribuyó de modo decisivo a la inesperada resistencia republicana en Madrid en noviembre de 1936 (evitando la prevista derrota final de la República en aquella crítica coyuntura).

La vinculación entre la República y la Unión Soviética se estrechó en el mes de octubre de 1936 con la controvertida decisión secreta del gobierno republicano (tomada el día 17) de depositar en Moscú tres cuartas partes de las reservas de oro del Banco de España (cifradas en un total de 635 toneladas de oro fino), que había sido movilizado desde el primer momento para atender a los gastos derivados de la compra de armas y suministros en el extranjero. Las razones de esa medida eran varias: garantizar la seguridad de las reservas contra posibles ataques enemigos en el interior del país y contra sus acciones legales en bancos extranjeros occidentales (que habían tenido éxito en el caso británico y francés); poner fin a los actos de sabotaje y boicot experimentados por las autoridades republicanas en sus operaciones financieras a través de las redes bancarias occidentales (que habían hecho fracasar numerosas gestiones de compras de armas por incapacidad de pago); y asegurar su disponibilidad y convertibilidad de modo confidencial y eficaz gracias al blindado sistema bancario soviético emplazado en los países occidentales.

En conjunto, a tenor de los detallados estudios de Ángel Viñas, se enviaron a Moscú a finales de octubre de 1936 unas 510 toneladas de oro de aleación, con cargo a las cuales se fueron pagando en efectivo

---

mejor y más completo estudio sobre la aviación en la guerra civil española, señala que la URSS remitió entre 680 y 757 aviones militares a la República (el total de aparatos importados osciló entre 1.124 y 1.272). Francia (con 237-287 aviones: sólo 60-69 militares) fue el segundo proveedor aeronáutico y militar de la República. G. Howson, *Aircraft of the Spanish Civil War*, Londres, Putnam, 1990, pp. 303-305. Sobre la ayuda militar soviética véase el capítulo 18 (Operación X) de la última obra de este mismo autor (*Armas para España*), cuyo apéndice III (pp. 278-303) recoge además un listado exhaustivo de los envíos de material bélico a España registrados en los archivos militares de Rusia (páginas 382-418 de la edición española).

y sin rebaja de precio alguna (según tipos de cotización libremente decididos por las autoridades soviéticas) los envíos de suministros militares remitidos desde la URSS y desde otros países europeos a la República. Las divisas generadas por esa operación de venta del oro (unos 518 millones de dólares) se gastaron en su totalidad en compras de material bélico (soviéticos y de otras procedencias) y en pagos por servicios diversos (importaciones de alimentos, carburante, material sanitario, seguros mercantes, comisiones de soborno a funcionarios extranjeros o contrabandistas, etc.). Por eso mismo cabe desmentir el mito propagandístico franquista del «oro de Moscú» robado por los republicanos y entregado a Stalin sin contrapartida alguna. Y ello a pesar de que no hubo ningún descuento o rebaja soviética en los precios de venta de sus envíos por altruistas motivos de supuesta solidaridad antifascista (al contrario: mediante la fijación unilateral de un tipo de conversión del rublo al dólar se consiguió un margen de beneficios muy considerable) y a pesar del discutible estado de algunas armas vendidas (una parte de ellas eran piezas de museo muy desgastadas y con apenas munición de repuesto).[84] En cualquier caso, el mismo destino corrió otra pequeña cantidad de las reservas de oro (cifrada en la cuarta parte: 174 toneladas de oro fino) que fue vendida al Banco de Francia y cuyo contravalor (unos 195 millones de dólares) sirvió para pagar suministros procedentes de dicho país y de precio igualmente elevado. Por motivos obvios de interés político, sobre este «oro de Francia» no se hizo igual campaña de propaganda y denuncia.[85] Como resultado de esa movilización de las reservas de oro y de

---

84. A título de ejemplo, según G. Howson (*op. cit.*, caps. 19 y 20), «de los 48.825 fusiles enviados por la URSS en 1936, casi 26.000 fueron viejas piezas de museo con apenas munición y otros 6.000, también muy desgastados, vinieron sólo con la mitad del suministro requerido». Por lo que respecta a su coste financiero, Howson añade: «A 5,3 rublos por dólar (tipo de cambio oficial establecido), un viejo fusil extranjero debería haber costado a los republicanos no 12,5 dólares sino 8,49. [...] Dicho de otra manera, los republicanos estuvieron pagando por un fusil no 45 rublos, sino 66,25, y por un cañón de 127 mm. no 50.000 rublos, sino 132.000».

85. Ángel Viñas, *El oro de Moscú. Alfa y omega de un mito franquista*, Barcelona, Grijalbo, 1979. Del mismo autor, «La financiación exterior de la guerra civil», en su obra *Guerra, dinero y dictadura*, Barcelona, Crítica, 1984, pp. 168-204. Según Viñas, en la venta del oro en Moscú, «mis cálculos han identificado una discrepancia inex-

otros expedientes financieros internos (comercio exterior, ventas de plata, etc.), las autoridades republicanas fueron capaces de generar un volumen de 744 millones de dólares. Esa cifra total de divisas habría de ser el coste financiero de la guerra civil en el bando republicano.

5. CONTRARRÉPLICA DE LAS POTENCIAS DEL EJE Y RETRACCIÓN ANGLO-FRANCESA

El apoyo militar y financiero que la URSS comenzó a prestar a la República desde finales de 1936 tuvo dos consecuencias básicas en el plano internacional. Por un lado, la intervención soviética en el otro extremo geográfico del continente europeo acentuó la profunda ansiedad de las autoridades británicas y francesas sobre el verdadero propósito de Stalin y reafirmó su voluntad de no involucrarse de ningún modo en la contienda española. Por otro lado, sirvió como pretexto idóneo para justificar un incremento cuantitativo y cualitativo de la ayuda de las potencias del Eje al general Franco, que recibió su sanción pública con el reconocimiento oficial del gobierno franquista como gobierno *de iure* de España el 18 de noviembre de 1936, en plena ofensiva frontal franquista sobre Madrid (los embajadores respectivos llegarían a Burgos poco después de la parálisis de la misma: el general Wilhelm von Faupel y el periodista fascista Roberto Cantalupo). En ese proceso de intensificación de la ayuda militar, diplomática y financiera de Italia y Alemania naufragó definitivamente la política de No Intervención colectiva patrocinada por Francia y Gran Bretaña.

Para replicar militarmente a la decisión soviética, Hitler decidió a finales de octubre de 1936 el envío de una unidad aérea alemana que combatiría en las filas nacionalistas como cuerpo autónomo, con sus

---

plicable de tan sólo 0,4 toneladas de fino, equivalentes a unos 450.000 dólares». La historia oficial del Banco de España, redactada por Juan Sardá todavía en vida del general Franco, también llegaba a esa conclusión: «el tesoro español entregado a la URSS fue efectivamente gastado en su totalidad por el Gobierno de la República durante la guerra». *El Banco de España. Una historia económica*, Madrid, Banco de España, 1970, p. 436.

propios jefes y oficiales, pero en contacto directo con el general Franco. La llamada «Legión Cóndor» arribó a España por vía marítima a principios de noviembre y llegaría a contar durante toda la guerra con unos efectivos globales de 19.000 soldados alemanes (pilotos, tanquistas, artilleros y expertos en comunicaciones), si bien nunca superó la cifra de 5.600 hombres en un mismo momento (los frecuentes reemplazos tenían como objetivo extender la experiencia bélica al mayor número de soldados posible). Su fuerza aérea se mantuvo regularmente en torno a 140 aviones de modo permanente, a los que asistían un batallón de 48 tanques y otro de 60 cañones antiaéreos (Apéndice I). Sus comandantes serían todos generales de la *Lüftwaffe* (fuerza aérea alemana) de reputado prestigio: Hugo Sperrle (hasta octubre de 1937), Hellmuth Wolkmann (hasta noviembre de 1938), y el barón Wolfram von Richthofen. Como tal unidad prácticamente autónoma del resto del ejército nacionalista tomó parte en casi todas las operaciones militares desarrolladas hasta el final de la guerra: un conjunto total de 30 combates o batallas con un saldo global de 371 muertos y 232 aviones perdidos.[86]

La respuesta italiana fue ligeramente posterior a la alemana pero la superó en número e intensidad, en consonancia con el mayor interés político y estratégico manifestado por Roma. No en vano, el 28 de noviembre de 1936 Mussolini y Franco habían firmado un tratado secreto de amistad que estipulaba su «estrecha cooperación» diplomática, el respeto de Italia a la integridad e independencia de España y la adopción por ésta de una muy generosa «actitud de neutralidad benévola» hacia aquélla en caso de guerra (Apéndice IX). Como resultado de ese tratado, durante los meses de diciembre de 1936 y enero de 1937 Mussolini envió a España un auténtico cuerpo de ejército expedicionario: el *Corpo di Truppe Volontarie*, primero al mando del general Mario Roatta (hasta la debacle de Guadalajara en marzo de 1937) y luego de los generales Ettore Bastico (hasta finales de 1937), Mario Berti (hasta octubre de 1938) y Gastone Gambara. El CTV agrupaba

---

86. DGFP, núm. 113. Raymond L. Proctor, *Hitler's Luftwaffe in the Spanish Civil War*, Wesport (Conn.), Greenwood Press, 1983. Robert H. Whealey, *Hitler and Spain*, pp. 48-50 y 101-103. Raúl Arias Ramos, *Legión Cóndor. Su historia 60 años después*, Madrid, Almena, 2000.

de modo permanente a unos 40.000 soldados italianos y su número total ascendió a lo largo de toda la guerra a 73.000 hombres (Apéndice I). Si a éstos se añaden las fuerzas aéreas enviadas en paralelo (llamadas «Aviación Legionaria»), compuestas por unos 6.000 hombres, el número total de efectivos italianos en España alcanzaría los 79.000 hombres hasta el final del conflicto (3.819 de los cuales perderían la vida y unos 12.000 resultarían heridos).[87]

Todas esas cifras indicaban que tanto Italia como Alemania habían decidido seguir prestando masivamente y casi de modo abierto su ayuda militar a Franco, siempre que la misma no superara el límite de la permisividad tácita británica ni precipitara el estallido de una inconveniente guerra general. Una ayuda y unos suministros, además, prestados a crédito y en condiciones muy ventajosas, lo que resultó esencial para los insurgentes puesto que no contaban con recursos financieros para hacer frente a los enormes gastos exigidos por la guerra. De hecho, el coste financiero de la campaña bélica en el bando franquista ascendería a un total de entre 694 y 716 millones de dólares, una cifra muy cercana a los 744 millones de dólares gastados por la República con el mismo fin. Sin embargo, si bien ésta había sufragado ese coste con la venta de reservas del oro, el general Franco tuvo que sufragarlo mayormente con los créditos italianos (entre 413 y 456 millones de dólares) y alemanes (entre 225 y 245 millones de dólares). En consecuencia, las autoridades nacionalistas tuvieron que asumir su endeudamiento con las potencias del Eje y tratar de compensarlo con la reorientación hacia ellas de su comercio exterior (esencialmente las exportaciones de piritas y mineral de hierro). Como resultado, a lo largo de la guerra se produjo un cambio muy significativo en la composición del flujo de exportaciones españolas a países extranjeros respecto a la etapa prebélica. Así, Gran Bretaña y Francia, que en 1935 habían absorbido el 16,7 y el 8,7 por 100 de esas exportaciones, en el año 1938 habían descendido al 11,7 y 0,3 por 100, respectivamente. Por el contrario, Alemania e Italia, que en 1935 sólo habían absorbido el 13,1 y 2,4 por 100 de esa corriente exportadora, ascenderían en 1938 a la condición de primeros clientes de España con el 40,7 y el 15,3 por 100, respectivamente. La progresiva

87. J. Coverdale, *La intervención fascista*, pp. 152-171 y 372-373. I. Saz y J. Tusell, *Fascistas en España*, Madrid, CSIC, 1981, pp. 25-41.

vinculación política y diplomática de la España del general Franco con las potencias del Eje estaba teniendo su reflejo en el plano de las relaciones económicas, para mayor inquietud y preocupación de los gobernantes de las democracias occidentales.[88]

En definitiva, entre octubre de 1936 y febrero de 1937 se había producido un cambio fundamental en el escenario internacional de la guerra española. No en vano, el compromiso soviético en favor de la República y la intensificación del apoyo del Eje al general Franco marcaron la culminación del dilatado proceso de internacionalización de la guerra civil. A partir de esa última fecha, el cuadro de apoyos militares y diplomáticos de cada bando quedó configurado definitivamente y se mantuvo prácticamente inalterado hasta el final de la guerra. Por un lado, el bando franquista siguió contando con el vital apoyo militar y diplomático de la Italia fascista, la Alemania nazi (Apéndice X) y en la medida de sus posibilidades del Portugal de Salazar (que también permitió y alentó el alistamiento de un máximo de 10.000 portugueses en el ejército nacionalista: los célebres «Viriatos»). Por su parte, la República se basaba esencialmente en el apoyo militar y diplomático soviético y recibía de Francia una pequeña ayuda encubierta, vacilante e intermitente (lo que Blum calificaría de «no-intervención relajada»: la tolerancia furtiva hacia el contrabando de armas por la frontera pirenaica con la Cataluña republicana).[89] Mientras tanto, el resto de los paí-

---

88. Ángel Viñas y otros, *Política comercial exterior de España (1931-1975)*, Madrid, Banco Exterior de España, 1979, vol. 1, pp. 239-240. R. García Pérez, *Franquismo y Tercer Reich*, p. 60. Á. Viñas, «La financiación exterior de la guerra civil», en su libro *Guerra, dinero y dictadura*, pp. 202-203.

89. El inicio y volumen de la ayuda militar francesa a la República ha sido cuestión polémica hasta hace poco. Algunos autores profranquistas sostuvieron que fue notable y se había iniciado a fines de julio de 1936, con anterioridad a la italo-germana, que habría sido así una mera réplica. Cfr. Jesús Salas Larrazábal, *Intervención extranjera en la guerra de España*, p. 34. Esa hipótesis ha quedado descartada gracias a documentación italiana y francesa consultada por I. Saz (*Mussolini*, pp. 196-200 y apéndice 4) y G. Howson (*Aircraft*, pp. 13, 112 y 252). Su conclusión es que no hubo suministros hasta el 8 de agosto de 1936 y que éstos fueron de modestas dimensiones. Un documento reservado del Ministerio de Asuntos Exteriores franquista reconocería parcialmente este hecho en julio de 1938. El texto, anónimo, sin fecha precisa y destinado al ministro, se titula *Intervención francesa en España* y dice en sus primeras líneas: «Al principio de la guerra civil española la intervención por parte de

ses europeos, encabezados por Gran Bretaña, seguían firmemente adheridos al Acuerdo de No Intervención y respetaban estrictamente el embargo de armas y municiones imperante.[90]

Precisamente, esa irreductible actitud neutralista británica era la que imponía a Francia una contradictoria y dubitativa política de No Intervención oficial y ocasional ayuda soterrada y limitada a la República. Sus gobernantes eran bien conscientes de que, por razones estratégico-diplomáticas y al margen de sus simpatías políticas más profundas, no cabía otra línea de conducta que la de secundar al vital aliado británico y asegurar su apoyo en caso de conflicto europeo. Un informe del Estado Mayor de la Marina, fechado el 20 de noviembre de 1936, reconocía abierta y claramente esta dependencia en virtud del creciente riesgo planteado por el Eje italo-germano para la seguridad del territorio metropolitano y colonial francés:

En el plano marítimo, la actividad de los italianos en Mallorca, la penetración alemana en el Marruecos español y la utilización de puertos insurgentes por los alemanes e italianos podrían plantear una amenaza muy grave para nuestras comunicaciones militares y navales y para nuestras bases, al igual que para las inglesas.

La actitud política de Inglaterra es análoga a la de Francia, pero no sabemos cuál sería esa actitud en caso de conflicto. Sin el concurso de Inglaterra, nuestra situación en el mar sería evidentemente muy difícil en la contingencia señalada.

90. Las graves dificultades de la República con su propio cuerpo diplomático, así como sus laboriosas gestiones para comprar armas clandestinamente en el mercado internacional, se relatan en Marina Casanova, *La diplomacia española durante la guerra civil*, Madrid, Ministerio de Asuntos Exteriores, 1996; y en Gerald Howson, *Armas para España*, passim.

Francia en favor de la España roja, no se manifestó inmediatamente porque no era previsible el alcance del Movimiento. [...] Después de dos o tres meses apareció evidente que el Gobierno se veía envuelto en una verdadera guerra, y entonces comenzó a realizarse la intervención de Francia, solicitada por Madrid y por los Partidos extremos del Frente Popular francés, en favor de la España roja. Tal intervención asume en breve proporciones imponentes que culminaron en el verano de 1937 y se mantuvieron en la misma medida elevada durante un año, esto es hasta fines de junio del corriente año». AMAE R833/12.

El Ejército está prevenido y es consciente de que, en esas condiciones, los movimientos de tropas entre Francia y el África del Norte no podrían realizarse en tanto no fuera modificada la situación marítima a nuestro favor.[91]

Pero esos temores franceses a las repercusiones de la intervención italo-germana en España seguían sin ser compartidos por los gobernantes británicos y tampoco por sus estrategas militares. En el plano político, la mayoría de los analistas en el Foreign Office y la casi totalidad del gabinete (con Eden progresivamente más inquieto y receloso) consideraban que la reciente intervención directa soviética en apoyo a la República había agravado la situación internacional porque prolongaba innecesariamente una guerra inoportuna y justificaba la previsible reacción italo-germana. Como subrayó confidencialmente un alto funcionario diplomático británico el 30 de noviembre de 1936:

Mi impresión, por si fuera de algún valor, es que el gobierno soviético o la Tercera Internacional, como queramos llamarlo, no sólo había estado provocando problemas en muchos países, incluida España, desde muchos años antes, sino que había iniciado un movimiento especial en España al menos desde principios de 1936, cuando se sabía en círculos informados que era probable que sucediesen serios disturbios en ese país. [...] La conclusión que yo sacaría de esto es que Mussolini era tan consciente como nosotros de lo que los Soviets estaban tramando en España y pensó que era tiempo de adoptar medidas contrarias.[92]

En el plano estrictamente militar, la creciente presencia italiana en España seguía resultando más preocupante que la limitada intervención alemana, pero siguió considerándose un peligro menor y soportable que no justificaba una acción bélica preventiva. A requerimiento de Eden, los Jefes de Estado Mayor dictaminaron el 11 de enero de 1937:

Ni la ocupación italiana de Mallorca ni un acuerdo entre el gobierno italiano y el gobierno español por el cual, en tiempo de emergencia, el primero

91. DDF, 1936, IV, núm. 10.
92. Palabras de Owen St. Clair O'Malley, director del departamento de Europa del Sur (encargado de las relaciones con Italia). FO 371/20586 W16391.

pudiera hacer uso de las facilidades de esta isla o de todas las islas Baleares, afectaría vitalmente a los intereses estratégicos británicos.[93]

Por eso mismo, los acontecimientos españoles no fueron obstáculo para que los gobiernos británico e italiano firmaran el 2 de enero de 1937 el llamado *Acuerdo entre Caballeros:* una declaración conjunta en la que ambas partes reconocían la compatibilidad de sus intereses en el Mediterráneo y afirmaban su respeto al *status quo* de la zona en general y «de los actuales territorios de España» en particular. Se trataba de la primera iniciativa diplomática de la política de apaciguamiento apadrinada por el gabinete británico y parecía abrir la ansiada vía para debilitar el reciente Eje italo-germano «y así tener una Alemania más razonable o dócil con la que tratar» (en palabras de Sir Robert Vansittart, secretario permanente del Foreign Office). El equívoco radicaba en que Mussolini no tenía ninguna intención de aflojar su compromiso con Hitler y que interpretaba la cláusula española del acuerdo como un mero e inocuo recordatorio británico de los límites de su tolerancia a la ayuda fascista a Franco. El propio Eden se vería obligado a desmentir la impresión alemana de que, con el acuerdo, «Inglaterra estaría más dispuesta a condonar la intervención en España como resultado de la renuncia italiana a demandas territoriales».[94]

93. Cabinet Office Records (CAB), serie «Chiefs of Staff Sub-Committee. Minutes of Meetings and Memoranda» (clave 53), legajo 6. En adelante: CAB 53/6.
94. La declaración se firmó en Roma. DBFP, XVII, núms. 499, 526, 527 y 530. DGFP, núms. 171 y 181. Renzo de Felice, *Mussolini*, p. 356.

III

LA GUERRA QUE SE HIZO MUY LARGA
(ENERO 1937 - ABRIL 1939)

1. ILUSIONES FRUSTRADAS: EL PROYECTO DE CONTROL DE NO INTERVENCIÓN

Apenas entrado el año 1937 con la evidencia de que la guerra española iba a ser un conflicto largo y prolongado, la situación internacional experimentó un agravamiento súbito e inesperado. De hecho, el breve efecto sedativo de la declaración anglo-italiana resultó casi inmediatamente anulado por la escalada de envíos de soldados y material bélico italiano a Franco y por el rumor paralelo de un próximo desembarco de fuerzas alemanas en el Marruecos español. Considerando esta última contingencia como una amenaza vital para su imperio norteafricano, el 7 de enero de 1937 el gobierno francés actuó resueltamente y reforzó militarmente la frontera hispano-francesa en Marruecos, decretó maniobras navales en el Estrecho y advirtió a Franco y a Berlín de su extrema preocupación por la posible veracidad de los rumores. Dos días más tarde, París recibió una garantía formal de Hitler de respeto a la integridad de las colonias españolas, posibilitando el fin de las medidas de emergencia adoptadas por Francia.[1]

El aparente éxito de la enérgica iniciativa francesa tuvo sus efectos en el seno del propio gobierno británico. Ante todo, porque reforzó en Eden la idea de que la política de apaciguamiento emprendida habría de ser combinada con demostraciones de fuerza militar y determinación diplomática para evitar que fuera o pareciera mera claudicación o simple debilidad. En particular, desde diciembre de 1936, el secretario del Foreign Office había empezado a considerar que la búsqueda de la

---

1. DGFP, núms. 195 y 201. DDF, 1936, IV, núm. 265. Martin Thomas, *Britain, France and Appeasement*, Oxford, Berg, 1996, pp. 106-107.

perdida armonía con Italia no debía hacerse a costa de incurrir en nuevos riesgos estratégicos y requería una «prueba útil de la *bona fides* italiana» en España. Esta toma de posición recogía en parte las llamadas de advertencia de algunos analistas del Foreign Office sobre los peligros del perfil de la política española en vigor y su capacidad para romper el Eje y evitar la guerra en malas condiciones. Por ejemplo, el 21 de diciembre de 1936, Laurence Collier, director del Departamento de Europa del Norte (que incluía las relaciones con la URSS), había alertado al respecto con claridad y sin éxito:

Ha sido siempre un axioma en el Foreign Office que las ambiciones italianas y alemanas están condenadas a chocar y que por ello merece la pena que tratemos de reconciliarnos con Mussolini. Pero creo que el axioma requiere matizaciones en un aspecto vital que invalida la conclusión. Puede ser cierto que las ambiciones italianas y alemanas son irreconciliables *en último extremo*. Sin embargo, los gobiernos (especialmente si son dictatoriales), cuando parece posible un conflicto general europeo y tienen que tomar posición ante él, van a tomar en consideración no sus ambiciones últimas sino las inmediatas, y van a escoger sus amigos y enemigos en consecuencia. [...] Justo hemos tenido un ejemplo reciente de ello en el acuerdo germano-italiano sobre Austria, que, antes de su conclusión, había sido considerado como imposible por altas instancias diplomáticas. De hecho, todas las pruebas parecen demostrar que los intereses inmediatos de Italia y Alemania no sólo son reconciliables sino que son paralelos en la mayor parte del mundo y que seguirán siéndolo hasta que sean satisfechos. Y si esto es así, hay que concluir que debemos considerar a Italia como un enemigo potencial durante los próximos años. [...] Mi segundo temor es que la búsqueda de la amistad italiana nos lleve a cerrar los ojos a actividades italianas que sólo pueden ser dañinas para nuestros intereses (por ejemplo, en España) bajo la ilusoria esperanza de mantener a Italia fuera del campo alemán, en el cual, según mi hipótesis, la vamos a encontrar de todos modos.[2]

2. FO 371/20354 N6289. Significativamente, dos meses antes, Collier había sido el único en interpretar el giro soviético en España como una acción preventiva y defensiva, y no como un intento de exportación de la revolución social: «no es necesario asumir que la acción del gobierno soviético en el asunto español signifique un cambio esencial en su reciente política exterior. Es más probable [...] que el gobierno soviético tratará siempre de asegurarse en otros cuarteles mientras sospeche que el gobierno británico y/o francés están prestos a dejarle solo frente a Hitler y sin

Motivado por esos análisis y por su recelo ante las verdaderas intenciones de Hitler y Mussolini, desde principios de enero de 1937 Eden trató reiteradamente de que el gobierno británico adoptase una actitud más enérgica para hacer efectiva la política de No Intervención en España y reforzase su colaboración con Francia en este aspecto. En particular, el 8 de enero llegó a proponer que la Royal Navy, por sí sola o en colaboración con la flota francesa, impusieran una patrulla de vigilancia del tráfico mercante con destino a España para interceptar los numerosos envíos militares en curso:

La guerra civil ha dejado de ser un asunto interno español y se ha convertido en un campo de batalla internacional. El carácter del futuro gobierno de España es ahora menos importante para la paz de Europa que el hecho de que los dictadores no obtengan la victoria en ese país. La extensión y naturaleza de la intervención ahora practicada por Alemania e Italia revelan al mundo que su objetivo es garantizar la victoria de Franco tanto si lo quieren los españoles como si no. [...] Es cierto que también han cruzado la frontera francesa voluntarios en número considerable. Pero son de una categoría diferente. No están organizados, no tienen experiencia militar, y en su gran mayoría no están armados ni equipados. [...] Si no detenemos la interferencia alemana en España, no habrá ocasión para que las influencias moderadoras en Alemania puedan contener cualquier tendencia agresiva similar en cualquiera de los otros tres focos de peligro (Memel, Danzig y Checoslovaquia). Por tanto, tengo la convicción de que, a menos que exijamos un alto en España, tendremos problemas este año en uno u otro de los focos señalados. Consecuentemente, ser firmes en España es ganar tiempo y ganar tiempo es lo que queremos. En esta ocasión no podemos ganar tiempo con dilaciones. [...] Considero imperativo que no escatimemos ningún esfuerzo para detener la intervención en España.[3]

Sin embargo, prácticamente la totalidad del gabinete se resistió a las demandas del secretario del Foreign Office con firmeza, incluyendo muy especialmente a Neville Chamberlain, respetado ministro de

---

3. Archivo del Cabinet Office (CAB), serie «Cabinet Committee on Foreign Policy» (clave 27), legajo 628. En adelante: CAB 27/628.

---

ayuda». FO 371/20583 W14793. Sobre el cambio de actitud de Eden y sus razones, véase E. Moradiellos, *La perfidia de Albión*, pp. 127-134.

Hacienda y sucesor *in pectore* de un Baldwin enfermo en la jefatura del gobierno (a quien efectivamente reemplazaría en mayo de 1937). La más severa crítica al análisis y propuesta de Eden provino de sir Samuel Hoare, ex secretario del Foreign Office, íntimo colaborador político de Chamberlain y ahora al frente del Almirantazgo:

Como primera observación preliminar, parecía que estamos llegando a un punto en el que, como nación, tratamos de impedir la victoria del general Franco. Ese era el deseo de los partidos parlamentarios de izquierda; pero había otros, incluyendo quizá a algunos miembros del gabinete, que querían a toda costa que los soviéticos no triunfasen en España.[4]

La férrea negativa del gabinete a secundar el reajuste proyectado por Eden se debía sobre todo a que conllevaba una revisión incipiente de dos parámetros cruciales de la política de apaciguamiento: contradecía la reiterada decisión de no obstaculizar el acercamiento a Italia por «marginales» motivos españoles y propiciaba una concurrencia objetiva e indeseada con la política soviética en España y Europa. Consciente de ello, el 9 de enero de 1937, Eden presentó una alternativa de actuación más acorde con los criterios políticos dominantes. Por una parte, se propondría al Comité de No Intervención la adopción urgente de un plan de control de las costas y fronteras españolas por buques de los países participantes y mediante observadores terrestres neutrales. A la par, se pediría a las principales potencias la adopción de «medidas inmediatas para detener el flujo de voluntarios extranjeros hacia España» y la prohibición de su salida o tránsito desde sus respectivos países y con destino español. El gabinete aprobó este programa de acción diplomática en tanto que suponía un compromiso aceptable entre la mera pasividad previa y las medidas resolutivas frustradas. Eden no dejó de señalar que así se dejaba la solución del problema a la buena voluntad de Roma y Berlín, puesto que «el Comité de No Intervención era dilatorio y la propuesta podría conducir a nada».[5]

En consonancia con esa decisión, el 10 de enero de 1937 el Foreign Office informó a Roma, Berlín, Lisboa y Moscú de la intención británica de promover el establecimiento de un «sistema de control

4. CAB 27/628.   5. CAB 27/628.

efectivo y eficaz» de las fronteras españolas y de la llegada de «voluntarios extranjeros» para combatir en el país. Dos días después, lord Plymouth convocó al subcomité presidencial de No Intervención y encomendó a un subcomité técnico del mismo la urgente preparación de un nuevo plan de control que debía considerar tres aspectos esenciales: la supervisión de los mercantes extranjeros dirigidos a España; la patrulla naval de las costas españolas; y la vigilancia de las fronteras limítrofes con España desde el lado no español (renunciando así a la cooperación de los contendientes).[6]

La respuesta italo-germana a esa renovada actividad británica, que contó con el apoyo de Francia y el concurso de la Unión Soviética, fue debatida por el mariscal Goering en su entrevista con Mussolini en Roma el 23 de enero de 1937. Allí convinieron en la necesidad de «llegar hasta el límite de lo posible, evitando que de las complicaciones españolas se derive una guerra general»; por ello, aunque «la mejor solución» sería «el éxito militar completo de Franco», no era posible eliminar la contingencia de tener que aceptar «un compromiso entre los dos partidos españoles, con exclusión de los extremistas»; todo dependería de la actitud británica, por lo cual habría que actuar «con cierto respeto» hacia sus iniciativas y explotar políticamente «el gran temor al bolchevismo» de los conservadores británicos.[7] La consecuente disposición negociadora italo-germana permitió relajar la tensión internacional y avanzar en las discusiones del Comité de No Intervención. Un telegrama del embajador alemán en Roma informaba el 8 de febrero a Berlín del propósito italiano de satisfacer las pretensiones británicas sin demasiada prisa, a fin de hacer tiempo para completar los últimos envíos de hombres y material previstos:

---

6. Desde noviembre de 1936, el Comité de No Intervención había creado cuatro subcomités técnicos para estudiar varias materias. El primero, dedicado a las comunicaciones aéreas, se había disuelto tras dictaminar la imposibilidad de todo control del espacio aéreo. El segundo había elaborado un primer y complejo plan de control. El tercero y cuarto, creados el 23 de diciembre, abordaban la posibilidad de controlar el flujo de voluntarios y la ayuda financiera, respectivamente. FO 849/27 y FO 849/30.

7. DGFP, núm. 209. *Ciano's Diplomatic Papers*, pp. 80-87. Renzo de Felice, *Mussolini*, pp. 389-390.

Ciano ordena a Grandi [embajador italiano en Londres y delegado en el Comité] que continúe adoptando una actitud positiva en la cuestión del control y los voluntarios, puesto que todos los envíos esenciales han sido hechos en los últimos días. Por otro lado, la idea de evacuar a todos los extranjeros, que había sido apoyada por Italia y Alemania por razones tácticas y parecía que era tomada en serio por Inglaterra como contramedida contra ellas, naturalmente que era completamente inaceptable ahora para Italia. La resistencia no podría ser abierta, sino sólo mediante sabotaje en forma de dilaciones, etc.[8]

En esas condiciones de doble juego italo-germano y esforzada iniciativa franco-británica, durante las últimas semanas de enero y las primeras de febrero de 1937 el Comité de No Intervención fue logrando diseñar un complejo y costoso sistema de control internacional de las fronteras y costas españolas. Finalmente, tras superar numerosos obstáculos, el 16 de febrero el Comité aprobó por unanimidad el conjunto del plan de control elaborado con el compromiso de ponerlo en vigor a partir del 7 de marzo. Paralelamente el Comité también aprobó sin ninguna voz discordante que, a partir del 21 de febrero, el Acuerdo de No Intervención se ampliara a la prohibición del reclutamiento, salida o tránsito de voluntarios extranjeros con destino a España.[9]

De acuerdo con el plan aprobado, el control terrestre de las fronteras españolas quedaba a cargo de un equipo de observadores internacionales y neutrales que se situarían en distintos pasos fronterizos de Francia (130 agentes), Gibraltar (5 agentes), y Portugal (129 observadores exclusivamente británicos), con la facultad de examinar cualquier cargamento con destino a España e informar de toda infracción del embargo vigente a una Junta Internacional para la No Intervención en España con sede en Londres y presidida por el viceal-

---

8. DGFP, núm. 220.

9. Acta del Comité, 16 de febrero de 1937. FO 849/1. Actas del subcomité, 1, 5, 6 y 8 de marzo de 1937. FO 849/27. Habían sido necesarias doce reuniones del subcomité presidencial en febrero para resolver todas las dificultades. Los complejos y estériles debates en el Comité se tratan en dos obras básicas: Fernando Schwartz, *La internacionalización de la guerra civil española. Julio de 1936-marzo de 1937*, Barcelona, Ariel, 1971; y W. E. Watters, *An International Affair: Non-Intervention in the Spanish Civil War*, Nueva York, Exposition Press, 1971.

mirante van Dulm (representante holandés). A la par, otro equipo de 550 observadores neutrales con idénticas facultades estarían dispuestos en once puertos europeos (Dover, Cherburgo, Brest, Le Verdon, Lisboa, Gibraltar, Marsella, Sète, Palermo, Orán y Madeira) para embarcar en todos los barcos mercantes de países signatarios del acuerdo en ruta hacia España. Por último, las costas españolas serían vigiladas desde alta mar por una patrulla naval formada por buques británicos, franceses, alemanes e italianos, con derecho a interceptar y registrar todo el tráfico mercante dirigido a puertos españoles para garantizar la observancia del embargo y la presencia de agentes internacionales a bordo. A tal fin, cada una de las flotas señaladas se encargaría de la vigilancia de unos tramos particulares de las costas españolas según la siguiente distribución:

a) la armada británica patrullaría la zona costera desde la frontera norteña hispano-francesa hasta el cabo Busto (Asturias) y el área costera desde la frontera sureña hispano-portuguesa hasta el cabo de Gata (Almería).

b) la armada francesa patrullaría la zona comprendida entre cabo Busto y la frontera norteña hispano-portuguesa, las aguas costeras del Marruecos español, y las islas de Ibiza y Mallorca.

c) la flota alemana patrullaría la costa entre el cabo de Gata y el cabo de Oropesa (Castellón).

d) la flota italiana patrullaría la costa desde el cabo de Oropesa hasta la frontera oriental hispano-francesa y la isla de Menorca.[10]

Por dificultades técnicas y legales de última hora (selección y despliegue de observadores, etc.), no pudo cumplirse el compromiso de entrada en vigor el 7 de marzo y hasta el 20 de abril no empezó a operar el sistema de control de No Intervención en sus tres facetas. A partir de entonces, todo parecía indicar que se había logrado el común objetivo del Foreign Office y del gobierno francés: convertir en una realidad mínimamente efectiva el confinamiento teórico de la guerra civil implícito en el Acuerdo de No Intervención, evitando la llegada de suministros bélicos exteriores y combatientes por tierra y mar al menos en gran escala y sin camuflaje alguno. Sin embargo, al

---

10. El plan de control definitivo (*Scheme of Observation of the Spanish Frontiers by Land and Sea*), de 8 de marzo de 1937, se custodia en FO 849/8.

margen de la mayor o menor voluntad de cooperación italo-germana, el conjunto del sistema tenía fallas internas muy apreciables y el gobierno británico, principal impulsor de la medida, fue consciente desde el principio de la relativa inutilidad del mismo si no se contaba con la leal colaboración de las potencias intervencionistas. Así lo había hecho constar el servicio de inteligencia militar británico en una nota confidencial de principios de mayo de 1937:

El esquema de supervisión del Comité de No Intervención entró en vigor el 20 de abril de 1937. Puede que detenga los movimientos masivos, pero es improbable que evite la infiltración continua de armas y voluntarios a España. No cubre el tráfico aéreo, ni el realizado en buques españoles o americanos, ni el destinado a puertos portugueses. Por ello, no resulta sorprendente encontrar que desde esa fecha ha habido vuelos de aviones a España, tráfico normal de armas en buques españoles y «panameños», y un aparente incremento del movimiento de envíos encubiertos a Lisboa. En cualquier caso, la plantilla de supervisores no tiene poder de control sino sólo de observación.[11]

La reacción de los dos bandos españoles ante la aprobación y puesta en marcha del plan de control fue sensiblemente diferente. Los insurgentes ya habían rechazado un primer proyecto (que exigía su colaboración activa) en diciembre de 1936, por considerarlo incompatible «con los más fundamentales principios de la soberanía española». Por su parte, la República había expresado entonces su aceptación «de principio», a pesar de subrayar su condición de «único gobierno legítimo» y su derecho «a procurarse armas abiertamente con el propósito de suprimir la rebelión».[12] Ambas respuestas reflejaban la distinta percepción sobre el posible efecto de un plan de control eficaz de No Intervención en su respectiva situación militar y diplomática. El go-

11. Informe del servicio de inteligencia del Ministerio de Guerra, 7 de mayo de 1937. FO 371/21395 W9144. Efectivamente, la mayoría de los envíos alemanes estaban consignados en buques de bandera ficticia panameña y en muchos casos arribaban a Lisboa para llegar por tierra a la España de Franco. Cfr. Michael Alpert, *La guerra civil española en el mar*, Madrid, Siglo XXI, 1987, pp. 153-156.

12. Notas del gobierno republicano y de las autoridades franquistas, 18 y 22 de diciembre de 1936. FO 849/4 y 5.

bierno republicano, en vista de la ayuda masiva italo-germana y de la continua inhibición anglo-francesa, había cifrado todas sus esperanzas en lograr dicho control efectivo y una posterior retirada de los combatientes extranjeros. Durante la reunión de diciembre de 1936 del Consejo de la Sociedad de Naciones, Julio Álvarez del Vayo, ministro republicano de Estado, ya había expresado al delegado británico su convencimiento de que «si la No Intervención pudiera hacerse efectiva, el gobierno lograría rápidamente la victoria».[13] Por el contrario, la negativa insurgente a colaborar con el plan se debía, según el embajador alemán en Burgos, a la «conciencia (de Franco) de que no puede llevar la guerra a su término con éxito sin la constante importación de armas y municiones del extranjero».[14] Dados estos antecedentes, no resulta sorprendente que la actitud ante el definitivo plan de control fuera también diferenciada: aceptación matizada por ambas partes (dado que no exigía su colaboración activa), pero con mayor entusiasmo en el bando republicano y mayor reticencia en el campo insurgente.

Durante la primavera de 1937, casi al mismo tiempo que emprendía sus primeros pasos el plan de control internacional, dos nuevos incidentes internacionales derivados de la guerra civil complicaron sustancialmente las relaciones entre la entente anglo-francesa y el bando franquista: el destino de las exportaciones de piritas españolas y la práctica del bloqueo naval franquista en torno a Bilbao.

Acuciado por la falta de divisas para atender sus necesidades financieras, el bando nacionalista había recurrido desde el principio a incautar minerales de valor estratégico (piritas de Huelva y hierro de Marruecos) para utilizar su exportación como medio de pago compensatorio de sus importaciones bélicas. Por su parte, el gobierno alemán había propiciado ese intercambio porque satisfacía su creciente necesidad de minerales para sostener el programa de rearme y socavaba la posición económica británica en España. De hecho, a fi-

13. Telegrama de Lord Cranborne, 10 de diciembre de 1936. DBFP, XVII, núm. 463. P. de Azcárate Flórez, *Mi embajada en Londres durante la guerra civil española*, pp. 69 y 142. Cfr. Richard Veatch, «The League of Nations and the Spanish Civil War», *European History Quarterly*, vol. 20, 1990, pp. 181-207.

14. Telegrama remitido a Berlín, 30 de enero de 1937. DGFP, núm. 216.

nes de 1936, Hitler había subrayado a su embajador ante Franco este aspecto:

El general Faupel declaró que había recibido instrucciones del Führer para ocuparse particularmente de la extensión de las relaciones comerciales entre Alemania y España y para utilizar la favorable situación actual de modo que Inglaterra, que está bien provista de capitales, no pueda quitarnos de en medio en una fase posterior.[15]

Como resultado de esa complementariedad, desde el inicio de la guerra civil Alemania había comenzado a recibir la mayor parte de las exportaciones españolas de mineral de hierro y de piritas, en detrimento de los tradicionales mercados de importación de Francia y Gran Bretaña (con el agravante de que era una empresa británica, la Compañía Río Tinto, la principal productora de piritas de Huelva).[16] Muy inquieto por esa situación y por el incierto porvenir de la producción de hierro vizcaína (una de cuyas grandes empresas era también británica: la Orconera Iron Ore Co.), a principios de marzo de 1937 Eden trató de convencer al gabinete británico de la necesidad de una intervención enérgica para defender unos suministros «de materias primas esenciales» desde el punto de vista militar. A su juicio, era imprescindible comunicar al general Franco la disposición británica a utilizar la *Royal Navy* «para interceptar cualquier barco que salga de Huelva transportando dichos productos hacia Alemania o Italia». Sin embargo, de nuevo sus colegas rechazaron una aplicación de «la polí-

15. Minuta del 27 de noviembre de 1936. DGFP, núm. 132. Cfr. G. T. Harper, *German Economic Policy*, cap. 2; R. García Pérez, *Franquismo y Tercer Reich*, pp. 59-82. D. Smyth, «The Moor and the Money-Lender: Politics and Profits in Anglo-German Relations with Francoist Spain», en M. L. Recker, *From Competition to Rivalry*, Suttgart, Franz Steiner Verlag, 1986, pp. 143-174; A. Viñas, «Rivalidad anglo-germana por las materias primas españolas», en su *Guerra, dinero, dictadura*, pp. 153-167; Charles Harvey, «Politics and Pyrites during the Spanish Civil War», *The Economic History Review*, vol. 31, núm. 1, 1978, pp. 89-104.

16. A. Gómez Mendoza, *El «Gibraltar económico»: Franco y Riotinto, 1936-1954*, Madrid, Alianza, 1994. J. M. Borrás Llop, «Intereses económicos y actitudes políticas en las relaciones franco-españolas, 1936-1939: el comercio de piritas», en AA.VV., *Españoles y franceses en la primera mitad del siglo XX*, Madrid, CSIC, 1986, pp. 65-87.

tica del palo» (el poder de disuasión de la «diplomacia de la cañonera») y apostaron por seguir una «política de la zanahoria» (el poder de atracción de la «diplomacia de la libra esterlina» en la posguerra). El propio Neville Chamberlain desautorizó a Eden con una intervención decisiva en el debate registrado en el consejo de ministros:

Había que recordar que no estábamos tratando sólo con los insurgentes españoles sino también, tras de ellos, con los alemanes e italianos. El general Franco no era un agente libre. Sin duda que esperaba triunfar, pero difícilmente sin la ayuda italiana y alemana. En consecuencia, era improbable que asumiera un compromiso inaceptable para alemanes e italianos a menos que fuéramos capaces de hacerle algo perjudicial a cambio. Los alemanes e italianos no se lo permitirían. Por tanto, insistir en la propuesta no sólo era inútil sino que llevaría a una situación muy grave con Alemania e Italia. Sin embargo, suponiendo que Franco hubiese ganado la guerra civil, la situación sería muy diferente porque entonces se encontraría buscando la ayuda de otros países además de la de Alemania e Italia. Ese sería el momento de ejercer fuerte presión sobre él. [...] ése sería el momento para actuar.[17]

Como consecuencia de esa decisión y de la paralela prudencia de Franco para no enajenarse totalmente el vital mercado británico, la tensión por las exportaciones de piritas fue relajándose a lo largo del mes de marzo de 1937. Significativamente, el 2 de abril, una nota interna del servicio de inteligencia militar del Reino Unido reiteraba la confianza en los resortes previstos por la diplomacia de la libra para mantener la posición británica en la postguerra:

La afirmación de que el grueso de nuestro antiguo comercio con España pasará a manos de los alemanes e italianos cuando Franco haya ganado la guerra es discutible. Resulta razonable suponer que, cualquiera que sea el vencedor, la guerra impondrá la necesidad de solicitar un préstamo muy grande para poner otra vez a España en pie. El único país de Europa capaz de proporcionar tal crédito es la Gran Bretaña.[18]

17. Acta de la reunión del gabinete, 3 de marzo de 1937. CAB 23/87. El memorándum de Eden, fechado el 1 de marzo, en CAB 24/268.
18. Nota del 2 de abril de 1937. WO 106/1578.

Apenas solucionado el contencioso de las piritas, la marcha de las operaciones bélicas en España en abril de 1937 dio origen a la mayor crisis en las relaciones entre Gran Bretaña y Franco durante toda la guerra civil. La estrategia militar franquista tras el fracaso del asalto directo a la capital española en noviembre de 1936 se había centrado en el intento de asediar la ciudad mediante ofensivas envolventes que cortaran su comunicación con el resto de la zona republicana. A principios de enero de 1937, las tropas de Franco habían intentado penetrar por la zona noroeste (batalla de la carretera de La Coruña). Durante todo el mes de febrero habían proseguido sus ataques por el sur (batalla del Jarama). Por último, a lo largo de marzo, había tenido lugar la ofensiva nacionalista, con una pésima intervención del CTV italiano, por el sector noreste (batalla de Guadalajara). En gran medida gracias a la renovada ayuda militar soviética, el resultado de todas esas operaciones se había saldado con otro fracaso en el objetivo básico: Madrid no cayó ante el asedio envolvente y se mantuvo un pasillo oriental de comunicación con el resto del territorio gubernamental (a través, sustancialmente, de la carretera de Valencia). En esas circunstancias, desde finales de marzo de 1937, Franco dio un giro crucial a su estrategia bélica: abandonó la idea de obtener la victoria rápida con una conquista directa de la capital y optó por librar una larga guerra de desgaste y agotamiento en otros frentes de combate, con el objetivo de derrotar gradualmente al enemigo mediante la sistemática reducción de su capacidad de resistencia gracias a una neta superioridad material y ofensiva. Esta nueva estrategia implicaba, a su vez, dos requisitos inexcusables: mantener inalterado el nivel y calidad de la ayuda material italo-germana a sus tropas y neutralizar o limitar al máximo posible los suministros y reservas de las magras fuerzas militares republicanas.[19]

El primer efecto del giro estratégico franquista fue el comienzo de la ofensiva contra la estrecha bolsa republicana aislada en el norte. El 31

19. Sobre el conjunto de la estrategia militar franquista y de la respuesta republicana véase una buena síntesis en G. Cardona, «Las operaciones militares», en M. Tuñón de Lara y otros, *La guerra civil española*, pp. 199-274; y en Michael Alpert, «The Clash of Spanish Armies: Contrasting Ways of War in Spain, 1936-1939», *War in History*, vol. 6, n° 3, 1999, pp. 331-351. Cfr. P. Preston, «La guerra de aniquilación de Franco», en su obra *La política de la venganza. Fascismo y militarismo en la España del siglo XX*, Barcelona, Península, 1997, pp. 57-81.

de marzo se inició el ataque terrestre en el frente del País Vasco, con el propósito añadido de conquistar un área de notorio interés industrial y eliminar un foco problemático desde el punto de vista político y diplomático (no en vano, dominaba la zona un gobierno autónomo regido por nacionalistas vascos demócrata-cristianos relativamente apreciados por el Vaticano). Como complemento de ese ataque terrestre, la flota franquista recibió la orden de bloquear los accesos marítimos al lugar y especialmente al puerto de Bilbao, a fin de conseguir el estrangulamiento de todos los suministros (militares, alimentarios y mercancías en general) que pudieran reforzar la capacidad de resistencia republicana. Además, dicho bloqueo habría de ejercerse en alta mar, a pesar de la ausencia de derechos de beligerancia reconocidos, puesto que las tres millas de aguas jurisdiccionales españolas eran un límite demasiado estrecho para capturar los mercantes que intentaran burlar el bloqueo y resultaba fácil de vigilar por las defensas costeras vascas.[20]

La pretensión franquista de imponer un bloqueo naval absoluto en el Cantábrico creó un grave dilema a las autoridades británicas, cuya flota estaba a cargo de la patrulla naval en dicha zona y cuya marina mercante era mayoritaria en el tráfico con puertos republicanos. Por un lado, dado que el Acuerdo de No Intervención no había supuesto una declaración formal de neutralidad (con el consiguiente reconocimiento de derechos de beligerancia a ambos bandos combatientes), resultaba políticamente imposible aceptar el propósito de Franco de interceptar el tráfico no español en aguas internacionales y de considerar a todo tipo de víveres y mercancías como «contrabando y botín de guerra» (al igual que las armas y municiones). Por otro, seguir encomendando a la Royal Navy que garantizara la libertad de movimientos del tráfico mercante legal en aguas internacionales podría conducir a choques con los buques de Franco y daría la impresión de que «estábamos ayudando a una ciudad sitiada». Para solventar el problema, el gobierno británico ofreció a Franco una solución intermedia que aceptaba *de facto* el bloqueo de Bilbao y preservaba *de iure* el principio de libertad de comercio en alta mar: los mercantes británicos no entrarían en Bilbao para evitar el supuesto peligro de las minas allí colocadas, pero la flota franquista no interceptaría su viaje hacia otros puertos norteños republica-

20. Cfr. Michael Alpert, *La guerra civil española en el mar*, cap. 12.

nos. Sin embargo, el intransigente rechazo franquista, la acerba crítica laborista (con notable eco en la opinión pública), junto con la demostración de que no había minas en torno a Bilbao, sentenciaron el fracaso de esa propuesta. Cuando el 23 de abril de 1937 el crucero franquista Almirante Cervera trató de interceptar en alta mar a tres mercantes británicos que llevaban víveres a Bilbao, tuvo que retirarse ante la amenazadora aparición del destructor Firedrake y del acorazado Hood.[21] El grave incidente sirvió para señalar a las autoridades franquistas el límite de la permisividad británica y su disposición a utilizar la abrumadora superioridad naval en caso de provocación directa. Como habría de advertir posteriormente a Franco el duque de Alba, su agente oficioso en Londres: «Cuanto afecta a la libertad de navegación produce siempre alarma exagerada y muy peligrosa en este país».[22]

Apenas tres días después de esa demostración renuente de «diplomacia de la cañonera», el gobierno británico se vio virtualmente obligado de nuevo a adoptar una medida contraria a los intereses de Franco. El 26 de abril de 1937, dentro de una campaña de bombardeos masivos de la retaguardia republicana para destruir su voluntad de resistencia, la aviación alemana de la Legión Cóndor redujo a cenizas la villa de Guernica, capital espiritual del nacionalismo vasco y carente de importancia militar. Este ejemplo premonitorio de la estrategia de guerra total aérea, con su cosecha de centenares de víctimas civiles, fue inmediatamente conocido por la opinión pública internacional gracias a los reportajes de periodistas británicos y franceses que visitaron el lugar después del ataque y entrevistaron a los heridos y supervivientes.[23] El consecuente horror generalizado del público

---

21. Sobre la crisis provocada por el bloqueo de Bilbao véase: E. Moradiellos, *La perfidia de Albión*, pp. 152-161; y James Cable, *The Royal Navy and the Siege of Bilbao*, Cambridge, University Press, 1979.

22. Telegrama del duque de Alba, 10 de marzo de 1939. AMAE R833/23.

23. H. R. Southworth, *La destrucción de Guernica. Periodismo, diplomacia, propaganda e historia*, París, Ruedo Ibérico, 1977. Walther L. Bernecker, «El bombardeo de Guernica: la polémica historiográfica», en M. Engelbert y J. García (comps.), *La guerra civil española*, Frankfurt, Vervuert, 1990. J. L. de la Granja y J. A. Echániz (dirs.). *Guernika y la guerra civil*, Guernica, Gernikazarra Historia Taldea, 1998. Á. Viñas, «La responsabilidad de la destrucción de Guernica», en su *Guerra, dinero y dictadura*, pp. 98-140.

francés y británico (al igual que el norteamericano) decantó decisivamente sus simpatías mayoritarias a favor de la causa republicana y forzó a ambos gobiernos a una intervención humanitaria de gran cala-
do.[24] Además de servir como escudo protector en la evacuación a
Francia de miles de refugiados civiles procedentes del norte (quizá
unos 160.000), la Royal Navy se vio obligada a escoltar hasta Inglaterra a un buque fletado en Bilbao por el gobierno autónomo vasco que
transportaba a casi 4.000 niños que huían de las hostilidades.[25]

2. LA QUIMERA DE LA MEDIACIÓN INTERNACIONAL
EN EL CONFLICTO ESPAÑOL

La firmeza mostrada por la Royal Navy en la crisis del bloqueo de Bilbao creó las condiciones para que Eden, en estrecha colaboración con
el gobierno francés, tratara de promover la idea de una mediación internacional en el conflicto español. Desde finales de 1936, como resultado de la conversión de la guerra en una contienda de larga duración, el proyecto de una gestión de las grandes potencias en favor de
un armisticio negociado había ido ganando apoyos en el seno del gobierno francés como solución factible y conveniente para el espinoso
«problema español».[26] Y, en efecto, respondiendo favorablemente a
una iniciativa de Léon Blum, el 4 de diciembre de 1936 una nota con-

24. A título de ejemplo, una encuesta del *British Public Opinion Institute* en octubre de 1938 informaba que el 57 por 100 de los británicos entrevistados era favorable a la República, sólo un 7 por 100 prefería a Franco y un 36 por 100 no optaba
o contestaba. Y esas simpatías pro-republicanas eran más evidentes en «la población
más joven y los sectores de menor capacidad económica». *The News Chronicle*, 28 de
octubre de 1938. Cfr. E. Moradiellos, *La perfidia de Albión*, pp. 241-253.

25. J. Fyrth, *The Signal Was Spain. The Aid Spain Movement in Britain*, Londres,
Lawrence and Wishart, 1986, caps. 14 y 15. T. Buchanan, *Britain and the Spanish Civil War*, Cambridge, University Press, 1997, cap. 4. J. Rubio, *La emigración de la
guerra civil*, Madrid, San Martín, 1977.

26. Antonio Marquina Barrio, «Planes internacionales de mediación durante la
guerra civil», *Revista de Estudios Internacionales*, vol. 5, nº 3, 1984, pp. 569-591. La
primera iniciativa se debió al político y ex diplomático republicano Salvador de Madariaga. Cfr. Isabel de Madariaga, «S. de Madariaga et le Foreign Office», *Revista de
Estudios Internacionales*, vol. 4, nº 2, 1983, pp. 229-257.

junta franco-británica había solicitado a Berlín, Roma, Lisboa y Moscú que evaluasen la posibilidad de hacer una oferta de mediación colectiva en la guerra civil. Como anotaría confidencialmente un alto funcionario del Foreign Office, el apoyo británico a dicha iniciativa sólo pretendía que el Consejo de la Sociedad de Naciones (que iba a reunirse el próximo día 10 de diciembre) pudiera evadirse de tratar el tema español mediante su aprobación genérica de la propuesta: «Nos hemos visto arrastrados por los franceses en esta línea encomiable principalmente con la esperanza de salvar así la cara de la Sociedad de Naciones».[27] Apreciando ese propósito evasivo, y en plena escalada de su apoyo bélico a Franco, la respuesta italo-germana a la iniciativa fue tajante en forma y fondo. El conde de Ciano informó al embajador británico en Roma que «en España no había elección intermedia entre un gobierno autoritario y el comunismo» y, por tanto, sólo cabía esperar una victoria de Franco. Por su parte, el ministro alemán de Asuntos Exteriores, Constantin von Neurath, respondía al embajador británico en Berlín que «un deseo platónico de reconciliación (como el propuesto) le parecía enteramente absurdo». Y añadía que «el derramamiento de sangre en España habría terminado hacía tiempo si los gobiernos británico y francés no hubieran sostenido a las hordas anarco-bolcheviques». En esas condiciones, el Foreign Office dejó extinguir los ecos de la propuesta una vez cumplidos sus fines reales: el 12 de diciembre de 1936 el Consejo de la Sociedad de Naciones desestimó las denuncias de agresión italo-germana presentadas por el gobierno republicano y se desentendió del problema español gracias a una declaración de apoyo a la No Intervención y a la sugerencia de mediación internacional franco-británica.[28]

Pese al fracaso rotundo de esa primera tentativa, la idea de una mediación internacional no fue abandonada por la diplomacia francesa como solución muy preferible a una derrota inapelable de la Repú-

---

27. Minuta de Sir George Mounsey, subsecretario adjunto responsable del Departamento de Europa Occidental, 13 de diciembre de 1936. FO 371/20593 W18185. A. J. Toynbee, *Survey of International Affairs. 1937*, p. 271. J. B. Duroselle, *Politique étrangère de la France. La décadence*, p. 318. DBFP, XVII, núms. 422 y 436.

28. DBFP, XVII, núms. 442 y 446. DGFP, núm. 146. Cfr. J. F. Berdah, *La démocratie assassinée*, pp. 279-281; J. Avilés, *Pasión y farsa. Franceses y británicos ante la guerra civil*, pp. 70-73.

blica ante Franco. Apenas iniciado el año 1937, el reajuste de la política británica en España le insufló nueva vida dentro de los esfuerzos del Foreign Office para lograr el confinamiento real de la guerra civil y reducir su carácter de amenaza para la paz europea y los intereses británicos. De hecho, según los planes abrigados por Eden y plenamente compartidos por Blum, la puesta en marcha del sistema de control de la No Intervención habría de ser complementada por otras dos iniciativas igualmente cauterizadoras. En primer lugar, conseguir el acuerdo de todas las potencias del Comité de No Intervención para proceder a la retirada supervisada de los combatientes extranjeros que participaban en la guerra española. En segundo término, y como corolario de todo el proceso, hacer viable una gestión internacional de las grandes potencias para imponer la mediación entre los contendientes españoles y evitar así el peligro de instalación en la Península Ibérica de un régimen político afín al Eje y con veleidades antibritánicas y antifrancesas. Sin embargo, en ambas esferas, las ilusiones del ministro británico y del gobernante francés iban a experimentar sendas frustraciones durante el primer semestre de 1937.

El 8 de marzo, en la misma sesión del Comité que había dado el visto bueno al proyecto de plan de control, los embajadores italiano y alemán aceptaron que se estudiara la posibilidad de «retirada de España de todos los extranjeros involucrados, directa o indirectamente, en el presente conflicto de ese país». Sin embargo, ni Roma ni Berlín tenían intención de permitir que se materializara dicha posibilidad y sabotearon las discusiones en el subcomité presidencial exigiendo que el asunto se abordara al tiempo que otras formas de intervención indirecta, como era la ayuda financiera (referencia al oro republicano enviado a Moscú).[29] Esa voluntad obstruccionista se agudizó aún más tras la vergonzante derrota del CTV italiano a manos republicanas en la batalla de Guadalajara (8 a 21 de marzo), que tuvo un gran efecto sobre la política italiana en España. Mussolini había comprometido en la arena española el mayor argumento de su política exterior (la supuesta potencia militar fascista) y su prestigio no podía permitirse el

29. Véase la cita en nota 8. Igualmente, el telegrama del embajador alemán en Roma (5 de marzo de 1937) y el memorándum del ministro alemán de Asuntos Exteriores (20 de marzo). DGFP, núms. 227 y 233.

lujo de una humillación similar ni asumir una derrota total de su alia-do español. Por eso mismo, pasado el desconcierto inicial, reafirmó su compromiso militar con Franco y aceptó resignadamente su lenta es-trategia de guerra de desgaste contra el enemigo.[30] El efecto de Gua-dalajara en la actitud italiana se percibió inmediatamente en el seno del subcomité presidencial. Indignado por las noticias de prensa que interpretaban la batalla como «una derrota del fascismo», el 23 de marzo el conde Grandi rompió la ficticia armonía de dicho organis-mo con una declaración cuya sinceridad contrastaba con las formas bizantinas imperantes. El embajador italiano afirmó que «no podía discutir la retirada de voluntarios de España» y añadió que «confiaba que ningún voluntario italiano fuera retirado hasta que los insurgen-tes hubieran logrado la victoria».[31]

El furor provocado por esas palabras fue suficientemente grave como para que lord Plymouth suspendiera las reuniones del subcomi-té durante más de tres semanas, a la espera de que se restableciera el clima de pseudocolaboración. De hecho, como ni Mussolini ni Hitler deseaban provocar la quiebra del sistema de No Intervención ni sus-citar la hostilidad británica, los representantes italiano y alemán reto-maron muy pronto la misma actitud de cooperación superficial en el asunto. En consecuencia, cuando el 15 de abril de 1937 volvió a reu-nirse el subcomité presidencial, tanto Grandi como Joachim von Rib-bentrop aceptaron la propuesta de lord Plymouth para que se enco-mendara a un subcomité técnico la preparación de un plan para la retirada supervisada de combatientes extranjeros de España. Su acep-tación fue meramente un acto conciliador que ocultaba una negativa de fondo bajo fórmulas dilatorias. No en vano, el 21 de abril ambos gobiernos acordarían al respecto que «la retirada está descartada por el momento», si bien «no es conveniente por motivos tácticos rehu-sar la discusión del tema» y era recomendable «ganar tiempo» y evi-tar «el comienzo de una discusión real».[32] El subcomité técnico se reunió por vez primera el día 26 y exactamente un mes más tarde ya

---

30. I. Saz y J. Tusell, *Fascistas en España*, pp. 47-64. J. Coverdale, *La intervención fascista*, cap. 7.
31. FO 849/27. Telegrama del embajador alemán en París, 25 de marzo de 1937. DGFP, núm. 235   32. DGFP, núm. 246. FO 849/27.

tenía elaborado el informe con las múltiples medidas y preparativos necesarios para acometer la retirada de los combatientes extranjeros. En consecuencia, el 26 de mayo de 1937, el Comité de No Intervención aprobó el envío de dicho proyecto a los gobiernos respectivos solicitando sus comentarios y sugerencias antes de someterlo a aprobación. La propia complejidad del tema y las dificultades logísticas y políticas que entrañaba su ejecución práctica dejaban abiertas múltiples ocasiones y aspectos para el debate y la dilación interesada, como se demostraría en el inmediato futuro.[33]

El propósito de mediación abrigado por Eden tuvo una suerte todavía más desafortunada que el proyecto de retirada supervisada de combatientes extranjeros. A primeros de abril de 1937, después de que el fracaso de las ofensivas madrileñas confirmara que el conflicto sería largo, el secretario del Foreign Office reactivó su idea de sondear las posibilidades de una mediación internacional aprovechando el relativo equilibrio de fuerzas logrado entre ambos bandos. De hecho, la alternativa de una mediación internacional ya había aparecido en la prensa británica como solución ideal e incluso había recibido el respaldo público de Winston Churchill el 2 de abril. Pese a ello, los informes procedentes de España, como había sucedido el pasado diciembre, no permitían abrigar demasiadas esperanzas. El 14 de abril, John Leche, nuevo encargado de negocios británico ante la República, comunicaba que no podía haber ninguna esperanza de mediación «porque se había derramado mucha sangre y los españoles tienen una memoria muy duradera». Poco después, el embajador Chilton (desde su refugio en Hendaya) informaba que no creía posible que Franco aceptase la mediación en tanto su capacidad ofensiva permitiera mantener su «confianza en la victoria final».[34] Sin embargo, la conciliadora conducta italiana y germana en el Comité de No Intervención y la

---

33. FO 849/1. El minucioso proyecto en FO 849/9.

34. Cartas de Leche y Chilton, 14 y 23 de abril. FO 371/21290 W8225 y FO 371/21332 W8456. Churchill había publicado su artículo en el diario londinense *Evening Standard*: «Can Powers Bring Peace to Spain?». Recogido en su obra *Step by Step, 1936-1939*, Londres, Buttersworth, 1939. El 7 de abril, el gabinete británico fue informado de la opinión del almirante Backhouse, comandante en jefe de la Flota Atlántica: «era probable que la guerra fuera un asunto largo y agotador sin victoria decisiva de ningún bando». CAB 23/88.

entrada en vigor del sistema de control naval y terrestre el 20 de abril parecían abrir una vía para la colaboración internacional en favor de la mediación.

Basándose en esos indicios favorables, Eden informó al gabinete británico el 28 de abril de 1937 de sus planes para lograr la mediación de las grandes potencias en el conflicto español con todas las reservas posibles. Sus colegas aprobaron la idea y le autorizaron expresamente para «emprender una acción en ese sentido en el momento que considerase oportuno a fin de lograr un esfuerzo conjunto de las potencias interesadas que concluyera en un armisticio como estadio preliminar a la paz en España».[35] Pertrechado por esa aprobación y consciente del firme apoyo francés, Eden decidió emprender una nueva gestión ante las grandes potencias a pesar de la conocida hostilidad de los bandos españoles hacia la idea:

Creo que nadie ha sugerido nunca que los dos bandos combatientes en España están maduros para la paz. ¿Lo estarán alguna vez? Sin embargo, nosotros (o al menos yo) tenemos la impresión de que las grandes potencias pudieran estar maduras para la idea; y éste es el inevitable primer paso.[36]

La disposición de Eden fue reforzada por dos hechos que parecían incrementar las posibilidades de éxito de una mediación internacional en la guerra española. El 10 de mayo de 1937 Eden se entrevistó en Londres con monseñor Pizzardo, secretario de asuntos eclesiásticos extraordinarios del Vaticano y delegado papal en la ceremonia de coronación de Jorge VI (que tendría lugar dos días después). Informado por Eden de sus intenciones, monseñor Pizzardo, especialmente preocupado por la suerte de los católicos nacionalistas vascos, expresó su conformidad con una «iniciativa internacional que tuviera por objeto detener la guerra en España» y sugirió que no cabía descartar el apoyo italiano a la misma. Tras obtener de este modo el visto bueno genérico del Vaticano, Eden recibió el 11 de mayo al representante español en la ceremonia, el líder socialista Julián Besteiro, representante personal del presidente Azaña, con quien compartía la opinión

---

35. Acta del gabinete, CAB 23/88.
36. Minuta de Eden, 29 de abril de 1937. DBFP, XVIII, núm. 482.

de que «la guerra la tenemos perdida» y sólo cabía evitar lo peor mediante «alguna forma de intervención extranjera que terminara la guerra sin que la perdiera la República». Besteiro transmitió a Eden el apoyo de Azaña a una intervención internacional para lograr la «suspensión de hostilidades» (un armisticio informal) y posibilitar así la retirada de combatientes extranjeros (que abriría la puerta a la negociación formal de la paz entre los dos bandos).[37]

A pesar de la vaguedad de la fórmula acuñada por Azaña y transmitida por Besteiro, el Foreign Office estimó que era digna de crédito y reflejaba el nuevo rumbo político que parecía imponerse en el seno de la República. No en vano, pocos días antes, las fuerzas de seguridad republicanas habían aplastado en Barcelona una seria insurrección anarquista (los «sucesos de mayo», del 3 al 7 de dicho mes), con un resultado de más de 200 muertos en los combates callejeros y el desmantelamiento de la virtual hegemonía que la CNT había mantenido en Cataluña desde el inicio de la guerra.[38] La crisis barcelonesa de mayo de 1937 consituyó el punto álgido de la división política interna en el bando republicano latente desde el inicio de la guerra civil y se saldó con una derrota plena de los todavía partidarios de la revolución social y con una victoria total de las distintas fuerzas que apostaban por una República reformista de tinte socialdemócrata e interclasista. Como efecto de esa derrota cenetista se había abierto una crisis ministerial que precipitaría la caída de Largo Caballero por su oposición a la exclusión de los anarquistas del gobierno y por su negativa a sancionar la virulenta campaña comunista contra sus enemigos filotrotsquistas del POUM. La crisis concluiría el 17 de mayo con la formación de un nuevo gobierno frentepopulista, integrado exclusivamente por representantes de los partidos políticos leales a la causa republicana y del que iban a estar excluidos tanto los sindicalis-

37. DBFP, XVIII, núm. 491. P. de Azcárate, *Mi embajada en Londres*, pp. 61-68. M. Azaña, *Memorias de guerra*, pp. 38, 121 y 385. Cfr. Ricardo Miralles, «Paz humanitaria y mediación internacional: Azaña en la guerra», en Alicia Alted y otros, *Manuel Azaña: pensamiento y acción*, Madrid, Alianza, 1996, pp. 257-276.

38. Burnett Bolloten, *La guerra civil española*, caps. 42 y 43. Un renovador estudio de los «días de mayo» en Helen Graham, «Against the State: A Genealogy of the Barcelona May Days (1937)», *European History Quarterly*, vol. 29, núm. 4, 1999, pp. 485-542.

tas caballeristas como los cenetistas. Su presidente habría de ser un socialista moderado de la tendencia prietista, el doctor Juan Negrín López, eminente fisiólogo y ex ministro de Hacienda, tan bien apreciado por los republicanos de izquierda como por los comunistas por su probada competencia técnica y prestigio internacional. De hecho, bajo la enérgica dirección de Negrín, el gobierno republicano emprendería renovadas gestiones internacionales para evitar su derrota final y para procurarse otros apoyos materiales en las potencias democráticas además del soviético.[39]

Animado por esas nuevas expectativas de apoyo, el 11 de mayo Eden comunicó al gobierno francés su decisión de promover una acción internacional para «inducir a las dos partes españolas a buscar un arreglo a sus diferencias». Cuatro días después, informó a los embajadores alemán e italiano de «la intención del gobierno británico de trabajar en favor de un cese de hostilidades en España». Por último, el 17 de mayo, el Foreign Office presentó formalmente una nota oficial con su propuesta a «las principales potencias interesadas»: Francia, Italia, Alemania, Portugal y la URSS. En dicha nota, se recordaba que el Comité de No Intervención había estudiado el tema de la retirada de los combatientes extranjeros y que un subcomité técnico estaba preparando «un esquema práctico» para su ejecución. Considerando que dicha retirada «difícilmente podría llevarse a cabo, excepto con las mayores dificultades, en medio de hostilidades activas», la nota británica terminaba solicitando al resto de los gobiernos que prestaran su concurso en «una gestión colectiva ante ambas partes en España con el objetivo de inducirles a acordar un armisticio en todos los frentes por un período de tiempo suficiente para permitir la puesta en marcha de la retirada de voluntarios».[40]

La respuesta de las potencias a la iniciativa británica se atuvo como era previsible a los parámetros precedentes. París se sumó gus-

---

39. Sobre la figura de Negrín véase M. Tuñón de Lara, R. Miralles y B. N. Díaz Chico, *Juan Negrín López. El hombre necesario*, Las Palmas, Gobierno de Canarias, 1996; y E. Moradiellos, «El enigma del doctor Juan Negrín», *Revista de Estudios Políticos*, n° 109, 2000, pp. 245-263. Una visión crítica y filoanarquista del personaje en B. Bolloten, *op. cit.*, cap. 45.

40. DBFP, XVIII, núms. 482 y 490. DGFP, núms. 257, 259 y 260.

tosamente al proyecto sin dilación. La Unión Soviética anunció su aprobación «de principio» aunque suscitó varias objeciones prácticas, entre ellas la de considerar como categoría de «voluntarios extranjeros» (y por tanto retirables) a las tropas marroquíes de Franco. Por su parte, Alemania e Italia respondieron a la invitación de modo muy poco entusiasta más que abiertamente negativo, al igual que lo hizo Portugal. En realidad, ninguno de los tres gobiernos tenía intención alguna de prestar su apoyo a la iniciativa y sus consultas con Franco reafirmaron esa posición. El 19 de mayo, Roma había informado a Berlín que consideraba la gestión «como un movimiento dirigido a lograr un compromiso en España de acuerdo con el viejo objetivo británico de impedir una victoria del fascismo bajo todas las circunstancias». Por su parte, el día 22, Franco se negó a aceptar la propuesta británica ante el embajador alemán, al igual que lo haría poco después ante el cardenal primado de España, que compartía su tajante opinión de que la propuesta era «cosa absurda» y sólo cabía «la rendición sin condiciones» (como le había comunicado a monseñor Pizzardo en nombre de la jerarquía eclesiástica española). Según comunicó el general Faupel a sus superiores en Berlín:

Franco rechazó de la manera más categórica cualquier posibilidad similar. Las consecuencias de tal armisticio y posterior paz serían equivalentes en último extremo a la derrota completa de la España blanca. Él y todos los españoles nacionalistas antes morirían que entregar el destino de España una vez más a manos de un gobierno rojo o democrático. La lucha actual debería conducir y conduciría a un renacimiento de España.

El embajador alemán añadía en su informe el motivo principal que llevó a Roma y Berlín a aceptar como suya esa rotunda negativa franquista bajo un disfraz dilatorio: «La situación interna y militar de Franco es tan favorable que no tiene ninguna razón para considerar favorablemente un armisticio».[41]

No en vano, además de la abrumadora superioridad material demostrada en el teatro bélico, el 19 de abril de 1937 Franco acababa de

---

41. DGFP, núms. 264 y 261. La opinión del primado en M. L. Rodríguez Aísa, *El cardenal Gomá*, pp. 165-170 y apéndices 34, 35 y 40.

reforzar su autoridad omnímoda e incontestada al frente de la coalición antirrepublicana mediante la unificación forzosa de todas las fuerzas políticas insurgentes en un nuevo partido bajo su exclusivo control y dirección: la Falange Española Tradicionalista y de las JONS. La medida fue aceptada disciplinadamente por monárquicos, católicos y carlistas y sólo fue objeto de reservas por parte de un reducido núcleo falangista fulminantemente acallado. El propósito de este «Gran Partido del Estado» era, «como en otros países de régimen totalitario», el de servir de enlace «entre la Sociedad y el Estado» y de divulgar en aquélla «las virtudes político-morales de servicio, jerarquía y hermandad» (BOE del 20 de abril).[42] De este modo, el nuevo partido unificado, férreamente controlado por el Generalísimo, se convertiría en el tercer pilar institucional (con el Ejército y la Iglesia) de un régimen de autoridad personal ilimitada que estaba experimentando un rápido proceso de fascistización. En esa medida crucial tuvo especial protagonismo el jurista y político ex cedista Ramón Serrano Suñer, cuñado de Franco y su más íntimo asesor político en aquella época. Por su inspiración, y en virtud de su admiración por el modelo fascista italiano, FET de las JONS tuvo desde el principio mucho más de la antigua Falange que del viejo carlismo, la CEDA o el monarquismo. Las subsecuentes medidas políticas tomadas (elección de símbolos, nombramientos de cargos, declaraciones programáticas) revalidaron sistemáticamente a partir de entonces el nuevo maridaje entre Franco y el fascismo español.[43] El Caudillo se

---

42. Cfr. Ismael Saz, «Salamanca, 1937: los fundamentos de un régimen», *Revista de Extremadura* (Cáceres), n° 21, 1996, pp. 81-107; y E. Moradiellos, *La España de Franco. Política y sociedad*, cap. 2.

43. Por ejemplo, «en la elección de símbolos, terminología y cuerpo de doctrina, se dio preferencia al sector falangista», según afirmaría posteriormente Serrano Suñer (*Entre Hendaya y Gibraltar*, Barcelona, Nauta, 1973, p. 57). Por eso se hizo oficial el saludo con el brazo en alto, el emblema del «Yugo y las Flechas», el canto del «Cara al Sol», el uniforme de camisa azul (con la boina roja carlista), y los «26 puntos programáticos de Falange». También en la elección de los nuevos dirigentes predominó esa orientación: Franco nombró a 6 falangistas y 4 carlistas para la primera Junta Política de FET y «sólo en 9 provincias le correspondió la jefatura del partido a un antiguo carlista, frente a las 22 donde lo ocupó un falangista». J. Tusell, *Franco en la guerra civil*, Barcelona, Tusquets, 1992, p. 139.

apoyaba en el partido para reforzar con una tercera fuente de legitimidad la base de su poder omnímodo y carismático como dictador bonapartista, para disponer de un modelo político integrador y controlador de la sociedad civil, y para canalizar y encuadrar la movilización de masas exigida por la guerra y por los nuevos tiempos. El falangismo de camisa vieja (anterior a la unificación), privado de líder propio tras el fusilamiento de José Antonio y fracturado por rivalidades cantonales, asumía el liderazgo de un general victorioso a cambio de grandes parcelas de poder en el régimen y la expectativa de ampliarlas aún más en el futuro.[44]

Al igual que Roma y Berlín, también el Foreign Office conocía la actitud de oposición irreductible a toda mediación por parte del bando franquista y, en mucha menor medida, de los republicanos. De hecho, el 12 de mayo, John Leche había revalidado desde Valencia un pronóstico desmoralizador:

[...] se ha derramado tanta sangre y existe tanto odio en ambos bandos que, siendo como es el carácter español, creo que ésta es una guerra a muerte que sólo terminará con el colapso total de uno u otro bando, probablemente debido a un derrumbamiento de la retaguardia más que a derrotas militares. En estas circunstancias, la oferta de mediación sería casi con seguridad considerada por cualquiera de los bandos solamente si la situación fuera tan desesperada que dicha oferta pareciera ser la única oportunidad de evitar una segura derrota inminente; y en este caso sería rechazada por el otro bando. La oferta sólo sería considerada por las dos partes si ambas estuvieran en un estado de absoluto y extremo agotamiento.[45]

En ese contexto, la iniciativa mediadora británica, que recibió incluso la aprobación rutinaria del Consejo de la Sociedad de Naciones el 28 de mayo, se fue diluyendo como «impracticable», «prematura» o meramente «inoportuna».[46] La grave crisis que se desataría a principios de junio de 1937 en el sistema de No Intervención multilateral acabaría por enterrarla definitivamente.

---

44. P. Preston, *Franco*, cap. 10. Ricardo Chueca, *El fascismo en los comienzos del régimen de Franco*, Madrid, CIS, 1983. S. Ellwood, *Prietas las filas*, cap. 2.

45. FO 425/414.

46. A. J. Toynbee, *Survey of International Affairs*, pp. 301-304.

3. LA DILATADA CRISIS DIPLOMÁTICA DEL VERANO DE 1937

Desde mediados de mayo, la aviación republicana (formada esencialmente por aparatos soviéticos) había estado atacando las bases navales franquistas en las Baleares, donde repostaban habitualmente los buques italianos y germanos que participaban en la patrulla naval de No Intervención. Un bombardeo aéreo el día 26 había alcanzado a un buque de guerra italiano fondeado en el puerto de Palma. Tres días después, otra operación de bombardeo sobre el puerto de Ibiza en la que participaban pilotos soviéticos alcanzó de lleno al acorazado alemán Deutschland y ocasionó 31 muertos y 70 heridos en su tripulación. Todo indica que se trató de un accidente causado por la falta de preparación de los pilotos y su incapacidad para distinguir el pabellón de los buques fondeados. En cualquier caso, el ataque sirvió de pretexto para que un Hitler encolerizado ordenase una represalia militar y diplomática de gran envergadura. El 30 de mayo, la flota alemana en el Mediterráneo se concentró ante la ciudad de Almería y la sometió a un intenso bombardeo que ocasionó 19 muertos, 55 heridos y la destrucción de 35 edificios. Paralelamente, Berlín anunció su retirada provisional del Comité de No Intervención y de la patrulla de control naval «en tanto no recibiera garantías válidas contra la repetición de tales incidentes». La resolutiva actuación alemana abrió una crisis inmediata en el sistema de No Intervención porque su retirada del Comité y de la patrulla naval fue secundada inmediatamente por el gobierno italiano.[47]

Las autoridades británicas respondieron a la crisis con suma cautela, tratando de aplacar la reacción italo-germana con el argumento de que no deberían «hacer a los rojos el favor de convertir el conflicto de España en una guerra mundial». De hecho, en el seno del Foreign Office se sospechaba erróneamente que los ataques republicanos pudieran ser «un acto de sabotaje» de «elementos irresponsables del gobierno de Valencia» con el objetivo de extender la lucha a toda Europa.[48] Por eso

---

47. M. Alpert, *La guerra civil española en el mar*, pp. 275-280. A. J. Toynbee, *Survey of International Affairs*, pp. 311-314. DGFP, núms. 267, 268 y 272.

48. DGFP, núm. 271. Telegrama de Leche y minuta, 1 y 3 de junio de 1937. FO 371/21293 W10672. Según el testimonio de Azaña, fueron precisamente los mi-

mismo, el 2 de junio el gabinete británico aprobó una propuesta para satisfacer las demandas alemanas (e italianas) y conseguir su reincorporación al Comité y a la patrulla naval. A tenor de dicha propuesta, las cuatro potencias partícipes de la patrulla naval adoptarían tres decisiones conjuntas para evitar la repetición de incidentes similares: 1º) exigirían a los dos bandos españoles «garantías solemnes de respeto a los buques de guerra extranjeros en aguas internacionales y en cualquier lugar»; 2º) solicitarían «la designación de zonas de seguridad en cualquier puerto español que sea necesario para uso como base de reavituallamiento de dichos buques»; y 3º) informarían que «cualquier interferencia futura con los buques de patrulla será objeto de consulta entre las cuatro potencias». A la par que se trasladaba esa propuesta a Roma y Berlín para su consideración, el Foreign Office invitaba oficialmente a Londres al barón Constantin von Neurath, ministro alemán de Exteriores, para discutir globalmente las relaciones anglo-germanas y buscar el medio de mejorarlas y de lograr el «apaciguamiento de Europa».[49]

La propuesta británica, asumida inmediatamente por Francia, fue también aceptada por los gobiernos alemán e italiano como base de discusión para lograr un salida a la crisis. En consecuencia, durante la semana siguiente tuvo lugar en Londres una ronda de negociaciones entre Eden y los embajadores de las tres potencias interesadas, al margen del Comité de No Intervención, para tratar de perfilar un acuerdo definitivo. La conciliadora actuación británica durante esas negociaciones estuvo dirigida a evitar a toda costa la ruptura del sistema de No Intervención y a lograr el retorno de Italia y Alemania al mismo. Como subrayó lord Cranborne, subsecretario parlamentario del Foreign Office, en una minuta para Eden del 11 de junio de 1937:

---

49. Acta del gabinete, 2 de junio de 1937. CAB 23/88. DGFP, núm. 277. Sobre la importancia de la visita de Neurath a Londres véase R. A. C. Parker, *Chamberlain and Appeasement*, pp. 96; y G. L. Weinberg, *The Foreign Policy of Hitler's Germany*, vol. 2, Chicago, University Press, 1980, pp. 99-105.

---

nistros comunistas del gobierno los que habían insistido en la inconveniencia de enfrentarse abiertamente a Alemania, contra el parecer de Prieto. *Memorias de guerra*, p. 64-67.

Creo que debemos mantener el Acuerdo de No Intervención tanto como nos sea posible. Tomar la iniciativa de romper un acuerdo que tiene el apoyo mayoritario de la opinión pública en este país y que, pese a todo, ha cumplido su principal objetivo de estabilizar una situación peligrosa, sería un gran riesgo.[50]

Finalmente, el 12 de junio, las conversaciones cuatripartitas alcanzaron un acuerdo que satisfacía las demandas italo-germanas y posibilitaba su reincorporación al Comité y a la patrulla naval. Aparte de contemplar la petición de garantías solemnes y de zonas de seguridad, el acuerdo especificaba que «cualquier ataque a un buque de guerra en patrulla naval sería considerado por las cuatro potencias como asunto de preocupación común»; además, «al margen de cualquier medida de autodefensa por parte de la potencia atacada», ésta concertaría con el resto de las potencias las medidas conjuntas a adoptar.[51] La consecución de este acuerdo significó un alivio notable de la tensión existente y salvó *in extremis* al sistema de No Intervención colectiva. Por otra parte, esa sensación de alivio diplomático fue reforzada por la simultánea aceptación alemana de la invitación británica para que Neurath acudiera a Londres a discutir el estado de las relaciones anglo-germanas y las expectativas de un arreglo general de las tensiones en Europa.

Sin embargo, la distensión lograda apenas duró una semana. El 19 de junio, el gobierno alemán informó a las otras potencias de la patrulla naval que el crucero Leipzig había sido atacado los días 15 y 18 en las cercanías de Orán por varios torpedos disparados por «submarinos hispano-bolcheviques» que no habían logrado alcanzarle. En consonancia con el acuerdo alcanzado, el gobierno alemán solicitaba la convocatoria de una reunión cuatripartita para aprobar las siguientes medidas conjuntas: 1º) realizar una demostración naval intimidatoria frente a las costas de Valencia; 2º) remitir una «grave advertencia» a ambos bandos contra la repetición de cualquier ataque naval; y 3º) sugerir el «internamiento de los submarinos (españoles) y la suspensión de la guerra submarina». Además de proponer esas medidas, el gobierno alemán informó paralelamente al Foreign Office que

50. FO 371/21335 W11004.
51. DGFP, núm. 305. A. J. Toynbee, *Survey of International Affairs*, p. 316.

mientras se solucionaba el incidente del Leipzig quedaba suspendida la visita del barón Neurath a Londres.[52]

La súbita demanda alemana, decidida personalmente por Hitler, pretendía poner a prueba los límites de la flexibilidad franco-británica y eludir los riesgos político-diplomáticos de la visita de Neurath. No en vano, desde que se había anunciado la misma, Mussolini había reiterado al Führer su temor a que pudiera interpretarse «como un signo de debilitamiento del Eje Roma-Berlín» y había alertado contra cualquier «acuerdo entre Berlín y Londres sin contar con Roma» respecto a España. También la marina alemana había manifestado su disconformidad con la participación en tareas de patrulla naval en aguas mediterráneas por las dificultades logísticas y humanas que conllevaba. Por último, Hitler pretendía eludir cualquier negociación directa con los dirigentes británicos en favor de su consentimiento tácito a los planes expansionistas alemanes en Europa centro-oriental.[53] Todas esas razones parecen explicar la intransigencia adoptada en el dudoso asunto del Leipzig, que sirvió como excusa perfecta para satisfacer a Italia, evitar la discusión bilateral sobre el espinoso asunto español, cancelar la visita de Neurath a Londres y abandonar definitivamente la costosa patrulla naval en el Mediterráneo.

La reacción británica ante el nuevo y calculado desafío alemán consistió en buscar una solución de compromiso que evitara el riesgo de ruptura del sistema de No Intervención. Por un lado, los informes del Almirantazgo sobre el incidente del Leipzig hacían sospechar que no había habido tales ataques. Además, todo parecía indicar que los submarinos republicanos no tenían capacidad operativa para llevarlos a cabo. Por otra parte, como señaló el secretario privado de Eden en una minuta del 20 de junio de 1937, «la opinión pública británica no toleraría su aceptación (de las propuestas alemanas) ni por un momento».[54] En esas condiciones, el 21 y 22 de junio, durante las reu-

---

52. DGFP, núms. 339, 344 y 346.

53. DGFP, núms. 306, 320 y 332. *Ciano's Diplomatic Papers*, pp. 122-123. Cfr. G. L. Weinberg, «Hitler and England, 1933-1945», en su obra *Germany, Hitler and World War II*, Cambridge, University Press, 1995, pp. 85-94.

54. *The Diplomatic Diaries of Oliver Harvey, 1937-1940*, Londres, Collins, 1970, pp. 409-411.

niones de representantes de las cuatro potencias navales, Eden y el embajador francés propusieron que antes de tomar cualquier medida punitiva se llevara a cabo una investigación para esclarecer lo ocurrido con el Leipzig. La respuesta alemana, secundada por Italia, fue previsible: negarse a toda investigación e insistir en la adopción inmediata de las dos primeras propuestas formuladas. En consecuencia, el día 22 se dio por concluida la negociación sin que hubiera sido posible alcanzar ningún acuerdo de actuación conjunta. Al día siguiente, Alemania e Italia anunciaron formalmente su retirada definitiva de la patrulla naval, aunque seguían manteniendo su participación en el Comité de No Intervención.[55]

La decisión italo-germana de abandonar la patrulla naval pero no el Comité fue paralela a una seria crisis en Francia de la coalición gubernamental del Frente Popular, cuyas propuestas intervencionistas para atajar una grave emergencia financiera fueron rechazadas por la mayoría centroderechista dominante en el Senado. Como resultado de la crisis ministerial, Blum abandonó la jefatura del gabinete y dio paso a la formación en París de un gobierno frentepopulista de orientación mucho más moderada, cuyo presidente era el radical Camille Chautemps y cuya alma era el nuevo ministro de Hacienda, Georges Bonnet, firme partidario de la política de apaciguamiento inglesa. Los socialistas continuaron participando en el mismo, con Blum como vicepresidente, bajo la condición explícita de que la política española del nuevo gabinete siguiera siendo de «no-intervención relajada», con su corolario de tolerancia furtiva hacia el contrabando de armas, por vía terrestre o marítima, destinado a la República.[56] En cualquier caso, el cambio de sensibilidad política en la jefatura de gobierno y la persistencia de la crítica situación financiera interior acentuaron una tendencia diplomática ya perceptible desde meses atrás: «A partir de junio de 1937 la relación entre ambas partes de la entente (franco-británica)

---

55. DGFP, núms. 349, 350, 353 y 354.
56. Testimonio de Blum en *Rapport fait au nom de la Commission*, p. 219. Cfr Maurice Larkin, *France since the Popular Front. Government and People, 1936-1986*, Oxford, University Press, 1990, pp. 60-61; M. Thomas, *Britain, France and Appeasement*, pp. 204-205; y David A. L. Levy, «The French Popular Front», en H. Graham y P. Preston (eds.), *The Popular Front in Europe*, pp. 78-79.

se decantó decisivamente en favor de Londres», justo a la par que Neville Chamberlain comenzaba a ejercer como indisputado primer ministro decidido a proseguir la política de apaciguamiento con más tenacidad y vigor que su secretario del Foreign Office, Anthony Eden.[57]

En esas circunstancias, el 25 de junio de 1937, el nuevo gobierno francés propuso al británico una solución para recomponer el sistema de patrullas navales: las flotas británica y francesa se harían cargo de la vigilancia de las zonas abandonadas por Alemania e Italia, incorporando a bordo de los buques a observadores neutrales para garantizar su imparcialidad. A juicio de las autoridades francesas, la firmeza en la defensa del sistema de control vigente era el único medio para frenar la ofensiva diplomática germano-italiana. En palabras de Alexis Léger, secretario general del Ministerio de Asuntos Exteriores francés, al embajador británico en París:

Sin duda, Hitler y Mussolini creen que España es un tema en el que la opinión pública de Gran Bretaña está dividida y, por tanto, lo consideran un excelente campo para una prueba de fuerza que acrecentará enormemente su prestigio si Francia y Gran Bretaña deciden ceder.[58]

Las autoridades británicas consideraron necesario aceptar la propuesta francesa como inevitable mal menor, a fin de mantener vigente la patrulla naval y su correlativo sistema de vigilancia terrestre en las fronteras españolas. Por tanto, en la reunión del subcomité presidencial del 29 de junio, lord Plymouth planteó oficialmente que las flotas británica y francesa, reforzadas por observadores internacionales, asumieran la vigilancia de las zonas anteriormente patrulladas por buques germanos e italianos. Esa proposición fue inmediatamente rechazada por los representantes alemán e italiano, que se reservaron la posibilidad de presentar una contrapropuesta en una reunión posterior. Además, tanto Ribbentrop como Grandi, con el apoyo del delegado portugués, subrayaron que mientras no se solucionara el asunto de la

---

57. Martin Thomas, *op. cit.*, p. 204.

58. DBFP, XIX, núm. 2. Acta del comité de política exterior, 28 de junio de 1937. CAB 27/622. Sobre la personalidad e influencia de Léger véase J. B. Duroselle, *Politique étrangére de la France. La Décadence*, pp. 20-25.

patrulla naval no había lugar para seguir considerando el tema pendiente desde hacía un mes: el proyecto de plan para la retirada de combatientes voluntarios de España. De hecho, en gran medida, la actitud intransigente adoptada por los embajadores alemán e italiano respecto a la patrulla naval respondía a la voluntad de evitar la discusión de ese tema crucial «bajo la cobertura de tácticas dilatorias y obstruccionistas» (en palabras de Ciano). Para completar las dificultades, el delegado portugués anunció simultáneamente la suspensión de las labores de vigilancia desempeñadas por agentes británicos en su frontera con España hasta «el restablecimiento del control marítimo».[59] El propio Salazar había recordado al embajador en Londres, a mediados de junio, los principios que habían guiado desde el comienzo la conducta lusa en el conflicto, haciendo del más viejo y fiel aliado de Gran Bretaña un infatigable valedor de Franco y de las supuestas intenciones meramente contrarrevolucionarias y anticomunistas de su régimen:

1º La necesidad de asegurarnos de que los actos que practicamos y las actitudes que asumimos con respecto a ciertos problemas corresponden también a las conveniencias del general Franco y constituyen para él una ventaja real desde el punto de vista de la marcha de los acontecimientos en España; 2º La posibilidad de hacer en favor del general Franco, y sin peligro para nosotros sino para prestigio del gobierno portugués y de sus agentes, algunas diligencias en el campo diplomático tendentes a clarificar los verdaderos objetivos políticos del general (Franco) y a deshacer o atenuar, en la medida de lo posible, los recelos y sospechas de los gobiernos que le son menos favorables, especialmente el gobierno inglés, al cual podemos dar más fácilmente nuestras informaciones.[60]

59.   La confesión de Ciano al embajador alemán en Roma (26 de junio de 1937) se recoge en *Ciano's Diplomatic Papers*, p. 126. Acta del subcomité de No Intervención, 29 de junio de 1937. FO 849/27. A. J. Toynbee, *Survey of International Affairs*, pp. 323-324.

60.   Instrucciones del 18 de junio de 1937. Recogidas en la colección editada por el Ministério dos Negócios Estrangeiros, *Dez Anos de Política Externa (1936-1947). A Naçao portuguesa e a Segunda Guerra Mundial*, Lisboa, Imprensa Nacional, 1965, vol. IV, documento número 1082. Un ejemplo de esa actividad se aprecia en la visita del embajador portugués a Eden el 28 de junio de 1937 (documento nº 1145). La versión inglesa de la misma en FO 425/414 W12477. Cfr. los capítulos de António Pedro Vicente y António J. Telo recogidos en Fernando Rosas (coord.), *Portugal e a Guerra Civil de Espanha*, Lisboa, Colibri, 1998.

La situación de parálisis generada en el subcomité, que amenazaba la continuidad del conjunto del sistema de control de No Intervención, fue examinada por el gobierno británico durante su reunión del 30 de junio. En la misma, Eden apuntó acertadamente que la previsible contrapropuesta italo-germana consistiría en solicitar el reconocimiento de los derechos de beligerancia marítimos para los dos bandos españoles, a fin de anular la necesidad del sistema de patrullas navales y preservar el control de fronteras terrestres (que penalizaba más a la República). Sin embargo, aunque esa solución «resultaba atractiva para algunos miembros del gabinete», era rechazada por el gobierno francés y conllevaba ciertos riesgos políticos que fueron señalados por Chamberlain con precisión:

Si se reconocieran los derechos de beligerancia a ambos bandos, el general Franco recibiría las ventajas porque sus fuerzas navales son superiores y podría obtener suministros bélicos con seguridad. Probablemente por eso los italianos y alemanes favorecen esta propuesta. Pero si el gobierno de Su Majestad concediera los derechos de beligerancia en esta coyuntura [tras haberlos negado a la República al principio de la guerra, cuando contaba con superioridad naval], sus adversarios dirían que así se revelaba el verdadero sentido de la política del gobierno, la cual siempre habían afirmado que era de apoyo a Franco. Sólo si no había otra alternativa podría defenderse la concesión de los derechos de beligerancia.[61]

Todos los ministros británicos asumieron el juicio precedente, así como la imperiosa necesidad de mantener una actitud conciliadora para evitar la ruptura del sistema de No Intervención y no obstaculizar la política general de apaciguamiento de Hitler y Mussolini. De hecho, una reflexión final del vicepresidente del gobierno, lord Halifax, refrendada por Chamberlain, sentó las bases que habrían de guiar la conducta británica en el tema durante las semanas venideras:

El Lord Presidente del Consejo expresó su esperanza de que, al abordar la situación táctica (en el asunto español), no perdiéramos de vista el *desideratum* principal: impedir que nuestras relaciones con Alemania e Italia se de-

61. Acta del gabinete, 30 de junio de 1937. CAB 23/88.

terioren. Sugirió que la conducta apropiada sería ganar tiempo, teniendo presente como posibilidad la concesión de los derechos de beligerancia.

El 2 de julio de 1937, ante el subcomité presidencial, el delegado alemán presentó en nombre de su gobierno y del italiano las contrapropuestas para superar la crisis del sistema de control vigente. Como había supuesto Eden, la primera medida consistía en «conceder a los dos bandos en España los derechos de beligerancia» y suprimir por innecesarias e ineficaces las patrullas navales de las cuatro potencias. Al mismo tiempo, se mantendría el doble sistema de vigilancia de las fronteras terrestre y del tráfico mercante dirigido a puertos españoles mediante agentes y observadores internacionales. El debate posterior sobre dichas contrapropuestas reveló la firme oposición francesa y soviética por considerarlas favorables al bando franquista y perjudiciales para la República. Sin adoptar el mismo tono de firmeza, los delegados de las restantes potencias presentes en el subcomité también mostraron su preferencia por la propuesta original anglo-francesa de hacerse cargo de la patrulla naval. Enfrentado a la parálisis provocada por esa división radical, lord Plymouth suspendió la reunión del subcomité *sine die.*[62]

Los gobernantes británicos examinaron de inmediato las posibles soluciones ante la crítica situación planteada. Ante todo, optaron por desestimar la posibilidad de secundar la postura de firmeza de París e imponer por la fuerza la patrulla naval anglo-francesa. Chamberlain había desautorizado ese curso durante la reunión del comité de política exterior del 1 de julio: «Aparte de su inconveniencia, esa política era impracticable. Significaría un desafío a los alemanes e italianos». En consecuencia, los analistas del Foreign Office fueron configurando un proyecto de solución de compromiso que pudiera «combinar nuestro plan de observación con el reconocimiento de beligerancia». El 7 de julio, el gabinete británico resolvió que era prioritario mantener en vigor el Comité de No Intervención «a fin de proporcionar una apariencia de acuerdo internacional» y para ello asumió como línea de conducta «que podía lograrse un compromiso en la línea de la

---

62. Acta del subcomité, FO 849727. A. J. Toynbee, *Survey of International Affairs*, pp. 325-329.

retirada de voluntarios de ambos bandos españoles combinándola con la concesión de los derechos de beligerancia, y ello con o sin el mantenimiento del control naval».[63]

Las autoridades nazis y fascistas apreciaron certeramente durante toda la crisis del verano de 1937 la voluntad británica de evitar la ruptura total y su deseo de hallar una solución de compromiso que salvara formalmente la política de No Intervención colectiva. El 4 de julio, Ribbentrop remitió a Hitler un informe sobre el particular muy acertado:

No debemos esperar complicaciones serias para la situación europea de la tensión actual en la política de no intervención. Inglaterra quiere la paz, como también Francia; a pesar de la línea de firmeza adoptada ahora, ninguna forzará las cosas hasta el límite. Podemos seguir contando con este hecho como un factor absolutamente seguro y podemos tomar nuestras decisiones futuras sin dejarnos influenciar o incomodar. [...] Los británicos tratarán de encontrar una solución de compromiso en los días venideros, encubiertamente o convocando una nueva reunión del subcomité (de No Intervención).[64]

También el nuevo jefe de gobierno francés sospechaba que Londres no secundaría su política de firmeza en el asunto de la patrulla naval. El 2 de julio, Chautemps había reconocido al embajador norteamericano en París los serios temores estratégicos de Francia ante la actuación italo-germana y su paralizante dependencia del apoyo británico:

Si Francia permitía el establecimiento de un Estado fascista en España hostil a ella se colocaría en una posición extraordinariamente peligrosa. Sus comunicaciones con las colonias norteafricanas podrían ser cortadas fácilmente. En caso de guerra con Alemania, Francia podría tener que hacer frente también a Italia y España. La situación de Inglaterra también era muy seria puesto que Italia y España estarían en condiciones de cortar las comunicaciones británicas en el Mediterráneo. Sin embargo, la información recibida de Londres indicaba que Chamberlain seguía apostando por una política de

---

63. Acta del gabinete, 7 de julio de 1937. CAB 23/88. Acta del comité de política exterior, 1 de julio de 1937. CAB 27/622. Proyecto y minutas en FO 371/21342 W13680.   64. DGFP, núm. 376.

«esperar y ver» junto con una política que trataba de separar a Alemania de Italia. Francia no podría actuar sin el pleno apoyo de Gran Bretaña pero él tenía pocas esperanzas de recibir dicho apoyo.[65]

Tal y como había pronosticado el embajador alemán y temido Chautemps, lord Plymouth intentó una solución al dilema creado mediante la convocatoria de una sesión plenaria del Comité de No Intervención para el 9 de julio. En la misma, después de que se hubieran reexaminado las dos propuestas antagónicas para superar la crisis (la patrulla naval anglo-francesa o la concesión de los derechos de beligerancia), el delegado holandés hizo una sugerencia providencial que coincidía sospechosamente con las pretensiones más íntimas del Foreign Office: invitar al gobierno británico a hallar una solución de compromiso que reconciliara las dos opciones presentes y evitara la ruptura total del Comité. Dicha propuesta contó con el apoyo unánime de los restantes delegados y fue prontamente asumida por lord Plymouth tras una rápida consulta con Eden.[66]

A pesar de que esa decisión del Comité parecía abrir una vía de solución a la crisis, en realidad constituía un paso más en el desmantelamiento progresivo del complejo sistema de control y vigilancia puesto en marcha en el mes de abril de 1937. La patrulla naval internacional había sido la primera víctima del calculado asalto diplomático germano-italiano. Poco después, Portugal había secundado la ofensiva mediante la retirada de los observadores británicos que vigilaban su frontera con España. Finalmente, al día siguiente de la reunión del Comité, el gobierno francés anunciaba que a partir del 12 de julio también quedaría en suspenso el control de su frontera española en tanto no fuera restablecido el control fronterizo portugués y la patrulla naval.[67] A partir de entonces, sólo quedaría en vigor el más débil y vulnerable de los mecanismos de control perfilados: la obligación de embarcar agentes neutrales en todos los

---

65. Recogida en la colección documental FRUS, 1937, vol. 1, p. 348.

66. Acta del gabinete, 7 de julio de 1937. CAB 23/88. Acta del comité de política exterior, 1 de julio de 1937. CAB 27/622. Minutas de Shuckburgh, Cranborne y Eden, 7 y 8 de julio de 1937. FO 371/21342 W13680.

67. DBFP, XIX, núm. 30. M. Thomas, *Britain, France and Appeasement*, pp. 214-215.

mercantes dirigidos a España de países signatarios del Acuerdo de No Intervención.

En consonancia con el encargo recibido, los funcionarios del Foreign Office elaboraron un proyecto de resolución que trataba de conciliar el mantenimiento del sistema de control, la concesión de los derechos de beligerancia y la retirada supervisada de combatientes extranjeros. El 14 de julio de 1937 se dio a conocer la propuesta británica, calificada como un «compromiso entre los diversos puntos de vista» destinado «a permitir la continuidad de la política de No Intervención». Contenía tres capítulos de actuaciones complementarias y un apartado final con un programa de ejecución temporal de las mismas. La primera actuación consistiría en la «reconstrucción del sistema de supervisión» con ligeras variantes (se mantendría el embarque de agentes internacionales en mercantes dirigidos a España; la patrulla naval sería sustituida por el emplazamiento de agentes neutrales en los puertos españoles; y se restablecería el control terrestre en las fronteras portuguesa y francesa). La segunda actuación contemplaba la concesión cualificada de los derechos de beligerancia marítimos a ambos bandos españoles. La tercera y última actuación apuntaba el envío de una comisión a España para preparar técnicamente la retirada de los combatientes extranjeros. A continuación, la propuesta perfilaba un programa de ejecución en fases consecutivas: primero se emplazarían los agentes en puertos españoles y se clausuraría la patrulla naval; después se establecería la comisión para la supervisión de la retirada de combatientes extranjeros; y finalmente se concederían los derechos de beligerancia «cuando los preparativos para la retirada de extranjeros estén operando satisfactoriamente y dicha retirada haya hecho progresos sustanciales».[68]

Esta laboriosa propuesta británica fue examinada por el Comité de No Intervención el 16 de julio, aprobándose que fuera considerada como «base de discusión» para las posteriores reuniones del subcomité presidencial. Los delegados alemán e italiano se sumaron a esa posición conscientes de que la propuesta era la máxima concesión esperable de Gran Bretaña y aceptable para Francia y la URSS.[69] Ade-

68. DBFP, XIX, núm. 38. Acta del gabinete, 14 de julio de 1937. CAB 23/89.
69. FO 849/27.

más, como señaló Ribbentrop a Berlín el día 15, la complejidad de las medidas propuestas y su temporización ofrecían amplias posibilidades para sabotear su puesta en vigor efectiva por mucho tiempo. En particular, Mussolini pretendía utilizar esas vías dilatorias para encubrir su «intransigente actitud en el asunto de (la retirada de) los voluntarios».[70] Efectivamente, cuando el 20 de julio se reunió el subcomité presidencial para debatir la ejecución de la propuesta británica, los delegados italiano y alemán formularon varias objeciones que iban a paralizar cualquier decisión durante los meses venideros. Ante todo, Grandi y Ribbentrop insistieron en que las medidas propuestas fueran discutidas según el orden formulado en la primera parte del proyecto británico y no según su programa de ejecución final. Mediante este ardid táctico, pretendían debatir el restablecimiento del control terrestre, la supresión de la patrulla naval y la concesión de la beligerancia antes de pasar a discutir la retirada de los combatientes extranjeros. La reacción británica ante esa maniobra dilatoria profranquista no pudo ser más que negativa, ante la firme oposición francesa y soviética a cualquier modificación del proyecto aprobado en el Comité. En esas condiciones, durante las tediosas sesiones del subcomité presidencial del 26 y 30 de julio, así como en las del 6 y 27 de agosto, fue imposible hallar un acuerdo para iniciar incluso la discusión del programa de actuaciones contemplado en el plan británico original.[71] La voluntad italiana de obstaculizar cualquier acuerdo que pudiera posibilitar la retirada de voluntarios había sido reconocida por Ciano al embajador alemán el 29 de julio:

podemos estar satisfechos del desarrollo de las conversaciones en el comité de Londres. El tipo de competición olímpica que tiene lugar ahora allí, en la que todos los embajadores claman victoria, no es perjudicial para nuestros intereses. Podemos esperar con calma el curso futuro de los acontecimientos.[72]

70. DGFP, núms. 395 y 396.
71. Actas del subcomité, 20, 26 y 30 de julio, 6 y 27 de agosto de 1937. FO 849/27. Actas del gabinete, 21 y 28 de julio de 1937. CAB 23/89.
72. DGFP, núm. 404.

De hecho, las labores del Comité y del subcomité de No Intervención quedaron suspendidas en agosto de 1937: el subcomité no volvería a reunirse hasta el 16 de octubre, en tanto que el Comité no lo haría hasta el 4 de noviembre del mismo año. De ese modo, desde finales de julio, la parálisis alcanzada en el seno del Comité selló en la práctica el desmantelamiento de gran parte del sistema de control y supervisión elaborado trabajosamente a principios del año. Con ello se ponía fin al proyecto de Eden y Blum de lograr una política de No Intervención colectiva realmente eficaz para cauterizar la guerra española y evitar el incontestado triunfo diplomático y militar de las potencias del Eje en una zona estratégica vital para la seguridad de la entente franco-británica. En adelante, la idea de la restauración del control naval y terrestre, combinada con una retirada supervisada de los combatientes extranjeros y el reconocimiento de los derechos de beligerancia a los insurgentes, permanecería como mera posibilidad teórica y pretexto político válido para justificar la vigencia formal del Acuerdo y la propia existencia aletargada del Comité. La política colectiva de No Intervención se había convertido definitivamente en una farsa institucionalizada y mutuamente consentida: «un complicado sistema de embustes oficiales» (en palabras certeras de Winston Churchill).[73] Y a la par, quedaba refrendada públicamente la estrecha subordinación de la actitud francesa a la británica y la firme supeditación del «problema español» a los objetivos y prioridades de la política de apaciguamiento. Un resignado Yvon Delbos confesaría esta realidad al embajador norteamericano en París sin ambages ni reservas:

Por lo que respecta al futuro, la posición que tomará Francia dependerá por completo de la posición de Inglaterra. Francia no emprenderá la guerra con Alemania e Italia. La posición de Francia será la misma que su posición en el asunto español. Si Inglaterra decide estar firme al lado de Francia frente a Alemania e Italia, Francia actuará. Si Inglaterra continúa mostrándose distante, Francia no podrá actuar. En ningún caso se encontrará en la posición de tener a la Unión Soviética como su único aliado. [...] Delbos expresó su opinión de que Mussolini consideraría esta nueva actitud de Inglaterra como una prueba de debilidad y que proseguiría sus actividades en el asunto espa-

73. Cita de su artículo periodístico «Hope in Spain», 23 de febrero de 1939, incluido en su libro *Step by Step*, p. 333.

ñol con mayor descaro que en el pasado. A juicio del ministro, los británicos quisieran ver a Franco triunfar siempre que pudieran asegurarse de que esa victoria no significaría una dominación fascista del Mediterráneo. Estaban tratando de obtener garantías suficientes de Mussolini y Franco para convencerse de que dicho triunfo no implicaría ningún peligro para su ruta imperial a través del Mediterráneo.[74]

Casi al mismo tiempo, el embajador norteamericano en la España republicana sintetizaba el resultado de esa política de la entente franco-británica con precisión: «Me da la impresión de que hace meses que se tomó la decisión de sacrificar la democracia en España en beneficio de la paz en Europa».[75]

4. EL EQUILIBRIO IMPOSIBLE: UNA VICTORIA EN ETAPAS
PARA UNA DERROTA A PLAZOS

La patente retracción anglo-francesa ante la ofensiva diplomática italo-germana del verano de 1937 no sólo asestó un golpe mortal a las posibilidades de existencia de un eficaz sistema de control de la No Intervención colectiva en la guerra española. Sirvió también de marco y contexto para un cambio decisivo en la suerte de las armas dentro de la propia España. En efecto, a lo largo del verano de 1937, el relativo equilibrio de fuerzas militares que se había logrado entre los dos bandos españoles a principios de año fue decantándose sin remisión en favor del general Franco y en contra de la República. La causa principal de ese proceso residiría en la firme reactivación del apoyo bélico de las potencias del Eje al bando nacionalista, en una medida y proporción que no pudo ser compensada por los envíos mi-

---

74. Carta del embajador norteamericano en París al presidente Roosevelt, 30 de julio de 1937. Recogida en O. H. Bullitt (ed.), *For the President. Personal and Secret. Correspondence Between Franklin D. Roosevelt and William C. Bullitt*, Boston, Houghton Mifflin Co., 1972, pp. 221-222.

75. Despacho de Claude G. Bowers desde San Juan de Luz, 20 de julio de 1937. FRUS, 1937, vol. 1, p. 364. El embajador publicó sus memorias bajo el título *My mission to Spain* (Nueva York, Simon and Schuster, 1954). Traducción española: *Misión en España*, México, Grijalbo, 1955.

litares soviéticos al bando republicano ni por el contrabando de armas de otras procedencias.[76]

En la segunda mitad de los años treinta, la Unión Soviética seguía embarcada en un proceso de industrialización autónomo que había desarticulado los precarios equilibrios de su sector agrario y había generado sucesivas hambrunas generalizadas entre la población. A pesar de su reputada capacidad para movilizar a más de un millón de hombres en armas, la URSS no era entonces una gran potencia militar consolidada. De hecho, su producción industrial bélica era insuficiente para garantizar la seguridad de su expuesta y dilatada frontera asiática y europea y apenas destacaba por su cantidad y calidad en el sector aeronáutico y tanquista (en detrimento de la escuálida flota de guerra y del arma de artillería e infantería). Además, el receloso control stalinista de las iniciativas del alto mando y la oficialidad profesional impedían la modernización de la estrategia militar y cosecharían una cruenta purga masiva que reduciría drásticamente las filas de jefes y oficiales del Ejército Rojo, con la consiguiente pérdida de operatividad y capacidad: entre mayo de 1937 y el otoño de 1938 fueron eliminados 75 de los 80 integrantes del Consejo Superior Militar (incluyendo al mariscal Tujachevski) y sufrieron ejecución o deportación en torno a 35.000 oficiales (el 90 por 100 de los generales y el 80 por 100 de los coroneles).[77]

Aparte de esas limitaciones internas insuperables, los envíos de remesas de material bélico soviético al territorio de la República tropezaban con varios obstáculos logísticos para alcanzar su destino. Ante todo, la extrema lejanía de los puntos de suministro obligaba a un largo y costoso transporte por mar con múltiples riesgos clima-

76. Véase en el apéndice I las estimaciones del historiador John Coverdale y del general Ramón Salas Larrázabal sobre el volumen total de la ayuda militar italiana y alemana a Franco. Para el caso soviético, cotéjese las tres estimaciones recogidas en el mismo apéndice. Sobre el crucial tema de la ayuda aérea, remitimos a los cálculos de Gerald Howson, considerados más fiables que los aportados por otros autores.

77. Sobre las dificultades militares de la URSS antes de la Segunda Guerra Mundial véanse: P. M. H. Bell, *The Origins of the Second World War in Europe*, pp. 197-199; P. Kennedy, *Auge y caída de las grandes potencias*, Barcelona, Plaza y Janés, 1989, pp. 401-409; y Briand Bond, *Guerra y sociedad en Europa, 1870-1970*, Madrid, Ministerio de Defensa, 1990, pp. 168-170

tológicos y bélicos. La travesía por el Mediterráneo desde las bases marítimas de Crimea se enfrentaba al peligro del bloqueo de la activa marina franquista con el apoyo abierto de la flota italiana a esa labor desde sus estratégicas bases en Sicilia y Cerdeña (por donde necesariamente habrían de pasar los mercantes). Por su parte, la travesía desde Murmansk (en el Ártico soviético) por el Atlántico (eludiendo el Mar del Norte y el Báltico para escapar a la vigilancia alemana) exigía desembarcar el material en algún puerto de Francia y esperar a la imprevisible decisión de sus gobernantes de autorizar o denegar el tránsito por su frontera pirenaica hacia la Cataluña republicana. En ambos casos, la incertidumbre y falta de regularidad en los envíos afectaron muy seriamente a la planificación militar republicana.

La cautelosa conducta soviética en España siempre había tenido muy presente esos insuperables obstáculos logísticos y diplomáticos. Por eso mismo, Stalin se había embarcado con mucha prudencia en su campaña de ayuda directa a la República sabiendo perfectamente que estaba fuera del alcance de la Unión Soviética asegurar una resistencia militar indefinida y, aún menos, hacer viable una victoria total de la República sobre el enemigo. La asistencia soviética habría de tener un carácter interino y supletorio a la espera de que las potencias democráticas comprendieran que la causa republicana era de interés propio y actuaran en consecuencia. Buena prueba de la pragmática reticencia de los estrategas soviéticos a desprenderse de su escaso material bélico por lejanos intereses españoles es el texto de la carta remitida a Stalin, ya el 2 de noviembre de 1936, por el mariscal Voroshilov, comisario de Defensa: «Le envío una lista de artículos (militares) que podemos vender a los españoles, aunque ello nos causa daño. [...] Lo más doloroso de todo es el material aeronáutico que enviamos. Pero dado que (los republicanos) no pueden prescindir de ello, debe ser enviado».[78] Significativamente, la carta finalizaba con una advertencia condicional sumamente reveladora: «Si Francia no actúa vergonzosamente, seremos capaces de hacer llegar todo el material bélico a su destino en el tiempo mínimo posible».

78. El texto completo de la carta se reproduce en G. Howson, *Arms for Spain*, p. 127 (edición española, p. 182).

En claro contraste con las dificultades soviéticas, las remesas de material bélico desde Italia y Alemania eran mucho más fáciles de importar en términos geográficos y pudieron ser más constantes y regulares, ajustándose mucho mejor a las demandas y necesidades logísticas previstas por el Cuartel General de Franco. Esta situación estratégica tan favorable fue la condición *sine qua non* para que el Caudillo, a partir de abril de 1937, descartara el asalto directo a Madrid en favor de una estrategia de masivas ofensivas de desgaste en frentes periféricos que tenían el objetivo de conquistar gradualmente el territorio enemigo mediante el sistemático quebrantamiento de la capacidad de resistencia de un ejército mal abastecido ante unas tropas mejor pertrechadas y equipadas. Y ello a pesar de que esa nueva estrategia de lenta guerra de agotamiento provocara evidente incomodidad en Roma y Berlín, más proclives a obtener una victoria rápida mediante la aplicación de tácticas de *blitzkrieg* y *guerra celere*. Al respecto, el propio Franco tendría que recordarle las razones políticas de su nueva estrategia a un preocupado teniente coronel Faldella:

En una guerra civil, es preferible una ocupación sistemática de territorio, acompañada por una limpieza necesaria, a una rápida derrota de los ejércitos enemigos que deje el país infestado de adversarios.[79]

El necesario complemento diplomático de esa estrategia militar que auguraba una lenta pero segura victoria a plazos era la imperiosa preservación del cuadro internacional de apoyos e inhibiciones existente. Para ganar su guerra localizada frente a un enemigo inferiormente dotado, el general Franco necesitaba el continuo desahucio de la República por parte de las potencias democráticas sin mengua de su propia capacidad para recibir ayuda italo-germana. De este modo lo reconocería un informe reservado de un alto funcionario diplomático franquista con posterioridad:

---

79. El interlocutor era ayudante de Roatta y reemplazaría a éste como jefe de las tropas italianas en España después de la debacle de Guadalajara. P. Preston, *Franco*, p. 278. Dos percepciones contrapuestas sobre el acierto de esa estrategia bélica en Carlos Blanco Escolá, *La incompetencia militar de Franco*, Madrid, Alianza, 2000; y Rafael Casas de la Vega, *Franco, militar*, Madrid, Fénix, 1995.

Así como el trabajo de los gobiernos europeos ha consistido en procurar que el llamado «problema español» no llegase en sus repercusiones internacionales a provocar una guerra europea, nuestra labor principal, y casi única, había de consistir también en localizar la guerra en territorio español, evitando a todo trance que sus derivaciones externas condujesen a una guerra internacional en la que poco podíamos ganar y mucho perder; y esta localización había que obtenerla, sin embargo, asegurando la ayuda franca de los países amigos en la medida de nuestra conveniencia, sin perjuicio de tender a toda costa a evitar la ayuda extranjera al enemigo o al menos reducirla al mínimo posible.[80]

El éxito de la ofensiva franquista sobre Vizcaya (Bilbao fue ocupado el 19 de junio de 1937) supuso un punto de inflexión en la correlación de fuerzas militares hasta entonces vigente, dado que conllevó la incorporación a la España de Franco de un área industrial y minera casi intacta y de suma importancia económica (además de eliminar la incómoda presencia como enemigo de un gobierno nacionalista vasco de confesión católica). El consecuente deterioro lento pero progresivo e inexorable de la situación militar republicana trató de ser contenido por el nuevo gobierno del doctor Negrín con una esforzada política de resistencia a ultranza que estaba simbolizada por su lema «Resistir es vencer» y que se manifestaba en varios órdenes concurrentes.[81] Como corolario a sus esfuerzos en el interior para eliminar vestigios revolucionarios y reforzar el poder estatal centralizado (con los consiguientes episodios de fricción con las autoridades autónomas catalanas), la política de resistencia negrinista conllevaba una estrategia bélica meramente defensiva cuya vertebración corrió a cargo del general Vicente Rojo, jefe del estado mayor del Ejército Republicano.[82] Asumiendo la superioridad material del enemigo y las dificulta-

---

80. Memorándum de Ginés Vidal, director de la sección de Europa del Ministerio de Asuntos Exteriores, 28 de enero de 1939. AMAE R834/31.

81 Un análisis de la política de Negrín en H. Graham, *Socialism and War. The Spanish Socialist Party in Power and Crisis, 1936-1939*, Cambridge, University Press, 1991; y «La movilización con vistas a la guerra total: la experiencia republicana», en P. Preston (ed.), *La República asediada*, cap. 7.

82. Véase su relato *España heroica: diez bocetos de la guerra española*, Barcelona, Ariel, 1975. Cfr. Carlos Blanco Escolá, *Franco y Rojo. Dos generales para dos Españas*, Barcelona, Labor, 1993.

des de abastecimiento, dicha estrategia bélica trataba de conjurar la lenta derrota final mediante una serie de inesperadas ofensivas de distracción en frentes secundarios encaminadas a aliviar la continua presión del avance franquista en el frente principal de sus ataques. En consecuencia, la campaña franquista sobre Santander se vio ligeramente retardada por una maniobra de diversión por sorpresa en el frente madrileño (Batalla de Brunete, julio de 1937); la posterior ofensiva sobre Asturias trató de ser contenida con una operación análoga en el tranquilo frente de Aragón (Batalla de Belchite, agosto-septiembre de 1937); y la prevista ofensiva directa franquista sobre Madrid tras la eliminación de la bolsa norteña sería atajada por el inesperado y victorioso ataque republicano sobre Teruel (diciembre de 1937).

La política de resistencia de Negrín tenía una última y crucial faceta en el plano diplomático e internacional, donde radicaba su verdadera razón de ser. Consciente de que la ayuda militar soviética era sólo «la tabla del náufrago» que posibilitaba la supervivencia y evitaba la inminente derrota total, sus denodados esfuerzos se dirigieron a conseguir el apoyo directo de las grandes democracias occidentales y a terminar con una política de No Intervención sólo aplicada en realidad contra la República y sumamente lesiva para su esfuerzo de guerra. Bajo estas premisas, la estrategia de resistencia se vertebraba sobre dos expectativas de horizonte alternativas. En el mejor de los casos, la República tenía que resistir el avance enemigo hasta que estallase en Europa el (juzgado inevitable) conflicto entre las potencias del Eje y la entente franco-británica, obligando entonces a ésta a asumir como propia la causa republicana y a prestarle su apoyo vital hasta entonces negado. En el peor de los casos, si ese conflicto no llegaba a estallar, había que resistir para conservar una posición de fuerza disuasoria que pudiera arrancar al enemigo las mejores condiciones posibles en la negociación de la capitulación y rendición (básicamente, garantías contra represalias masivas e indiscriminadas). Una confesión privada de Negrín a un íntimo colaborador en septiembre de 1937 permite clarificar esa doble perspectiva de futuro implícita en su estrategia política:

Alemania, Italia y Portugal seguirán ayudando descaradamente a Franco y la República durará lo que quieran los rusos que duremos, ya que del armamento que ellos nos mandan depende nuestra defensa. Únicamente si el encuentro inevitable de Alemania con Rusia y las potencias occidentales se produjese ahora, tendríamos posibilidades de vencer. Si esto no ocurre, sólo nos queda luchar para poder conseguir una paz honrosa.[83]

En ambos casos hipotéticos, la estrategia política negrinista implicaba dos exigencias sustanciales y correlativas. En el plano exterior, exigía conservar intacto el único y vital apoyo diplomático y militar disponible: el que prestaba la Unión Soviética. En el plano interno, imponía la colaboración con el Partido Comunista como uno de los principales pilares políticos de la República por su reforzada implantación popular y su demostrada capacidad organizativa (en abierto contraste con la persistente división socialista, el desconcierto anarquista y el letargo de los partidos republicanos burgueses). Sería en este orden interno donde iba a gestarse muy pronto una fuerte oposición a Negrín por parte de un amplio frente de republicanos, socialistas, anarquistas y catalanistas que veía con fuerte prevención el sectario proselitismo comunista y su pretensión de lograr la hegemonía en el Ejército y las fuerzas de seguridad (demostrada por su complicidad en el secuestro y asesinato de Andrés Nin, líder del POUM, a manos de los servicios secretos soviéticos en junio de 1937). De hecho, la agresividad política del PCE (inducida por el efecto de las purgas stalinianas) acabaría por arruinar su propia meta de defender a la República democrática por medio de un esfuerzo unitario de todos sus partidarios y defensores.[84]

En todo caso, al margen de esos crecientes problemas internos que iban a verse agravados por la adversa evolución de la situación militar y por el consecuente deterioro de las condiciones de vida materiales de la población civil, los denodados esfuerzos de Negrín para lograr el apoyo de las democracias resultaron infructuosos porque tanto Gran Bretaña como Francia continuaron manteniendo la fachada de la No Intervención como mecanismo óptimo para

83. Confidencia de Negrín a su correligionario y amigo Juan Simeón Vidarte, subsecretario del Ministerio de Gobernación. Recogida en el libro de memorias de éste: *Todos fuimos culpables*, México, Fondo de Cultura Económica, 1973, pp. 764-765.

84. Sobre la estrategia del PCE y el «caso Nin», véase A. Elorza y M. Bizcarrondo, *Queridos camaradas*, caps. 8 y 9.

confinar el conflicto español, evitar su conversión en una guerra europea y marginar sus efectos negativos sobre la política de apaciguamiento. Además, en el caso británico, los responsables políticos y diplomáticos seguían considerando que el apoyo italo-germano no tendría efectos negativos duraderos sobre un hipotético régimen franquista victorioso: «Desde el principio, nos inclinamos a descartar la permanencia de cualquier influencia italiana o alemana en España. Franco ha tenido que apoyarse en esas dos potencias porque no recibió ayuda de ninguna otra procedencia».[85] Y, por si esto fuera poco, seguían confiando en los dos resortes esenciales disponibles para mitigar cualquier inquietud sobre la futura conducta de dicho régimen: el poder de atracción de la libra esterlina y el poder de disuasión de la flota británica. En palabras reveladoras de lord Cranborne en un memorándum interno fechado el 21 de julio de 1937:

Creo que tenemos demasiada tendencia a suponer que el general Franco debe ser considerado un peligro inevitable para nosotros. Si por ahora es hostil, ello se debe en gran medida a la conjunción actual de circunstancias. [...] Pero existen otras consideraciones más perdurables que deben inclinarle, a largo plazo, en favor de la amistad con Inglaterra. Ahí está el hecho de que nosotros no queremos nada de él; que no pretendemos aprovecharnos de su grave situación para arrancar concesiones incómodas. Ahí está el hecho de que somos el país más rico de Europa y de que, además, en el pasado hemos desempeñado el papel principal en la financiación del desarrollo de España. Ahí está el hecho de que poseemos la mayor flota del mundo, bien dispuesta para bloquearle o, en su caso, para ayudarle a proteger sus costas. Finalmente, ahí está el hecho de nuestra antigua amistad con Portugal. Todas estas consideraciones tiene que obrar constantemente en su mente. Sabemos que no aprecia a sus aliados italianos y que probablemente no está demasiado entusiasmado con Alemania. Una España de Franco no significa necesariamente una desventaja para el Imperio Británico.[86]

85. La cita procede de una minuta firmada por sir George Mounsey el 3 de abril de 1937. FO 371/21288 W6244.   86. FO 371/21298 W14857.

5. LA MARGINALIZACIÓN DEFINITIVA DEL CONFLICTO ESPAÑOL: NYON Y SUS CONSECUENCIAS

La pasividad expectante del gobierno británico en España no tardaría en ser puesta a prueba, nuevamente, por los avatares militares de la guerra como resultado de la estrategia de agotamiento practicada por Franco. Con el propósito de estrangular todos los suministros bélicos y alimenticios que posibilitaban la resistencia de la República, en agosto de 1937 Franco se dispuso a cortar su vía principal de abastecimiento (aparte del pequeño contrabando en la frontera franco-catalana): el tráfico marítimo por el Mediterráneo a través del cual llegaba la mayor parte del crucial armamento soviético. Consciente de la incapacidad de sus escasas fuerzas navales para acometer dicha empresa, el 3 de agosto solicitó a Mussolini la intervención urgente de la flota italiana «para detener los transportes (soviéticos) mientras pasan por el Estrecho al sur de Italia y para bloquear su llegada a España». El Duce, decidido a promover la victoria franquista siempre que no desencadenara una guerra para la que Italia no estaba preparada, aceptó la petición y ordenó secretamente un inmenso despliegue de su flota de destructores y submarinos por todo el Mediterráneo, desde el Estrecho de Gibraltar hasta los Dardanelos. Paralelamente, la aviación italiana en Mallorca (compuesta por 40 bombarderos, 30 cazas y 500 hombres, según el servicio secreto británico) recibió órdenes de intensificar sus ataques aéreos sobre el tráfico mercante dirigido a los puertos republicanos. Como resultado de ambas decisiones, entre el 6 de agosto y el 2 de septiembre de 1937 fueron atacados y en muchos casos hundidos, de forma anónima y sin previo aviso, 30 buques mercantes de diversa nacionalidad (11 británicos, 6 republicanos, 3 rusos, 3 franceses, etc.) en puntos tan distantes de aguas españolas como el mar Egeo y la costa argelina.[87] El objetivo franquista

87. La petición de Franco y asentimiento de Mussolini se recogen en varios telegramas de Berlín a su embajador en Roma, 4, 5 y 13 de agosto de 1937. DGFP, núms. 407, 408 y 409. Las cifras de la aviación italiana en Mallorca proceden de un informe del Ministerio del Aire británico, 17 de septiembre de 1937. Archivo del Air Ministry, serie 40 (Directorate of Intelligence), legajo 1487: AIR 40/1487. Cfr. J.

quedó logrado: a partir de agosto de 1937, los soviéticos interrumpieron sus envíos de armas a través del Mediterráneo y comenzaron a utilizar en exclusiva la ruta desde Murmansk por el Atlántico hasta los puertos de Francia.[88]

Sin embargo, la intensidad y extensión geográfica de los ataques de submarinos eufemísticamente llamados «piratas» (puesto que ocultaban su nacionalidad y desaparecían tras el ataque) provocó enorme alarma en los círculos gubernamentales británicos y franceses, ya suficientemente preocupados por el estancamiento de las deliberaciones del Comité de No Intervención. No en vano, la actividad de la flota italiana significaba una expansión intolerable del teatro de operaciones bélicas que amenazaba la libre navegación en el Mediterráneo y desafiaba la vital hegemonía naval anglo-francesa en el área. Además, desde principios de agosto, el Almirantazgo había logrado descodificar la cifra de la flota italiana y conocía de primera mano la existencia de órdenes expresas para atacar a los mercantes británicos que comerciaban con la República. Agravando la tensa situación, el 27 de agosto Mussolini admitió públicamente su intervención militar en España mediante un telegrama dirigido a Franco en el que le felicitaba por su conquista de Santander y se congratulaba de que «las tropas legionarias italianas hayan hecho una valiente contribución a la espléndida victoria». En gran medida, esa acción era la revancha pública por la derrota de Guadalajara. Pero, en combinación con los ataques aéreos y submarinos y con el boicot en el Comité de No Intervención, reflejaba también la creciente orientación antidemocrática de la política exterior fascista y la confirmación de su compromiso firme con Alemania y el bando franquista.[89]

La iniciativa para frenar la escalada intervencionista italiana correspondió al gobierno francés, muy preocupado por los efectos de la misma sobre su posición política y militar en el Mediterráneo. El 29

---

88. G. Howson, *Armas para España*, pp. 188-193 y apéndice 3.

89. J. Coverdale, *op. cit.*, pp. 279-282. Véanse las reflexiones de Ciano el 25 y 26 de agosto en su *Ciano's Hidden Diary, 1937-1938*, Nueva York, Dutton, 1953, pp. 4 y 5.

Coverdale, *La intervención fascista*, pp. 276-284; M. Alpert, *La guerra civil española en el mar*, cap. 14; y Peter Gretton, *El factor olvidado. La marina británica y la guerra civil*, Madrid, San Martín, 1984, pp. 307-318.

de agosto, Delbos propuso a Eden la convocatoria urgente de una conferencia de «potencias mediterráneas y posiblemente ribereñas del Mar Negro» que estudiara las medidas necesarias para proteger el libre tráfico mercante y aéreo por el Mediterráneo. Apenas presentada la propuesta, un incidente naval ocurrido el día 31 agudizó aún más la tensión internacional: el destructor británico Havock fue atacado por un submarino «pirata» en las cercanías de Baleares y, aun cuando no resultó alcanzado por los torpedos, respondió al ataque con cargas de profundidad sin resultados. Ese salto cualitativo en la actuación italiana (del ataque a mercantes al ataque a buques de guerra) influyó decisivamente en la decisión del gabinete británico de sumarse a la convocatoria de la conferencia para poner freno al deterioro de la situación y para fijar públicamente los límites de la tolerancia británica hacia la ayuda italiana a Franco.[90]

A tenor de esa decisión, Eden tomó a su cargo la tarea de preparar la conferencia en colaboración con su homólogo francés. Reflejando la irritación de París por los ataques, Delbos propuso excluir de las invitaciones al gobierno italiano e invitar a la República y a la Unión Soviética, en virtud de los daños causados por la «piratería» a su flota mercante. Sin embargo, tomando en cuenta los deseos de su gobierno, el ministro británico se negó a que la conferencia diera la impresión de ser una combinación antiitaliana y antifranquista de las democracias y la URSS. Por eso vetó la presencia de la República, impuso la invitación a Italia, y exigió que, a cambio de la asistencia soviética, Alemania fuera también invitada a participar en la conferencia. Finalmente, el 6 de septiembre de 1937 se llegó al acuerdo de enviar invitaciones urgentes a todos los países mediterráneos con excepción de España (Italia, Yugoslavia, Albania, Grecia, Turquía y Egipto), a los del Mar Negro (URSS, Rumania y Bulgaria) y a Alemania.[91] El lugar y fecha previsto para la apertura de la conferencia era el 10 de septiembre en la pequeña ciudad suiza de Nyon, en las

90. DBFP, XIX, núms. 108, 110 y 114. Memorándum *The British Navy and the Spanish Civil War*, marzo de 1938, p. 22. Archivo del Almirantazgo (ADM), serie 116, legajo 3677: ADM 116/3677. *Ciano's Hidden Diary*, pp. 78. M. Alpert, *op. cit.*, p. 287.

91. DBFP, XIX, núms. 120, 123, 133 y 146. A. J. Toynbee, *Survey of International Affairs*, pp. 344-352.

proximidades (pero fuera) de la sede ginebrina de la Sociedad de Naciones.

En vista de la sorprendente celeridad y firmeza de la iniciativa franco-británica, Mussolini comprendió que estaba rozando el abismo y decidió poner término a la ofensiva naval el 4 de septiembre. Cinco días después, en un intento último para evitar la celebración de la conferencia, rechazó participar tomando como pretexto la denuncia hecha por la URSS de la responsabilidad italiana en los ataques. Como alternativa sugirió que los «ataques de submarinos piratas» fueran examinados en el Comité de No Intervención. Berlín se sumó de inmediato a esa propuesta diversiva. Sin embargo, Francia y Gran Bretaña se mantuvieron firmes y, aun lamentando el rechazo italogermano, siguieron adelante con los preparativos de la conferencia. No en vano, eran plenamente conscientes de la inutilidad del Comité para lograr un resultado efectivo y no estaban dispuestos a que un tema tan grave como la seguridad del tráfico marítimo mediterráneo quedara diluido en la maraña de discusiones bizantinas habituales en el organismo londinense. De hecho, tanto Eden como Delbos hicieron saber reiteradamente a Roma y Berlín que consideraban el asunto de la piratería como algo muy distinto al problema español y cuya gravedad exigía un solución rápida y total.[92]

En esas condiciones, con la ausencia italiana, germana y de Albania (virtual protectorado italiano), el 10 de septiembre comenzó en Nyon la conferencia destinada a arbitrar medidas para acabar con los «actos de piratería» marítima y proteger el libre tráfico mercante por el Mediterráneo. Los representantes de los nueve gobiernos partícipes apenas tardaron cuatro días en aprobar un amplio acuerdo al respecto.[93] Como primera actuación, se resolvió que las flotas de los respectivos gobiernos contraatacarían y destruirían sin previo aviso a todo submarino «pirata» (eufemismo para evitar mencionar su nacionalidad) que actuara en cualquier parte del Mediterráneo. En segundo

---

92. DBFP, XIX, núms. 147 y 148. DGFP, núm. 417. *Ciano's Hidden Diary*, pp. 9-11.

93. Las deliberaciones y conclusiones de la conferencia en DBFP, XIX, núms. 154, 156 y 167. También en DDF, VI, núms. 423, 439 y 447. M. Alpert, *La guerra civil española en el mar*, pp. 288-289.

término, se fijaron una serie de rutas y derrotas marítimas entre los principales puertos cuya seguridad sería vigilada por patrullas navales establecidas al efecto. En el Mediterráneo occidental, desde el Estrecho de Gibraltar al de Malta, serían las flotas británica y francesa las encargadas de patrullar conjuntamente. En el Mediterráneo oriental, cada país vigilaría sus aguas jurisdiccionales y prestaría apoyo logístico a las flotas británica y francesa que se encargarían de patrullar las aguas internacionales. A fin de dejar la puerta abierta a una posterior incorporación italiana, el acuerdo estipulaba que el mar Tirreno y el mar Adriático «podrían ser objeto de un arreglo especial».

La conclusión del Acuerdo de Nyon, firmado el 14 de septiembre de 1937, significó un triunfo indudable de la política de firmeza franco-británica y una derrota diplomática para Italia. No en vano, en un plazo de tiempo mínimo, se había logrado el concurso de todas las potencias mediterráneas, incluida la URSS, en una operación destinada a frenar radicalmente la actividad naval fascista en el área. Además, se había estimulado enormemente la cooperación naval franco-británica y la colaboración política y militar de ambas potencias con el resto de los países mediterráneos. De hecho, el gran esfuerzo exigido por el Acuerdo a las flotas británica y francesa implicó la suspensión definitiva de las residuales patrullas que realizaban en la costa española según el plan de control de No Intervención. En cualquier caso, el Acuerdo de Nyon daba a entender claramente que había límites precisos a la tolerancia de la ayuda militar fascista a Franco y que éstos no debían ser franqueados so pena de graves riesgos. Mussolini, a regañadientes, había captado el aislamiento de Italia aun antes de la apertura de la conferencia y había ordenado la paralización de los ataques. La entrada en vigor de las patrullas de Nyon el 20 de septiembre sólo refrendó esa parálisis: desde entonces no se registraron más ataques en alta mar contra el tráfico mercante internacional y las operaciones navales y aéreas quedaron restringidas a las costas y aguas españolas. A fin de paliar en lo posible la derrota sufrida, el Duce aceptó negociar la oferta transmitida por los embajadores británico y francés para que Italia se incorporara a las patrullas en el Tirreno y Adriático. Su única condición fue que dicha incorporación se realizara en condiciones de «absoluta igualdad» con las otras potencias, lo que Francia y Gran Bretaña admitieron para no humillar al régimen fascista y reducir su aislamiento diplomático.

El triunfo diplomático alcanzado en la conferencia de Nyon animó al gobierno francés a emprender una nueva tentativa para poner freno a la intervención italiana en España. El 21 de septiembre, Delbos propuso a Eden una gestión conjunta en Roma para exigir el cese de los continuos envíos de hombres y material y para demandar la cooperación italiana en la puesta en marcha del plan de retirada de combatientes extranjeros del Comité de No Intervención. Las autoridades francesas consideraban urgente esa actuación porque estaban convencidas de que la ayuda fascista a Franco no respondía sólo a motivos ideológicos anticomunistas ni a meras razones de prestigio, sino a la pretensión de sacar ventajas político-estratégicas, quizá asegurándose un aliado y el uso futuro de bases en España. Por tanto, deseaban acabar con esa situación o, de lo contrario, «la frontera francesa (con la República) tendría que volver a abrirse inevitablemente». Al día siguiente de hacer su propuesta, Delbos informó a Eden que el Duce le había transmitido la promesa de retirar los soldados italianos de España y las Baleares «una vez que la guerra civil hubiera terminado». El gobierno francés quería aprovechar esa iniciativa para llevar a cabo la gestión conjunta y pedía la colaboración británica para invitar a Roma a participar en «conversaciones tripartitas relativas a la retirada de voluntarios y el cese de la intervención en España».[94]

En realidad, la promesa de Mussolini no hacía más que reiterar sus garantías previas y estaba destinada a aplacar la alarma francesa en un momento crucial de la política exterior fascista. No en vano, del 25 al 29 de septiembre de 1937, el Duce visitaría Alemania para sellar con Hitler definitivamente el pacto del Eje. Desde entonces, Roma abandonaría «cualquier intento genuino de practicar la tradicional política italiana de equidistancia» (entre Alemania y la entente franco-británica) en beneficio de una alianza diplomático-militar hostil a las potencias democráticas. El precio recíproco de la misma sería el apoyo italiano a la dominación alemana en Europa central (que implicaba la entrega de Austria) y el apoyo germano a la hegemonía italiana en el Mediterráneo. La adhesión al Pacto AntiComintern germano-nipón (6 de noviembre) y el abandono de la Sociedad de Naciones (11 de diciembre)

---

94. DDF, VI, pp. 837-841. DBFP, XIX, núms. 188, 189 y 192. M. Thomas, *Britain, France and Appeasement*, pp. 217-218.

oficializarían ese cambio de rumbo de la diplomacia fascista. A pesar de ello, Roma no abandonaría la búsqueda aparente de una *détente* con Gran Bretaña porque reportaba ventajas sustanciales: incrementaba su valor ante Berlín; permitía aislar a Francia; aseguraba la impunidad de la intervención en España; y daba tiempo para reforzar la potencia militar fascista. Por eso mismo, a principios de octubre, Ciano había desestimado un incremento masivo de la ayuda a Franco para no excitar peligrosamente las inquietudes franco-británicas:

Larga conversación con Pariani [Jefe del Estado Mayor de Tierra] sobre la situación en España. Querría enviar tropas alpinas para forzar un ataque rápido sobre Valencia. ¿Pero cómo reaccionarían Francia y Gran Bretaña? ¿Es aconsejable embarcarse en una acción que puede conducir a un conflicto? Contesté que no. Primero, porque Alemania no está preparada. En tres años lo estará. Segundo, porque nosotros carecemos de materias primas y de municiones.[95]

El gabinete británico examinó el 29 de septiembre la propuesta francesa de emprender una gestión conjunta ante Roma. El debate reveló nuevamente la distinta percepción que Eden y la mayoría de sus colegas tenían sobre las implicaciones del «problema español» y el consecuente perfil de la política británica. El secretario del Foreign Office comenzó haciendo suyas las sospechas francesas sobre las intenciones político-estratégicas de Mussolini y expuso su convicción de que era preferible la prolongación de la guerra para desgastar a las potencias del Eje y favorecer la mediación. Además, consideraba que esa gestión era la única alternativa a «la apertura de la frontera francesa» y su éxito permitiría comprobar el significado de la visita de Mussolini a Hitler: si habían concluido «un pacto por el cual Alemania obtiene vía libre en Austria a cambio de apoyar a Italia en el Mediterráneo, era dudoso que las conversaciones sirvieran para nada». Sin embargo, la mayoría de los ministros secundaron la opinión de Chamberlain, que sólo aceptaba con reservas la propuesta para evitar el mal mayor de la

---

95. *Ciano's Hidden Diary*, p. 18. La cita previa en M. Knox, *Mussolini Unleashed, 1939-1940*, Cambridge, University Press, 1986, p. 35. Cfr. Steven Morewood, «Anglo-Italian Rivalry in the Mediterranean and Middle East, 1935-1940», en R. Boyce y E. Robertson (comps.), *Paths to War*, pp. 167-198; R. de Felice, *Mussolini*, pp. 414-415; y G. L. Weinberg, *The Foreign Policy of Hitler's Germany*, vol. 2, cap. 9.

apertura de la frontera francesa y enfatizaba que dicha gestión en ningún caso debía retrasar el inmediato inicio de conversaciones bilaterales anglo-italianas. El primer ministro reconocía que si en Berlín se hubiera firmado el pacto apuntado por Eden tales conversaciones serían inútiles, pero, en caso contrario, «él veía la posibilidad de entablar conversaciones amistosas y *esto era tan importante para la paz que merecía la pena correr algunos riesgos* [por ejemplo, en España]». Una intervención final de lord Halifax, cada vez más identificado con el primer ministro en política exterior, fijó las bases de lo que habría de ser la posterior conducta británica en el asunto español:

Nuestro primer esfuerzo debería ser para intentar que Mussolini retirase los voluntarios italianos. Era improbable que accediese a ello. Entonces deberíamos persuadirle para que no enviara más voluntarios y para que reafirmase las garantías que ya había dado respecto a sus objetivos últimos. En síntesis, deberíamos intentar lograr todo lo posible en el segundo punto, con vistas a tranquilizar a Francia.[96]

A tono con esa decisión, el 2 de octubre una nota oficial franco-británica invitaba al gobierno italiano a participar en conversaciones tripartitas para arbitrar medidas que hicieran más efectiva la política de No Intervención. Apenas hecha la invitación, Delbos informó a Eden que el gobierno francés consideraba tres posibles actitudes dependiendo de la respuesta italiana. Si ésta rechazaba las conversaciones tripartitas en favor de las negociaciones en el Comité de No Intervención, se aceptaría siempre que hubiera «algún indicio de buena fe» para evitar «discusiones interminables que no llevaban a ninguna parte». Si la respuesta era «una negativa tajante», se abriría la frontera «para el tránsito de armas» a la República. Por último, se consideraría una «ocupación preventiva» de la isla republicana de Menorca a modo de reaseguro y para evitar que cayera en manos italianas, dada su importancia estratégica para las comunicaciones de Francia y el norte de África.[97] Consciente del sentir del gabinete, Eden tuvo buen

96. CAB 23/89. La cursiva es mía.
97. DDF, VI, núms. 465, 475 y 482. DDF, VII, núm. 34. DBFP, XIX, núms. 216, 220 y 233.

cuidado en responder a Delbos que las dos últimas medidas no tenían ninguna posibilidad de ser apoyadas por Gran Bretaña.

En esas circunstancias, el 9 de octubre Italia respondió a la nota franco-británica después de consultar con su aliado germano y convencida de que, a pesar de la inquietud francesa, «los británicos siempre han indicado su deseo de un arreglo amistoso». En esencia, el gobierno fascista rechazaba las conversaciones tripartitas, reiteraba sus garantías sobre España, recomendaba la utilización del Comité para discutir el asunto español y anunciaba que no tomaría parte en ninguna negociación a la que no hubiera sido invitado el gobierno alemán. La calculada dureza de la respuesta italiana se fundamentaba en su seguridad de que Francia no actuaría decidamente en el asunto español sin el concurso británico y que éste nunca sería otorgado mientras se mantuvieran las condiciones existentes. Como recordaría a Berlín el embajador alemán en París, las preferencias españolas del gobierno francés y del británico diferían radicalmente: «el primero no desea una victoria blanca, mientras que el segundo cada vez quiere menos una victoria roja». Por eso podía descontarse una reacción unilateral francesa peligrosa: «la apertura de la frontera hoy provocaría no sólo dificultades políticas internas sino también dificultades con Inglaterra».[98]

La reacción italiana colocó a Francia y Gran Bretaña ante un dilema crucial e insoslayable de cuya resolución dependería en adelante el perfil de su política española: o bien se plegaban a las pretensiones italianas, remitían la consideración del tema al Comité y asumían tácitamente la continuidad de la ayuda nazi-fascista a Franco; o bien hacían frente resolutivamente al desafío y actuaban para contrarrestar o detener esa intervención. El 12 de octubre, Delbos formuló a Eden claramente este dilema: «la cuestión era si íbamos a seguir dejando que el gobierno italiano abusara indefinidamente del Acuerdo de No Intervención o si íbamos a intentar poner término a esa situación». El gobierno francés favorecía la segunda opción y, aunque no descartaba «volver al Comité», deseaba la inexcusable aprobación británica para autorizar «temporalmente el tránsito de armas al gobierno español» y actuar de modo preventivo en Menorca.[99] Pero el gobierno británi-

98. DGFP, núms. 434 y 437. DBFP, XIX, núm. 237.
99. DDF, VII, núm. 55. DBFP, XIX, núm. 240.

co desestimó prestar esa aprobación en su reunión del 13 de octubre. Contra el parecer de Eden, todos los ministros coincidieron en señalar que «la política francesa difería radicalmente de nuestra propia política» y que era preciso «refrenar a los franceses» porque su acción contradecía los postulados de la política de apaciguamiento: «había habido intervención de Rusia e incluso de Francia, además de la de Italia» y «el objetivo (francés) era acercar a Rusia y Gran Bretaña» e implicaba «decir que el general Franco no debe triunfar». En consecuencia, Chamberlain fijó las líneas prioritarias de la actuación británica: evitar que el problema español interfiriera en las relaciones anglo-italianas y arruinara las expectativas de la política de apaciguamiento. Por tanto, se presionaría a Francia «para que no persistiera en su intención» y se aceptaría la remisión del asunto al Comité de No Intervención con todas sus consecuencias dilatorias e inhibitorias:

El momento actual podría ser de importancia crítica para Europa y el futuro del Mediterráneo bien pudiera depender del modo como se actuara. *Posiblemente nosotros teníamos la posición clave en el asunto porque el gobierno francés, aunque ahora estuviera bajo la influencia del pánico, indudablemente atribuía una gran importancia al mantenimiento de buenas relaciones con nosotros.* El creía, por tanto, que haría bastantes concesiones a fin de acomodarse a nuestro punto de vista. [...]. Todo lo que él proponía era que se dijera (a Francia) que nosotros nos reservábamos la libertad de acción. No podíamos ir tan lejos como para decir que no aprobábamos la apertura de la frontera en caso de fracaso (en las deliberaciones del Comité), aunque quizá posteriormente tuviéramos que hacerles ver que esa acción sólo empeoraría las cosas incluso para los intereses franceses.[100]

La decisión del gobierno británico supuso el final de la política de firmeza francesa y eliminó en la práctica cualquier posibilidad de lograr una retirada italo-germana de España mientras durase la guerra. No en vano, como había señalado en su diario el secretario privado de Eden: «Aceptar la vuelta al Comité de No Intervención significa la

---

100.   CAB 23/89. Son significativas las reflexiones de Chamberlain respecto a la intervención italo-germana: «La verdad era que el gobierno italiano deseaba la victoria del general Franco pero que no quería complicarse más de lo necesario» y «que los alemanes no querían hacer en España más de lo necesario para preservar el Eje».

dilación inútil mientras Mussolini envía más ayuda a Franco». A falta del vital apoyo británico, el frágil gobierno de coalición francés carecía de fuerza para decidir una apertura oficial de la frontera que acentuaría la división interna del país y su aislamiento diplomático en una coyuntura internacional crítica. Tampoco asumió los riesgos de una operación preventiva en Menorca, contentándose con la sugerencia británica de realizar «frecuentes visitas de los buques franceses y británicos» a la isla para vigilar la situación. El único cambio de su política española consistió en el aumento *de facto* de las facilidades para el tránsito de material de guerra soviético a la República y en la decisión formal de enviar a Barcelona (capital republicana desde fines de 1937) un nuevo embajador, Eirik Labonne, en sustitución de Jean Herbette (que había permanecido en Hendaya hasta entonces). Por lo demás, el 14 de octubre se sumó a la iniciativa británica de invitar al gobierno italiano a una reunión del subcomité presidencial de No Intervención para volver a examinar el problema español y sus posibles soluciones.[101]

La retirada diplomática franco-británica fue recibida con alborozo en Roma y Berlín y confirmó sus juicios sobre la debilidad de las potencias democráticas. Ciano anotó en su diario que esa actuación «era suficiente para que uno especulara sobre la decadencia de los pueblos francés y británico». De todos modos, también anotó que era necesario ser prudentes y «hacer algunas concesiones» a Londres. En consecuencia, pese a estimar que «la retirada de voluntarios haría peligrar la posición nacionalista», ordenó a Grandi que se mostrara favorable a debatir el plan para su retirada en la próxima reunión del subcomité de No Intervención. Berlín aconsejó igualmente a su representante que «adoptara una línea positiva» en el tema.[102] No en vano, las expectativas militares en España permitían confiar en que dicha actitud no tuviera transcendencia práctica. Con la ocupación de Asturias, Franco había liquidado prácticamente el frente norteño a mediados de octubre de 1937 y planeaba concentrar todas sus fuerzas para un

---

101. FO 371/21347 W19542 y W19656. FO 371/21391 W19126. *The Diplomatic Diaries of Oliver Harvey*, p. 50 (apunte del 10 de octubre). DBFP, XIX, núm. 247. J. Avilés, *Pasión y farsa*, pp. 112-114 y 118-119.

102. *Ciano's Hidden Diary*, pp. 17 y 20-21. DGFP, núms. 438 y 439.

ataque masivo y definitivo sobre Madrid antes de fin de año. Además, había comunicado a Mussolini y a Hitler su disposición a prescindir de un pequeño y simbólico número de combatientes para relajar la tensión internacional siempre que no afectara al grueso de la ayuda italo-germana:

La retirada de voluntarios debe ser parcial y limitada solamente a las fuerzas de infantería, sin armamento y con exclusión de las fuerzas de artillería, de los carros de combate, servicio de Ingenieros y especialmente de la aviación.[103]

En esas condiciones, por iniciativa franco-británica y con el compromiso de colaboración italo-germana, el 16 de octubre de 1937 volvió a reunirse el subcomité presidencial después de casi dos meses de inactividad. Entre esa fecha y el 2 de noviembre, a lo largo de siete reuniones (cuatro presididas por Eden), reanudó el examen del plan británico del mes de julio y consiguió un precario acuerdo general sobre su posible ejecución: la retirada «sustancial» de voluntarios precedería al reconocimiento de beligerancia y poco antes de su comienzo sería restaurado el control fronterizo y marítimo; el Comité solicitaría el concurso de los dos bandos españoles para el envío de las comisiones internacionales que habrían de investigar el número de voluntarios extranjeros y arbitrar las medidas prácticas necesarias para su retirada; y el Comité tendría autoridad para aceptar o modificar el informe de las comisiones y determinar otras cuestiones relativas a la ejecución del plan (número «sustancial» de voluntarios retirados, retirada sobre bases proporcionales o equitativas, momento de concesión de los derechos de beligerancia y alcance de éstos, etc.). Por fin, el 4 de noviembre dicho acuerdo fue sancionado por una sesión plenaria del Comité, tras cuatro meses de letargo.[104] En realidad, pese a la apariencia de acuerdo general, se habían eludido los temas más conflictivos y se mantenía la voluntad dilatoria italo-germana. Así lo

---

103. Nota del gabinete diplomático de Franco a los embajadores italiano y alemán en Burgos, 19 de octubre de 1937. AMAE R1038/1.
104. Actas del subcomité, 16, 19, 20, 22, 26 y 29 de octubre, 2 de noviembre de 1937. FO 849/27. Acta del comité, 4 de noviembre de 1937. FO 849/1.

confirmaba Berlín en sus instrucciones al representante alemán el 25 de octubre:

No queremos que fracase en el futuro próximo la política de no-intervención tal y como se practica en el Comité de Londres. Tampoco deseamos provocar a Gran Bretaña ni especialmente a Francia para comprobar cómo reaccionarían en caso de fracaso de esta política. Por el contrario, ganar más tiempo favorecería probablemente la fortuna militar de Franco y crearía una situación nueva que también sería ventajosa para nosotros en el Comité de No Intervención.[105]

La actitud conciliadora italo-germana en el Comité satisfizo cumplidamente los deseos de las autoridades británicas y eliminó toda posibilidad de apoyo a la política de firmeza predicada por Francia. El 20 de octubre, el gabinete refrendó su decisión de «continuar haciendo todo lo posible para mantener la política de No Intervención» y de rechazar «la propuesta del gobierno francés de que, en caso de fracaso de la política de No Intervención, debamos suministrar armas a España». Ante esa posición, los gobernantes franceses se plegaron a la evidencia y abandonaron toda tentativa real de cambiar la política española de Gran Bretaña. Así quedó demostrado durante las conversaciones que Chautemps y Delbos mantuvieron con Chamberlain y Eden a finales de noviembre de 1937 en Londres.[106] No en vano, a medida que crecía la inquietud francesa sobre las intenciones alemanas respecto a Austria y Checoslovaquia, más importancia adquiría el vital apoyo británico.

Conjurado el riesgo de que España desencadenara una crisis internacional gracias a la cautela italo-germana y a la retirada francesa, las autoridades británicas pusieron en marcha dos iniciativas paralelas para completar la marginalización del conflicto español y favorecer su política de apaciguamiento en Europa. En primer lugar, procedieron a un intercambio de agentes oficiales con la España de Franco para mejorar las relaciones con el potencial bando vencedor. En segundo

105. DGFP, núm. 456.
106. DDF, VII, núm. 287. Acta del gabinete, 20 de octubre de 1937. CAB 23/89. Acta de las conversaciones anglo-francesas, 29 y 30 de noviembre de 1937. DBFP, XIX, núms. 354 y 358.

orden, reemprendieron las negociaciones con Roma con el objetivo de restaurar la perdida armonía política y diplomática anglo-italiana.

La idea de intercambiar agentes diplomáticos con Franco había sido considerada en el Foreign Office a principios de 1937 y recibió nuevos bríos en agosto de dicho año, tras una petición expresa en dicho sentido de la administración franquista. Sin embargo, la crisis de Bilbao y la tensión naval previa a Nyon habían impedido en ambos casos su realización. La eliminación del frente norteño y la resolución de la crisis franco-italiana en octubre crearon las condiciones favorables para adoptar la medida y afrontar las críticas de la oposición laborista y liberal. A principios de noviembre Eden y Chamberlain anunciaron ante la Cámara de los Comunes el inminente intercambio de agentes sobre la base de la necesidad de proteger los cuantiosos intereses económicos británicos en la zona franquista y bajo la garantía de que «no disfrutarían de ningún estatuto diplomático» ni supondrían una merma del estatuto reconocido al gobierno republicano y a su embajador acreditado en Londres (Pablo de Azcárate). En consecuencia, el 12 de noviembre de 1937 el duque de Alba fue reconocido como «agente del general Franco ante el gobierno británico» (cargo que venía ejerciendo oficiosamente desde mucho antes), al mismo tiempo que sir Robert Hodgson (diplomático retirado) era nombrado agente oficial británico ante las autoridades franquistas.[107] El intercambio supuso un cambio cualitativo en las relaciones anglo-insurgentes: para Franco significó un triunfo político que aumentaba su *status* internacional y ampliaba su margen de maniobra diplomática; para Londres representó un paliativo ante la imposibilidad de conceder la beligerancia y abrió una vía directa para la protección de sus intereses políticos y económicos frente a Alemania e Italia.

La recuperación de la iniciativa para un acercamiento a Italia, ambicionada por Chamberlain desde su acceso a la jefatura del gobierno, tuvo como pretexto el relajamiento de la tensión internacional y una astuta gestión privada emprendida por el embajador italiano en Londres el 6 de noviembre. Según el conde Grandi, «la alianza con Ale-

---

107. Sobre los antecedentes y curso de la gestión véase E. Moradiellos, *La perfidia de Albión*, pp. 210-215. Cfr. Sir Robert Hodgson, *Spain Resurgent*, Londres, Hutchinson, 1953.

mania no era del interés real de Italia» y sólo estaba dictada «por la necesidad de no quedar aislada si Inglaterra y Francia la amenazaban en el Mediterráneo». En esas condiciones, el único obstáculo para el restablecimiento de la cordialidad anglo-italiana era «el asunto de España», puesto que la seguridad de Italia no podía consentir que «hubiera un gobierno comunista en España» y, por tanto, «era esencial que Franco venciera y ahora era seguro que lo haría».[108] La velada oferta fascista recrudeció la división latente entre los partidarios de mantener una política de firmeza ante el Eje (Eden y sus asesores más cercanos) y los proponentes de una política de apaciguamiento y conciliación (Chamberlain y la gran mayoría del gabinete, con el apoyo de los jefes militares).

En realidad, desmintiendo la sinceridad de las palabras de Grandi, aquel mismo día 6 de noviembre tenía lugar en Roma la adhesión formal de Italia al Pacto Anti-Comintern: «anticomunista en teoría pero en realidad claramente antibritánico» (según anotó Ciano en su diario). Tras la firma, Mussolini comunicó a Ribbentrop su conformidad con la futura anexión alemana de Austria «porque el desarrollo imperialista de Italia ahora concentraba su interés en el Mediterráneo y las colonias». También reconoció la consecuente naturaleza político-estratégica de sus objetivos en España:

Queremos que la España nacionalista, que ha sido salvada virtualmente por la ayuda italiana y alemana, permanezca estrechamente asociada con nuestra política. [...] Es un hecho que hemos establecido en Palma una base naval y aérea; tenemos buques allí estacionados permanentemente y contamos con tres aeródromos. Queremos mantener esa situación tanto como sea posible. En cualquier caso, Franco deberá comprender que, incluso después de nuestra posible evacuación, Mallorca tendrá que seguir siendo una base italiana en caso de guerra con Francia. Es decir: pretendemos mantener todas las instalaciones preparadas para que en pocas horas Mallorca pueda operar como una de nuestras bases mediterráneas. Si utilizamos la base mallorquí junto con la de Pantelaria y otras ya equipadas, ningún negro será capaz de cruzar desde África a Francia por la ruta mediterránea.[109]

108. DBFP, XIX, núm. 297.

109. *Ciano's Diplomatic Papers*, pp. 144-146. La caracterización del pacto en *Ciano's Hidden Diary*, p. 27.

Precisamente esa orientación definida de la política exterior fascista (y de la alemana) constituiría la razón del fracaso final de la política británica de apaciguamiento: «muy razonable como principio estratégico pero carente de realismo en el plano político». De hecho, Gran Bretaña sólo podía ofrecer a Italia «pequeñas concesiones», en tanto que «Alemania ofrecía a Mussolini la esperanza de realizar su ambición de hegemonía en el Mediterráneo». Frente a Alemania, la baza británica era igualmente limitada, a pesar del alivio que suponía como «baluarte contra el comunismo»: «la creación de la gran Alemania mediante la expansión en Europa central y oriental no parecía tan aceptable a la postre. ¿Qué pasaría si esta gran Alemania se volvía de nuevo hacia el oeste?».[110] A pesar de todo, mientras ese carácter ilusorio no quedara demostrado de modo patente (lo que no sucedería hasta el invierno de 1938-1939), la política de apaciguamiento siguió concitando el apoyo general de los gobernantes británicos porque parecía el único medio para evitar la formación de bloques antagónicos y atajar una carrera de armamentos que llevaría a otra guerra europea, con sus destructivos efectos sobre Gran Bretaña y su imperio incluso en el caso de lograr una victoria pírrica. Frente a las expectativas de preservación de la paz que ofrecía ese curso, carecían de atractivo y abundaban en riesgos las alternativas potenciales: la política de Eden de contención «con la ayuda de Francia y sus aliados» (y la esperanza de un apoyo final de EE.UU.); y la «Gran Alianza» disuasoria u ofensiva de Churchill (el pacto antinazi entre Gran Bretaña, Francia y la URSS).

Debido a esa creciente divergencia, desde noviembre de 1937 Eden fue enfrentándose cada vez más abiertamente a las iniciativas de Chamberlain en política exterior. Además del desacuerdo sobre la oportunidad de incluir el asunto español en las previstas conversaciones anglo-italianas, Eden mostró sus reservas sobre la conveniencia de la visita realizada por lord Halifax a Berlín (17 a 21 de noviembre) como invitado del gobierno alemán. En la misma, siguiendo las directrices de Chamberlain y contra el juicio de Eden, Halifax informó

---

110. Citas tomadas de Corelli Barnett, *The Collapse of British Power*, Gloucester, Alan Sutton, 1987, pp. 446 y 465; y Steven Morewood, «Anglo-Italian Rivalry», p. 180. Cfr. Maurice Cowling, *The Impact of Hitler*, pp. 152-169.

a Hitler de lo que éste quería saber: el gobierno británico «no estaba comprometido necesariamente con el mantenimiento del *statu quo* actual» de «Danzig, Austria y Checoslovaquia» y aceptaría «reajustes razonables» siempre que fueran pacíficos. Como había temido Eden, la conclusión derivada por Hitler de ese mensaje sería crucial para sus planes futuros: «Gran Bretaña no iría a la guerra por Austria o Checoslovaquia».[111] El aislamiento de Eden en el gabinete quedó confirmado poco antes de terminar el año gracias a un informe de los Jefes de Estado Mayor que reiteraba la necesidad de eliminar a Italia de la lista de potenciales enemigos del país:

Sin escatimar la ayuda que podamos obtener de Francia y posiblemente de otros aliados, no alcanzamos a ver el momento en que nuestras fuerzas militares sean suficientes para salvaguardar nuestro territorio, comercio e intereses vitales contra Alemania, Italia y Japón simultáneamente. Por tanto, no podemos exagerar la importancia que tiene, desde el punto de vista de la defensa imperial, la puesta en marcha de cualquier acción política internacional dirigida a reducir el número de nuestros enemigos potenciales y ganar el apoyo de aliados.[112]

En cualquier caso, el imprevisto curso de la guerra civil a finales de diciembre de 1937 vino a desmentir la idea de que el conflicto estaba a punto de terminar. Aplicando su estrategia defensiva de operaciones de diversión, el ejército republicano, reforzado por los suministros llegados a través de la frontera francesa, había desencadenado por sorpresa el día 15 una ofensiva sobre Teruel que pretendía evitar el comienzo del previsto asalto final nacionalista contra Madrid. La operación lograría su objetivo de tomar Teruel el 7 de enero de 1938

---

111. DBFP, XIX, n° 336, 337, 338, 343, 346 y 349. Cfr. R. A. C. Parker, *Chamberlain and Appeasement*, cap. 6; C. Barnett, *op. cit.*, pp. 466-469; G. L. Weinberg, *The Foreign Policy of Hitler's Germany*, pp. 113123; y K. Hildebrand, *The Foreign Policy of the Third Reich*, pp. 5156.

112. El informe, fechado el 17 de noviembre, fue aprobado por el gabinete en su reunión del 8 de diciembre. DBFP, XIX, núm. 311. CAB 23/90. Cfr N, H. Gibbs, *Grand Strategy. I. Rearmament Policy*, Londres, HMSO, 1976, pp. 279-295; y J. Dunbabin, «The British Military Establishment and the Policy of Appeasement», en W. Mommsen y L. Kettenacker (comps.), *The Fascist Challenge and the Policy of Appeasement*, Londres, Allen and Unwin, 1983, pp. 174-196.

y forzaría la renuncia de Franco a sus planes iniciales, trasladando el eje principal de la guerra al frente de Aragón.

Como resultado de la inesperada victoria republicana, Italia y Alemania retomaron su actitud obstruccionista en el subcomité de No Intervención «para dilatar tanto como fuera posible» la entrada en vigor del plan de retirada de voluntarios. El pretexto utilizado fue la estimación del número «sustancial» de voluntarios que habría de retirarse antes de la concesión de la beligerancia. En las diez reuniones habidas desde diciembre de 1937 hasta febrero de 1938 no fue posible salvar las distancias entre la propuesta de retirada equitativa italo-germana (3.000-5.000 hombres de cada bando) y la propuesta de retirada proporcional soviética (el 80-85 por 100 de todos los voluntarios de ambos bandos). Ni siquiera el esfuerzo mediador de lord Plymouth el 9 de febrero logró el apoyo para una «fórmula británica» de compromiso: considerar la cifra de 10.000 voluntarios retirados como «sustancial» para proceder al reconocimiento de beligerancia. Berlín fue informado del éxito de esa política obstruccionista por un despacho de su delegado en el Comité el 20 de enero de 1938:

Durante todo el año pasado hemos tenido que seguir tácticas esencialmente dilatorias en el Comité. La cuestión de la retirada de voluntarios lleva ya planteada todo un año. Por supuesto, habría sido relativamente fácil llegar a un acuerdo si hubiera sido de interés para todos. Por nuestra parte, fue un acierto introducir el asunto de los derechos de beligerancia en la discusión. Gracias fundamentalmente a ello, fue posible estancar las discusiones una y otra vez sin caer públicamente en una situación muy difícil. [...] Como ya he informado, de acuerdo con los procedimientos normales en el Comité, y sin introducir maniobras de dilación especiales, no debe esperarse que la retirada de voluntarios comience antes de mayo. [...] Por supuesto, si así lo desea, Franco tiene capacidad para posponerla mediante la retención de su respuesta y sobre todo solicitando explicaciones adicionales.[113]

---

113. DGFP, núm. 506. La cita sobre las instrucciones dilatorias dadas por Berlín (28 de enero de 1938) en el núm. 511. Actas del subcomité de No Intervención, 7, 9, 16 y 22 de diciembre de 1937, 11, 13, 18 y 21 de enero de 1938. FO 849/27. La fórmula británica de compromiso en DBFP, XIX, núms. 410 y 433.

En definitiva, el año de 1937 había terminado con la guerra española todavía en curso pero habiéndose convertido en un escenario localizado, marginal y más o menos estabilizado de las tensiones continentales. No en vano, nada más empezar el año 1938, la atención y preocupación europea e internacional fue concentrándose en los acuciantes problemas derivados de la expansión alemana en Europa central.

6. LA SOMBRA DEL PELIGRO ALEMÁN Y LAS RELACIONES ANGLO-ITALIANAS

Desde finales de enero de 1938, tanto Londres como París empezaron a experimentar una viva preocupación ante la llegada de las primeras noticias fidedignas sobre la intención de Hitler de presionar a Austria para forzar su inminente anexión a Alemania. Los súbitos cambios de enero y febrero de aquel año en la cúpula militar y diplomática del Tercer Reich, con la sustitución de elementos conservadores por fervientes nazis (como Neurath por Ribbentrop en el Ministerio de Asuntos Exteriores), apuntaban sin duda a la apertura de una nueva fase más agresiva en la política exterior alemana. De hecho, desde principios de 1938, Berlín fue incrementando gradualmente su presión sobre el gobierno austríaco para forzar primero la inclusión de ministros nazis en el mismo y preparar así la vía para el *Anschluss*.[114] Se había puesto en marcha la segunda etapa del ambicioso programa de expansión elaborado por Hitler para lograr la hegemonía indisputada de Alemania en el continente europeo.

Consciente de la inminencia del *Anschluss* y tratando de compensar sus efectos para el prestigio italiano, Mussolini intentó aprovechar la ocasión para precipitar el inicio de las conversaciones anglo-italianas y lograr el reconocimiento *de iure* de su previa conquista de Abisinia. El 17 de febrero de 1938, Ciano pidió reiteradamente al embajador británico que comenzaran las negociaciones de inmediato «en vista de la posibilidad de ciertos acontecimientos futuros». Al día siguiente, en

---

114. G. Weinberg, *The Foreign Policy of Hitler's Germany*, pp. 287-295. K. Hildebrand, *The Foreign Policy of the Third Reich*, pp. 58-63.

Londres, Grandi transmitió la misma solicitud con igual urgencia durante dos entrevistas celebradas con Chamberlain a las que también asistió Eden.[115] En las mismas, además de señalar que el aislamiento de Italia había sido la razón de su acercamiento a Alemania, Grandi dio a entender que sólo en el caso de que se iniciaran las negociaciones podría Mussolini moderar a Hitler y evitar el uso de la fuerza contra Austria. Respecto a España, el embajador reiteró las garantías dadas en enero de 1937, deploró «sus repercusiones enteramente artificiales sobre las relaciones anglo-italianas», y subrayó que «sería un error detener el progreso de las conversaciones anglo-italianas por una cuestión que afecta a otras potencias además de nosotros».

Chamberlain y Eden sacaron conclusiones enteramente divergentes sobre la actitud a tomar ante la gestión italiana. El secretario del Foreign Office, sospechando que Mussolini deseaba compensar con un éxito diplomático su abandono de la independencia austríaca, propuso al gabinete británico que se condicionara la apertura de negociaciones bilaterales a «una prueba de buena fe italiana» en España. A su juicio, la colaboración fascista en la retirada de voluntarios sería la demostración de que Roma deseaba un acuerdo leal y no perseguía la instalación de un régimen español favorable a sus proyectos de hegemonía mediterránea y aliado en caso de guerra. Por el contrario, Chamberlain, convencido de que Mussolini anhelaba recuperar su política de equidistancia entre Berlín y Londres, favorecía la inmediata apertura de negociaciones y seguir marginando el «problema español» como hasta entonces. Tanto uno como otro compartían la premisa de que «no es posible ningún apaciguamiento duradero en el Mediterráneo hasta que la úlcera española sea cicatrizada». Sin embargo, mientras Eden pretendía cicatrizarla con la retirada italiana y una mediación internacional, Chamberlain estaba dispuesto a condonar la intervención italiana y asumir la consecuente terminación de la guerra con la victoria de Franco. En el vivo debate correspondiente, el resto del gabinete británico secundó al primer ministro y, por tanto, Eden dimitió de su cargo el 20 de febrero de 1938, siendo sustituido por lord Halifax como secretario del Foreign Office. El impacto de la dimisión de

---

115. DBFP, XIX, núms. 538, 556 y 573. La gestión de Ciano y el informe de Grandi en *Ciano's Diplomatic Papers*, pp. 161-162 y 164-184.

Eden en la opinión pública y el Parlamento forzó una concesión importante de Chamberlain: el posible acuerdo anglo-italiano al que se llegara en las conversaciones bilaterales habría de incluir «una solución de la cuestión española».[116] En cualquier caso, ninguna capital europea dejó de comprender el significado de la dimisión de Eden: por parte británica habían terminado las tentativas de aplicar una política de firmeza frente a la intervención del Eje en España y quedaba abierta la veda para seguir otra política diferente sino totalmente contraria.

Apenas dos días después de la dimisión de Eden, el 22 de febrero de 1938 la abrumadora contraofensiva del ejército franquista en Teruel lograba reconquistar la ciudad a los republicanos. Poco antes de esa victoria, el 30 de enero, Franco había dado un paso más en la consolidación de su régimen de poder personal omnímodo nombrando su primer gobierno formal. Se trataba de un gabinete de coalición entre todas las fuerzas políticas antirrepublicanas en el que había un notable predominio del sector falangista liderado por Serrano Suñer, ministro de Interior. A pesar de esa orientación claramente fascistizante en el plano interno, la vicepresidencia y la cartera de Asuntos Exteriores seguía en manos de un veterano militar fiel al Caudillo y representativo de la rancia derecha monárquica católica y autoritaria: el sexagenario general Francisco Gómez-Jordana, conde de Jordana.[117] Precisamente, de su mano, la diplomacia franquista trataría de eliminar los últimos recelos británicos hacia su victoria en la nueva coyuntura favorable: «Es esencial que, midiendo todos estos factores, sepamos sumarnos la buena voluntad inglesa sin perder la amistad italiana».[118]

116. Acta del gabinete, 19 de febrero, y extractos del diario de Chamberlain, 19 y 27 de febrero de 1938. DBFP, XIX, núms. 568, 573 y apéndices 1 y 2. A. Eden, *The Eden Memoirs. Facing the Dictators*, Londres, Casell, 1962, pp. 579-592. A. R. Peters, *Anthony Eden at the Foreign Office*, pp. 346-351. *Ciano's Diplomatic Papers*, pp. 164-184. Con Eden dimitió lord Cranborne (substituido por Richard A. Butler). Vansittart, que compartía las tesis de Eden, ya había sido promovido/relegado al cargo básicamente honorífico de Primer Consejero Diplomático.

117. P. Preston, *Franco*, pp. 369-374. J. Tusell, *Franco en la guerra civil*, pp. 164 y 225-237.

118. «Trayectoria de la política inglesa sobre España durante la guerra civil», escrita por José Ruiz de Arana (vizconde de Mamblas) a petición del conde de Jordana, 25 de febrero de 1938. AMAE R833/19.

Atendiendo a los deseos de Chamberlain, el 8 de marzo comenzaron en Roma las conversaciones entre Ciano y el embajador británico para examinar el estado de las relaciones bilaterales y tratar de alcanzar el ansiado Acuerdo Anglo-Italiano. Previamente, el gabinete británico había acordado que «la cuestión de la intervención en España debía seguir tratándose en el Comité de No Intervención» y que sólo se pediría a Roma «una reafirmación» de las garantías ofrecidas en enero de 1937 sobre «el mantenimiento del *statu quo* territorial en España». También acordó que «deberían hacerse todos los esfuerzos para lograr que Francia secundara nuestra política en esta materia». La promesa parlamentaria del primer ministro de que dicho acuerdo incluiría «una solución a la cuestión española» no habría de ser un obstáculo dado que podría ser objeto de una «interpretación práctica» y no «literal». Como señaló lord Halifax, cabría darse por satisfechos con «algún gesto» italiano que facilitara la conclusión del acuerdo: «Por ejemplo, una retirada simbólica [de voluntarios italianos]... destinada a impresionar favorablemente a la opinión pública».[119]

Antes de que las conversaciones anglo-italianas pudieran dar mínimo fruto, dos acontecimientos casi paralelos vinieron a trastocar sustancialmente la situación española e internacional. El 7 de marzo de 1938, aprovechando la extrema debilidad de las defensas republicanas tras el desgaste de Teruel, el ejército franquista emprendió una poderosa ofensiva en la zona con el objetivo de llegar al Mediterráneo y partir en dos el territorio republicano. Para reforzar esa operación y «debilitar la moral de los rojos», el 16 y 17 de marzo la aviación italiana, por orden expresa de Mussolini, realizó sobre Barcelona los mayores bombardeos sobre una ciudad conocidos hasta el momento (con una cosecha de 1.300 muertos, 2.000 heridos y renovadas condenas de una horrorizada opinión pública de los países democráticos).[120] El frente republicano se desplomó como resultado de la magnitud de

119. Acta del comité ministerial de política exterior, 1 de febrero de 1938. CAB 27/263. Memorándum de lord Halifax, 11 de marzo de 1938. DBFP, XIX, núm. 628. Véase la entrada del 9 de marzo en el diario del secretario privado de Halifax, *The Diplomatic Diaries of Oliver Harvey*, pp. 111-112.

120. DGFP, núms. 548 y 550. Sobre la responsabilidad de Mussolini véase *Ciano's Hidden Diary*, p. 91.

los ataques y el 15 de abril, apenas un mes después del comienzo de la ofensiva, las tropas de Franco alcanzaban el Mediterráneo en Vinaroz. La República quedaría dividida en dos mitades vulnerables: un enclave central aislado excepto por vía marítima y un núcleo catalán adherido a la frontera francesa. El optimismo del Caudillo ante la expectativa de una victoria inminente era tan grande que incluso sugirió a Berlín la posibilidad de acceder a una retirada parcial de soldados alemanes para apaciguar la tensión internacional.[121] No en vano, según los informes reservados del agregado militar francés, ese súbito desplome militar republicano se había debido fundamentalmente al desequilibrio de fuerzas militares, especialmente en el plano aeronáutico:

Por otra parte, dada la debilidad de la Aviación republicana (en estos momentos no parece tener más de una veintena de bombarderos y unos pocos cazas), las aviaciones italiana y alemana son las dueñas del aire. Actualmente las tropas de Franco tienen una gran superioridad en aviones. De esta forma poseen los medios tácticos para vencer cada vez que quieran. Las tropas republicanas resisten cuando se trata de luchar hombre contra hombre, pero no pueden resistir los ataques de la aviación enemiga, ya que su propia aviación parece que, como en los días negros de 1936, haya dejado de existir.[122]

El 12 de marzo de 1938, cinco días después del inicio de la victoriosa ofensiva franquista, tuvo lugar un súbito golpe de mano militar y diplomático en Europa central: las tropas alemanas entraron en Austria sin encontrar resistencia y procedieron a anexionarla formalmente al Tercer Reich. Convencido de la pasividad de las potencias occidentales, Hitler sólo había solicitado y obtenido la mañana previa el consentimiento secreto de Mussolini para su acción. El *Anschluss* representaba el cumplimiento de la primera etapa del programa de expansión europea nazi y «la primera modificación de los acuerdos territoriales de 1919». Su fácil consecución reportó enormes ventajas políticas y

---

121. DGFP, núm. 564.
122. Informe recogido en J. Martínez Parrilla, *Las fuerzas armadas francesas*, p. 254. El valor cualitativo y la ponderación de juicio de los informes del teniente coronel Morel han sido siempre muy apreciados. En particular, habida cuenta de sus convicciones políticas monárquicas y derechistas.

estratégicas para Hitler: reforzaría el apoyo popular del régimen al satisfacer las aspiraciones del nacionalismo pangermanista y consolidaría la posición hegemónica de Alemania en el centro del continente. Enfrentados a ese hecho consumado, los gobiernos británico y francés sólo pudieron lamentar el uso de la fuerza y empezar a temer que «Checoslovaquia será la próxima».[123]

La coincidencia temporal de la ofensiva franquista y el *Anschluss* provocó una reacción muy distinta en Londres y París. En esta última capital, bajo el impacto provocado por la acción alemana, el 13 de marzo se formó un nuevo gobierno frentepopulista presidido por Léon Blum y con Joseph Paul-Boncour en la cartera de Exteriores. Aprovechando ese cambio gubernamental y vista la gravedad de la situación militar, Negrín acudió secretamente a la capital francesa a pedir ayuda urgente para la República. A fin de examinar la situación creada por el *Anschluss* y la ofensiva franquista, Blum convocó una reunión del Comité Permanente de la Defensa Nacional para el día 15. Antes de iniciarse la misma, el embajador británico se entrevistó con Paul-Boncour y le previno contra «cualquier decisión precipitada» sobre España, «a la espera de una cuidadosa consideración de todo el asunto en Londres». En la sesión del Comité, los jefes de Estado Mayor expusieron las dificultades logísticas para prestar apoyo en caso de guerra a Checoslovaquia (con la que Francia tenía un tratado de ayuda mutua) y sus dudas sobre el valor de la posible asistencia soviética (cuya garantía de apoyo a Checoslovaquia estaba condicionada a la previa intervención francesa). La discusión sólo sirvió para reafirmar la necesidad imperiosa de contar con el apoyo británico para cualquier decisión al respecto.

Blum abordó a continuación el tema de España sobre la base de un informe militar que detallaba la «gravedad» de la amenaza de un alineamiento franquista con Alemania e Italia para la seguridad de Francia: haría peligrar las comunicaciones con el norte de África; dejaría expuesto a bombardeos el sudoeste francés; obligaría a defender

---

123. G.L. Weinberg, *The Foreign Policy of Hitler's Germany*, pp. 299-304. K. Hildebrand, *The Foreign Policy of the Third Reich*, pp. 60-65. J. B. Duroselle, *Politique étrangère de la France. La Décadence*, pp. 325-329. R. A. C. Parker, *Chamberlain and Appeasement*, pp. 126-133.

una tercera frontera en los Pirineos; y exigiría la neutralización del Marruecos español. Antes de la reunión, el propio agregado militar francés ante la República había aleccionado al líder socialista: «Señor presidente del Consejo, sólo tengo que decirle una palabra: un Rey de Francia haría la guerra». En vista de esos peligros y advertencias, Blum propuso el envío de un ultimátum a Franco solicitando su renuncia a la ayuda militar extranjera; caso contrario, Francia adoptaría «todas las medidas de intervención que juzgara necesarias». La reacción unánime de los estrategas, incluidos el mariscal Pétain y el general Gamelin (Jefe del Estado Mayor General), fue desautorizar esa iniciativa porque no existía el suficiente respaldo público «de orden moral» y porque «la cobertura de la frontera española [movilización parcial] implica la puesta en servicio de la cobertura general [movilización general]». El ministro de la guerra, el líder radical Edouard Daladier, y el secretario general Asuntos Exteriores, Alexis Léger, apoyaron ese juicio con argumentos políticos: «la intervención en España desencadenaría la guerra general» e «Inglaterra se separaría de nosotros si abandonásemos la no-intervención». Blum planteó entonces la posibilidad de aumentar la ayuda a la República «sin intervenir militarmente». Gamelin replicó que así sólo se conseguiría «desarmar a las fuerzas francesas por un resultado aleatorio». Los jefes militares sólo veían dos posibilidades para aliviar el peligro: separar a Italia de Alemania «por medios diplomáticos» y confiar en la necesidad de «dinero inglés para reconstruir España». Léger también añadía la esperanza de que «una evolución xenófoba española» separase a Franco del Eje.[124]

La firme oposición de los militares y del ministro radical frustró toda intervención directa de Francia en favor de la República. Pero no evitó que Blum firmara dos órdenes reservadas el 16 y 17 de marzo de 1938 por las cuales se abría *de facto* la frontera catalana al libre

---

124. La gestión de Negrín y el acta de la reunión del Comité en DDF, VIII, núms. 435 y 446. Testimonios de Blum y Paul-Boncour en *Rapport fait sur les événements survenus en France. Annexes*, vol. 1, p. 253 y vol. 3, pp. 801-804. Telegrama del embajador británico en París, 15 de marzo de 1938. FO 371/22639 W3363. J. B. Duroselle, *op. cit.*, pp. 329-333. J. Martínez Parrilla, *Las fuerzas armadas francesas*, pp. 184-198.

tránsito de todo tipo de material bélico de origen soviético. El mismo día 16, el Foreign Office instruyó urgentemente a su embajador en París para que insistiera ante los gobernantes franceses contra cualquier ruptura «de la política de No Intervención». De inmediato, sir Eric Phipps obtuvo del general Gamelin la garantía de que «no habría intervención francesa en España» porque «no sería tolerada por la opinión pública francesa». Con mucha menor cordialidad y a tono con sus órdenes reservadas, Blum y Paul-Boncour sólo prometieron que «no habría una abierta y pública infracción de la política de no-intervención», pero sin comprometerse a evitar «el tránsito por la frontera de cualquier tipo de ayuda». Esa firmeza provocó alarma e indignación en Londres, donde tanto Halifax como sir Alexander Cadogan (nuevo subsecretario permanente del Foreign Office) aprobaron la sugerencia de evitar cualquier contacto oficial con ambos gobernantes y hacer todo lo posible para forzar su caída:

Quisiera apoyar con toda firmeza la opinión de sir E. Phipps de que no debemos bajo ninguna circunstancia permitir que los ministros franceses vengan a Londres este fin de semana para discutir España y Checoslovaquia. Paul-Boncour en el Quai d'Orsay [sede del Ministerio de Asuntos Exteriores] es un desastre y una invitación a él sólo reforzaría su posición, cuando debe ser nuestro sincero deseo verle fuera de su cargo lo más rápidamente posible. De hecho, añadiría incluso que cualquier cosa que podamos hacer para debilitar al gobierno francés actual y forzar su caída iría en favor de los intereses británicos.[125]

La misma alarma e indignación había cundido también en la España de Franco, que emprendió una gestión urgente ante el gobierno británico para frenar la hipotética intervención francesa. El 17 de marzo, Jordana convocó a sir Robert Hodgson para informarle que, en su opinión, «el Gobierno inglés tiene en su mano la llave de la paz» y debería aconsejar prudencia a París para evitar el objetivo de «los rojos»: «promover el para ellos tan deseado conflicto internacional, como último asidero, al verse irremediablemente perdidos». Tam-

125. Minuta a telegramas de Phipps, 16 y 17 de marzo de 1938. Telegrama de Halifax a Phipps, 16 de marzo. FO 371/22639 W3379, W3424 y W3484. Las órdenes reservadas de Blum en DDF, IX, núm. 390.

bién le reiteró la «plena y absoluta» garantía de Franco de que «ni Italia pretende nada en Baleares ni nosotros lo habíamos de consentir».[126]

No era necesario el apremio de Jordana para que Londres intentara frenar por todos los medios la intervención francesa en España. El *Anschluss* y la ofensiva franquista habían provocado en el gabinete británico la reacción contraria a la registrada en París: incrementó el deseo de llegar a un acuerdo rápido con Italia e hizo más asumible una victoria de Franco que eliminara la polémica «cuestión española». Así lo puso de manifiesto el 15 de marzo de 1938 Chamberlain en el comité ministerial de política exterior, sosteniendo que la anexión de Austria sólo demostraba la necesidad de proseguir la política de apaciguamiento y el error de no haberla adoptado «con anterioridad». Respecto a España, afirmó que «el problema español no tendría solución hasta el final de la guerra civil» y no podía erigirse en un obstáculo que implicara «el grave riesgo de perder cualquier resultado de las conversaciones anglo-italianas».[127] En consonancia con esa decisión, las conversaciones en Roma continuaron su plácido curso durante todo el mes de marzo, al mismo tiempo que la ofensiva franquista proseguía su avance imparable hacia el Mediterráneo y hacía creer que el colapso de la República era inminente. De hecho, en la segunda mitad de marzo, Halifax y el resto de los ministros británicos asumieron crecientemente que la pronta victoria de Franco pondría fin práctico a la «cuestión española», «que la mediación no ofrecía perspectivas de éxito» y que ese desenlace permitiría la entrada en vigor del acuerdo anglo-italiano.[128]

El nuevo curso de la política británica ante la «cuestión española» quedó reflejado igualmente en las labores del subcomité de No Intervención. En abierto contraste con la actividad desplegada entre diciembre de 1937 y febrero de 1938 (cuando se habían registrado

126. «Apuntes para la entrevista con el representante inglés» y telegrama de Jordana a Alba, 17 de marzo de 1938. AMAE R833/17 y AMAE R1057/1. Telegrama de Hodgson y minuta de Mounsey sobre gestión de Alba, 17 y 18 de marzo. FO 371/22639 W3558 y W3595.   127. Acta del comité. CAB 27/623.

128. DBFP, XIX, núm. 662. Actas del gabinete, 16 de marzo. FO 371/22639 W3539. Actas del comité de política exterior, 18 de marzo. CAB 27/623.

11 reuniones, varias presididas por Eden), el subcomité había suspendido sus deliberaciones durante casi dos meses. Finalmente, lord Plymouth convocó una sesión para el 31 de marzo de 1938, con el objetivo nominal de revisar algunos aspectos financieros del previsto plan de retirada supervisada de voluntarios. Sin embargo, como lord Halifax explicó al gabinete el día anterior, «las razones para convocar la reunión eran parcialmente parlamentarias». Así lo apreció el delegado alemán, que informó a Berlín que la convocatoria sólo pretendía «demostrar a la opinión pública británica que el trabajo del Comité de No Intervención sigue progresando».[129] Lord Plymouth confesó expresamente esa intención al delegado italiano, que se apresuró a comunicarlo a su gobierno y éste al de Franco sin dilación:

Con toda reserva, el Presidente del Comité ha manifestado al Consejero de la Embajada de Italia en Londres que la citada reunión no ha tenido más objeto que calmar a la opinión pública inglesa, ya que el estado de descomposición de Barcelona haría imposible todo contacto con aquel Gobierno para la aplicación del plan inglés, añadiendo que el Comité tendrá que cambiar pronto sus actividades para dedicarse a proteger a los refugiados.[130]

Ciertamente, la situación militar de la República desde mediados de marzo de 1938 era extremadamente grave. Esa gravedad había agudizado la división entre los partidarios de intentar proseguir la resistencia a ultranza, encabezados por Negrín, y los partidarios de negociar sólo los mejores términos de una rendición con apoyo franco-británico, apadrinados por el presidente Azaña. La fractura dividía internamente a todas las fuerzas políticas, pero especialmente enfrentaba a los comunistas y el sector negrinista del PSOE con los grupos republicanos moderados, los nacionalistas vascos y catalanes, la residual izquierda socialista y la mayoría del anarcosindicalismo. En el seno de la Comisión Ejecutiva del PSOE, Negrín tuvo que enfrentarse incluso a Prieto, su propio ministro de Defensa, convencido de que toda

129. DGFP, núm. 556. Acta del gabinete, 30 de marzo de 1938. FO 371/22642 W4280.
130. Palabras de Jordana en el consejo de ministros reunido el 4 de abril de 1938. AMAE R1057/1.

resistencia futura era inútil y sólo servía para propiciar el aumento de la influencia militar y policial de los comunistas:

Bueno, voy a decir ante ustedes, oficialmente, lo que en el orden particular e íntimo he manifestado a alguien: No puedo prescindir de los comunistas, porque representan un factor muy considerable dentro de la política internacional y porque tenerlos alejados del Poder sería, en el orden interior, un grave inconveniente; no puedo prescindir de ellos, porque sus correligionarios son en el extranjero los únicos que eficazmente nos ayudan, y porque podríamos poner en peligro el auxilio de la URSS, único apoyo efectivo que tenemos en cuanto a material de guerra.[131]

A primeros de abril la crisis se resolvió en favor de las tesis de Negrín, que lograría formar un nuevo gobierno en el que asumía también la cartera de Defensa. Su triunfo se debía esencialmente a la falta de otra alternativa a su política, habida cuenta de la negativa franquista a negociar otra cosa que no fuera la rendición incondicional y sin ninguna garantía contra represalias masivas e indiscriminadas. Así lo había reconocido el propio Prieto ante Azaña meses antes: «No puede decirse (en público que la guerra se va a perder). No hay más que aguantar hasta que esto se haga cachos». Así lo reconocería amargamente ante Azaña el presidente de las Cortes, Diego Martínez Barrio, que también confiaba ilusoriamente en una mediación franco-británica para lograr el armisticio: «Negrín es insustituible ahora». Y así lo confesaría el propio jefe de gobierno a un correligionario y amigo, con palabras reveladoras de su plena conciencia de los problemas planteados por la división interna y el crecimiento de la influencia comunista:

¿Es que usted cree que a mí no me pesa, como al que más, esta odiosa servidumbre? Pero no hay otro camino. Cuando hablo con nuestros amigos de Francia, todo son promesas y buenas palabras. Después empiezan a surgir los inconvenientes y de lo prometido no queda nada. La única realidad, por

---

131. Reproducido en I. Prieto, *Cómo y por qué salí del Ministerio de Defensa Nacional*, Barcelona, Planeta, 1989, pp. 61-62. Sobre la división socialista véase H. Graham, *Socialism and War*; y Santos Juliá, *Los socialistas en la política española*, Madrid, Taurus, 1997, cap. 7.

mucho que nos duela, es aceptar la ayuda de la URSS, o rendirse sin condiciones. [...] ¡Qué más puedo hacer! La paz negociada siempre; la rendición sin condiciones para que fusilen a medio millón de españoles, eso nunca. ¿Usted cree que para seguir mi política de resistir, hasta obtener una paz negociada, sigo contando con la confianza del Partido, aun habiendo tenido que prescindir de Prieto?[132]

Como parte de esa política de resistencia por resignación, Negrín había acudido a París para obtener el apoyo militar directo francés y no dejaría de denunciar en Londres la «tremenda y peligrosa iniquidad» de una No Intervención que sólo penalizaba a su gobierno.[133] Sin embargo, el precario equilibrio político republicano iría socavándose posteriormente al compás del deterioro de la situación militar, reforzando a la par el frente opositor cimentado sobre el anticomunismo y el deseo de una rápida rendición negociada o incondicional.

El curso de los acontecimientos en el mes de abril de 1938 no pudo ser más favorable para los objetivos de la política exterior británica. Mientras proseguía el desplome de las defensas republicanas ante la ofensiva franquista, en París era derribado el segundo gobierno de Blum antes de cumplir su primer mes en ejercicio. La caída de Blum el 8 de abril significaba en la práctica el final del Frente Popular. El nuevo gabinete presidido por Daladier, con Georges Bonnet en Asuntos Exteriores, estaba formado exclusivamente por miembros del partido radical, sin participación socialista, con la oposición comunista, y con el apoyo creciente de la minoría parlamentaria de las derechas. Paralelamente, en Roma las negociaciones anglo-italianas

---

132. J. S. Vidarte, *Todos fuimos culpables*, pp. 855 y 857. Las citas de Prieto y Martínez Barrio (pronunciadas en junio de 1937 y septiembre de 1938), en M. Azaña, *Memorias de guerra*, pp. 99 y 404. Sobre los problemas creados por la estrategia del PCE véase: Burnett Bolloten, *La guerra civil española* (un estudio de los enfrentamientos en el seno de la República lastrado por su anticomunismo); y A. Elorza y M. Bizcarrondo, *Queridos camaradas*, caps. 9 y 10.

133. Sobre la importancia de Francia para la supervivencia republicana véase Ricardo Miralles, «La política exterior de la República hacia Francia durante la guerra civil», *Historia Contemporánea* (Bilbao), n° 10, 1993, pp. 29-50. Para el caso británico: E. Moradiellos, *La perfidia de Albión*, pp. 269-270; y «Una misión casi imposible: la embajada de Pablo de Azcárate en Londres durante la guerra civil», *Historia Contemporánea*, n°, 15, 1996, pp. 125-145.

perfilaban un amplio acuerdo que abarcaba todos los aspectos de las relaciones bilaterales (intercambio de información militar, reducción de efectivos italianos en Libia, delimitación de fronteras coloniales...) e incorporaba un canje de notas relativo a España en el que Italia reiteraba sus garantías de respeto a la integridad territorial española, confirmaba su adhesión a la fórmula británica para la retirada de voluntarios extranjeros, y prometía que si tal retirada no había sido completada antes del fin de la guerra, en ese momento «todos los voluntarios italianos que allí queden abandonarán definitivamente el territorio español». Por su parte, el gobierno británico se comprometía a reconocer el imperio italiano en Abisinia tras obtener autorización de la Sociedad de Naciones. Además, atendiendo al compromiso parlamentario del primer ministro, la nota británica recordaba que «la entrada en vigor del Acuerdo» quedaría pendiente de «una solución de la cuestión española».[134]

En esas condiciones, el 16 de abril de 1938 tuvo lugar en Roma la firma oficial del Acuerdo Anglo-Italiano, pieza culminante de la política de apaciguamiento del gabinete de Chamberlain. Mussolini había urgido que ese acto formal tuviera lugar antes de la proyectada visita de Hitler a Italia (que se celebraría a primeros de mayo), a fin de «poder mostrarle que tenía otros amigos además de los alemanes». Y el gabinete británico decidió aprobarlo a pesar de que su puesta en práctica habría de esperar a la «solución de la cuestión española» porque abrigaba la confianza de que esa «solución» en España estaba próxima y sería aportada por la inminente victoria de Franco. En efecto, a finales de marzo, el secretario particular de lord Halifax había anotado en su diario que esa frase enigmática significaba «cuando Franco haya vencido» y «parece que los pobres republicanos no durarán más que un mes o poco más». En todo caso, las cancillerías europeas habían comprendido perfectamente el *quid pro quo* del acuerdo firmado: la aceptación implícita británica de la presencia militar italiana en España hasta el final de la guerra a cambio de una promesa explícita de que esas tropas serían retiradas tan pronto como hubiera concluido la

---

134. DBFP, XIX, núms. 660 y 662. R. A. C. Parker, *Chamberlain and Appeasement*, pp. 125-126. J. Coverdale, *La intervención fascista*, pp. 314-315. *Ciano's Diplomatic Papers*, pp. 186-199.

misma. Así lo había señalado el conde de Ciano: «Los voluntarios (italianos) abandonarán España al término de la guerra».[135]

7. EL REQUISITO DE LA VICTORIA: LA CLAUSURA DE LA FRONTERA FRANCESA

Las expectativas de una inminente victoria del general Franco fueron desvaneciéndose rápida y sorpresivamente durante la segunda quincena de abril de 1938. Tras haber llegado al Mediterráneo, la ofensiva nacionalista concentró sus esfuerzos en la prosecución de un avance sobre Valencia a lo largo de la costa levantina. Pero sus ataques empezaron a encontrar cada vez mayor y mejor resistencia. La apertura secreta de la frontera francesa al tránsito de los suministros bélicos soviéticos, unida a la resolutiva actuación política y militar del nuevo gobierno de Negrín, habían atajado a tiempo el desplome definitivo de las líneas defensivas republicanas. De hecho, clausurada la vía marítima mediterránea por el bloqueo naval franquista con la inestimable ayuda italiana, esa vía terrestre a través de Francia se convirtió en el único canal de importaciones bélicas (y alimenticias) seguras para la asediada República y permanecería abierto hasta junio de 1938.[136] Como consecuencia, la guerra aparentemente ganada por Franco habría de prolongarse todavía durante un año más. Y el efecto inmediato de esa prolongación imprevista fue el retraso *sine die* de la entrada en vigor del acuerdo anglo-italiano. Un editorial posterior de *The Times* reconocería ese resultado abiertamente y sin el disimulo obligado en círculos oficiales:

Al firmarse el acuerdo en Roma, ambas partes tenían la impresión de que «la solución en España» era inminente y sería aportada por la victoria del general Franco, ayudado por sus auxiliares italianos y alemanes. Pero apenas concluido el acuerdo en Roma, las fuerzas de Barcelona se rehicieron, reforza-

---

135. *Ciano's Hidden Diaries*, p. 107. *The Diplomatic Diaries of Oliver Harvey*, pp. 124-125. Actas del gabinete, 30 de marzo y 13 de abril de 1938. CAB 23/93.

136. Cfr. Ricardo Miralles, «La política exterior de la República española hacia Francia durante la guerra civil», pp. 29-50.

das indudablemente por la creciente llegada de material moderno bélico a través de los Pirineos.[137]

La súbita prolongación del conflicto y sus negativas implicaciones para la puesta en vigor del Acuerdo Anglo-Italiano forzarían al gobierno británico a tomar una actitud más decididamente profranquista en su política española. No en vano, ya no era posible esperar con mayor o menor impasibilidad que la fuerza de las circunstancias bélicas y diplomáticas provocara la victoria de Franco y la derrota de la República. En vista de la actuación francesa, habría que contribuir a ese desenlace en la medida de lo posible para permitir la entrada en vigor del Acuerdo y recoger los frutos del apaciguamiento de Italia. En otras palabras: habría que intervenir reservadamente ante Francia para propiciar una «solución de la cuestión española».

También el gobierno de Franco percibió la necesidad de atajar la situación creada mediante una intervención británica que lograse el cierre de la frontera francesa y completara el estrangulamiento de la República. Aprovechando el anuncio de la visita de Daladier y Bonnet a Londres para conferenciar con Chamberlain y Halifax, el 20 de abril de 1938 el conde de Jordana encomendó al duque de Alba una gestión urgente ante el Foreign Office:

Decir al Gobierno inglés que la guerra está irremisiblemente perdida para los rojos, y que ellos lo saben. Su resistencia no tiene más objeto que prolongar la lucha, con el daño consiguiente, pero sin la menor esperanza de éxito. Sin embargo, esta resistencia no sería posible sin la ayuda que le proporciona el torrente de material y elementos bélicos que atraviesa diariamente la frontera franco-catalana. [...] El Gobierno Nacional no se forja ninguna ilusión respecto a una rectificación espontánea y radical del Gobierno francés. Sus compromisos con las extremas izquierdas le llevan, sin duda, a contemporizar y esta concesión representa, quizá, el precio de no haber permitido la intervención regular armada. Sólo una presión eficaz del Gobierno inglés podría hacerle variar de rumbo, si éste llegara a convencer al de París de la inutilidad de seguir alimentando una resistencia suicida y del peligro que encierra para todos este foco encendido en el Occidente de Euro

137. «Acuerdo Anglo-Italiano» (artículo editorial), *The Times*, 9 de julio de 1938.

pa. La común conveniencia de liquidar cuanto antes el llamado en Europa «conflicto español» es tan patente que huelga insistir en ello. [...] Y el primer paso, el único [...] es el cierre inmediato de la frontera.[138]

Conforme a las órdenes recibidas, Alba llevó a cabo la gestión en Londres y, por indicación expresa de Franco, reiteró la firme garantía de que «no había acuerdos ni económicos ni políticos de ninguna clase con italianos o alemanes relativos al período de postguerra».[139] Reflejando la duplicidad de la diplomacia nacionalista, poco después de esa gestión, Franco aceptaba la apertura secreta de negociaciones para un Tratado de Amistad Hispano-Alemán similar al firmado con Italia en noviembre de 1936 y superior en entidad al Protocolo secreto firmado entre el Caudillo y el Führer en marzo de 1937 (Apéndice X). Además, descartaba provisionalmente la adhesión pública española al Pacto Anti-Comintern «mientras dure la guerra, pues de otro modo podría esperarse una fuerte reacción de Inglaterra».[140]

Las gestiones nacionalistas precedieron oportunamente a las conversaciones anglo-francesas del 28 y 29 de abril de 1938, que tenían por objeto armonizar la política europea de ambos países y clarificar su posición sobre un tema cada vez más urgente: la posible respuesta a un ataque alemán sobre Checoslovaquia (ligada a Francia por un tratado de ayuda mutua). Reflejando la primacía británica en la entente, Chamberlain y Halifax rechazaron la pretensión de Daladier y Bonnet de obtener un compromiso firme de apoyo a Checoslovaquia en caso de agresión alemana. Por el contrario, después de un tenso debate, los gobernantes británicos lograron la tácita aceptación francesa a un programa diplomático muy distinto: presionar a Praga para que negociara con Berlín una solución pacífica del problema de la minoría alemana de los Sudetes. No cabe duda de que la senda que conduciría al Acuerdo de Múnich quedaría entreabierta en esas conversaciones de abril. Respecto a España, los líderes franceses también escucharon de sus anfitriones un reproche formulado «de un modo cauteloso» y que se hacía eco de la petición nacionalista. También se

---

138. AMAE R833/17.   139. FO 425/415 W5504.
140. DGFP, núms. 558, 559 y 582. El texto del protocolo en documento número 234 (Apéndice X de esta obra).

les explicó el significado atribuible a la «solución de la cuestión española» que debería preceder a la entrada en vigor del Acuerdo Anglo-Italiano: «una situación en la que la guerra civil ya no constituya una amenaza seria para Europa». Y se les pidió su concurso para facilitar «el progreso en el Comité de No Intervención» y alcanzar esa situación deseada. Al final, como en el asunto checo, fueron Daladier y Bonnet quienes se plegaron a las pretensiones británicas: «Los ministros franceses indicaron que estarían preparados para hacer concesiones en la cuestión de la reimplantación del control de la frontera terrestre».[141]

Uno de los efectos inmediatos de las conversaciones anglo-francesas y del previo Acuerdo Anglo-Italiano fue la reactivación de las labores del subcomité de No Intervención. Tras superar un nuevo letargo de casi dos meses, a finales de mayo el subcomité retomó la consideración de los aspectos financieros y logísticos del plan británico de retirada supervisada de voluntarios extranjeros, concesión cualificada de los derechos de beligerancia y restablecimiento de los controles fronterizos. Durante el mes de junio, a lo largo de otras seis reuniones, el subcomité acabaría por limar todas las diferencias sobre el contenido, el coste y las condiciones para la puesta en funcionamiento de dicho plan. De este modo, bajo la presidencia de lord Halifax, el 5 de julio de 1938 fue aprobado con todos los honores en la que sería última sesión plenaria del Comité de No Intervención durante la guerra civil. Ya sólo quedaba obtener la conformidad de los bandos españoles para poner en práctica sus medidas.[142]

En esencia, el plan disponía que la «Junta Internacional de No Intervención en España» (todavía presidida por el vicealmirante van Dulm) organizara un complejo mecanismo para la evacuación de los voluntarios extranjeros con el concurso de los bandos españoles. A

141. Acta de las conversaciones en FO 371/21591 C3687. Notas preparatorias en FO 371/22644 W5591. Sobre las diferencias franco-británicas respecto a Checoslovaquia, véanse: R. A. C. Parker, *Chamberlain and Appeasement*, pp. 141-146; C. Barnett, *The Collapse of British Power*, pp. 468-470 y 509-520; y M. Gilbert, *Winston Churchill*, cap. 46.

142. Actas de las sesiones del subcomité. FO 849/27. Acta del comité. FO 849/1. Tampoco volvería a reunirse el subcomité después de su sesión del 30 de junio.

este fin, dos comisiones formadas por un mínimo de veinte agentes internacionales realizarían sobre el terreno el registro de voluntarios en cada bando y dispondrían su envío a cuatro «zonas de evacuación» organizadas previamente: dos puertos republicanos (Palamós y Cartagena) y dos nacionalistas (Málaga y Cádiz). Desde allí, según su nacionalidad, serían embarcados en buques fletados por la Junta que les repatriarían a los siguientes puertos: Londres, Hamburgo, Lisboa, Marsella y Génova. La definición adoptada de «voluntario extranjero» excluía a las tropas marroquíes que combatían con Franco (unos 70.000 efectivos durante toda la guerra). El coste financiero de la operación sería sufragado a partes iguales por los gobiernos británico, francés, alemán e italiano. Una vez que las comisiones hubieran empezado «el cálculo efectivo de los voluntarios», entraría en vigor nuevamente el control de las fronteras portuguesa y francesa que había sido suspendido en el verano de 1937. De igual modo, una vez que se hubiera efectuado «la retirada sustancial» de 10.000 voluntarios, se procedería a reconocer los derechos de beligerancia a ambos contendientes.[143]

Naturalmente, la aprobación del plan por el Comité sólo significaba dejar en manos de las partes españolas la posibilidad real de llevarlo a la práctica. Así lo entendió el gabinete británico y lo anotó en su diario el secretario privado de lord Halifax el mismo día 5 de julio: «las perspectivas de lograr un resultado rápido son muy remotas. El plan ofrece infinitas oportunidades para que ambos bandos españoles, aún aceptándolo en principio, presenten objeciones de detalle».[144] A este respecto, como previamente, los intereses de la República y del gobierno de Franco diferían radicalmente dado el contraste en volumen y calidad de los combatientes extranjeros respectivos. Por eso mismo, mientras la primera manifestaba su disposición a colaborar en su puesta en marcha con la expectativa de forzar una mediación internacional, el segundo se aprestaba a desplegar una batería de «pregun-

---

143. El texto del plan final aprobado, en su traducción oficial española, en AMAE R8993/3. Sobre el problema creado por las tropas marroquíes, véanse P. de Azcárate, *Mi embajada*, pp. 153-154, 235 y 377; y M. R. Madariaga, «The Intervention of Moroccan Troops in the Spanish Civil War», pp. 67-97.

144. *The Diplomatic Diaries of Oliver Harvey*, p. 160. CAB 23/94.

tas hábiles, reservas y contrapropuestas» a fin de «ganar tanto tiempo como fuera posible para proseguir la guerra».[145]

En todo caso, el aparente progreso de las labores del Comité de No Intervención a partir de mayo fue utilizado por el gobierno británico para intentar acabar con el problema planteado por la frontera francesa. Las noticias al respecto provocaron el correspondiente júbilo en la España franquista, como reconoció el general Jordana al embajador alemán el día 19: «el momento actual pudiera ser un hito decisivo en la guerra civil española, puesto que el cierre de la frontera francesa significaría que los rojos pronto podrían ser obligados a deponer las armas».[146] En efecto, a través de vías oficiales u oficiosas, desde las conversaciones de finales de abril las autoridades británicas no dejaron de insistir ante los gobernantes franceses sobre la necesidad de cerrar la frontera para restablecer la No Intervención y evitar la cristalización del Eje italo-germano. La triunfal visita de Hitler a Italia a principios de mayo estimuló aún más esa línea de acción porque Mussolini había declarado el día 14 que el único obstáculo para el entendimiento franco-italiano era «la guerra en España»: «estamos en lados opuestos de la barricada». Por tanto, según la percepción de los gobernantes del Reino Unido, la prolongación de esa guerra no sólo estaba impidiendo la entrada en vigor del Acuerdo Anglo-Italiano y agitando a la opinión pública británica, sino que también estaba frustrando una aproximación italo-francesa que apaciguara los riesgos político-estratégicos en el Mediterráneo. El 20 de mayo, sir Eric Phipps, embajador británico en París, recordó a Bonnet «la irritación de Mussolini» y apuntó que la conducta francesa podría estar impidiendo una retirada italiana de España «sin perder la cara». El ministro replicó que el tráfico de suministros en la frontera estaba decreciendo día a día y que su propósito era «secundar estrechamente la política del gobierno de Su Majestad en el asunto español».[147]

---

145. Telegrama del embajador alemán ante Franco, 15 de julio de 1938. DGFP, núm. 638. AMAE R1037/1. P. de Azcárate, *Mi embajada*, pp. 234-236 y documento 45.   146. DGFP, núm. 587

147. Telegrama del embajador, FO 371/22645 W6529. Nota de Bonnet, DDF, IX, núm. 385. Acta del gabinete, 18 de mayo de 1938. CAB 23/29. J. Coverdale, *La intervención fascista*, pp. 321-322. G. L. Weinberg, *The Foreign Policy of Hitler's Germany*, pp. 306-312. *Ciano's Diplomatic Papers*, pp. 206-207. J. B. Duroselle, *Politique étrangère de la France*, pp. 335-340.

A principios de junio de 1938, el Foreign Office decidió incrementar su presión sobre París aprovechando la disposición de Bonnet y amplios sectores del partido radical a secundar la política británica ante la creciente amenaza alemana sobre Checoslovaquia.[148] El señuelo para lograr ese objetivo sería la puesta en marcha de una nueva tentativa de mediación internacional en la guerra, a pesar de saber que «las perspectivas de progreso en la actualidad no son muy favorables». En realidad, el objetivo esencial de la iniciativa sería sobre todo lograr el cierre inmediato de la frontera francesa, antes del hipotético armisticio y con independencia de su muy improbable realización. El secretario particular de lord Halifax anotó en su diario el 5 de junio ese propósito sin ambigüedad:

En España, el gobierno está rezando por la victoria de Franco y presionando todo lo posible sobre Francia para que interrumpa el tránsito de suministros a Barcelona. [...] El gobierno francés quisiera ayudarnos, o al menos Bonnet quisiera, pero con una mayoría del Frente Popular están obligados a actuar con pies de plomo.[149]

Un estímulo añadido para la ejecución de ese plan lo proporcionó a principios de junio la petición de Mussolini para que el Acuerdo Anglo-Italiano entrara en vigor cuanto antes, con su correspondiente reconocimiento del imperio italiano en Abisinia. Ciano había comunicado el día 3 que ya habían pasado casi dos meses desde su firma y que podría considerarse que el progreso habido en el Comité constituía «una solución de la cuestión española». A la luz de esa gestión, en el Foreign Office cobró mayor utilidad y urgencia el plan para lograr el cierre de la frontera francesa a cambio de una dudosa perspectiva de mediación tripartita. En consecuencia, el 7 de junio, Halifax instruyó a sir Eric Phipps para que hiciera una gestión en París al respecto. Aquel mismo día, Phipps presentaría a Bonnet una comunicación oficial cuyo núcleo consistía en subrayar las peligrosas consecuencias de una negativa francesa a colaborar mediante el cierre de la frontera:

148. R. Miralles, «Georges Bonnet y la política española del Quai d'Orsay, 1938-1939», *Mélanges de la Casa de Velázquez* (Madrid), tomo XXX (3), 1994, pp. 113-141.   149. *The Diplomatic Diaries of Oliver Harvey*, pp. 148-149.

El gobierno de Su Majestad comprende las dificultades internas del gobierno francés, pero una gran parte de la opinión pública en este país es incapaz de entender por qué el gobierno francés no puede cumplir sus compromisos con el plan de No Intervención y evitar el tránsito de municiones por la frontera francesa con destino a Barcelona. Sería muy de lamentar que las simpatías con Francia en este país disminuyeran por tales motivos. Por otro lado, sería muy lamentable que nosotros no pudiéramos recoger los frutos de nuestro acuerdo con Italia y esto no será posible hasta que se logre alguna solución en España. La misma condición planea sobre las perspectivas de un acuerdo franco-italiano, que no sería menos valioso para la paz europea que el anglo-italiano.[150]

Como resultado directo de esa gestión, que se combinaba con una fuerte ofensiva parlamentaria de las derechas francesas en el mismo sentido, el gobierno francés cedió en toda regla. El 8 de junio, Bonnet informó a Phipps que asumía la iniciativa de mediación propuesta y que «había dado nuevas órdenes para que no se permitiera el paso de ningún material de guerra hacia España». De hecho, la frontera franco-catalana sería cerrada definitivamente el 13 de junio de 1938, eliminando así la última vía segura y disponible para la llegada de suministros bélicos a la asediada República. Al día siguiente de dar ese paso, Bonnet subrayaría a Phipps que el cierre de «la frontera era una prueba más del deseo de su gobierno de propiciar el fin del conflicto español». Las autoridades franquistas comprobaron enseguida con satisfacción la veracidad de esa clausura y asumieron que se debía esencialmente al resultado de la presión británica. El embajador republicano en París recibiría la noticia directamente de Daladier, quien atribuiría el cierre «a presiones y recriminaciones del Gobierno inglés con el que le era indispensable estar en buen acuerdo (a causa de Checoslovaquia)».[151]

150. Telegrama de Halifax a Phipps, 7 de junio de 1938. FO 371/22659 W7332. La comunicación del embajador a Bonnet, reproduciendo fielmente el telegrama, en DDF, IX, núm. 520. La previa petición de Mussolini en *Ciano's Diplomatic Papers*, pp. 210-212. DBFP, XIX, núm. 663.

151. Telegramas de Phipps, 9 y 14 de junio. FO 371/22647 W7480, W7665 y W7783; FO 371/22660 W7667. La confesión de Daladier a Marcelino Pascua (hecha el 22) en R. Miralles, «La política exterior de la República española hacia Francia durante la guerra civil», p. 42.

Habiendo logrado el cierre de la frontera francesa, el Foreign Office puso en marcha la segunda parte de su iniciativa diplomática de mediación. El 20 de junio, el embajador británico en Roma planteó a Ciano la posibilidad de sumarse a una gestión anglo-francesa para lograr un armisticio en España y así propiciar la entrada en vigor del Acuerdo. Sin esperar a un examen más detenido, Ciano respondió el mismo día 20 que la mediación era inaceptable y de «logro imposible»: Italia no presionaría a Franco «a menos que el armisticio fuera precedido de una rendición incondicional de los rojos». Como anotó en su diario, sería absurdo aceptar el armisticio «justo cuando Franco estaba ganando».[152] Además, el gobierno nacionalista, alertado por los sondeos precedentes, había comunicado a Roma y Berlín su absoluta negativa a contemplar esa posibilidad y había hecho pública una nota oficial declarando que «no aceptará jamás, como fin de la guerra, otra solución que no sea la rendición sin condiciones del enemigo». El general Jordana también había ordenado al duque de Alba, por carta del 10 de junio, que desmintiese en Londres cualquier esperanza mediadora con palabras tajantes y bien reveladoras del programa filototalitario auspiciado por el régimen franquista:

Con marcada insistencia vienen los rojos maniobrando cerca de distintos Gobiernos para asegurarse una mediación en nuestra guerra en términos que les permitan salvar parte de lo que irremediablemente tienen perdido. [...] Nuestra victoria ha de ser aplastante y hay que exterminar cuanto sea reminiscencia de lo que precedió al Movimiento. No es nuestro Estado una Dictadura ni es retrógrado su sentido, sino progresivo y avanzado en todos los aspectos, pero libre de las lacras que nos llevaron al desastre: el parlamentarismo, el sectarismo, la demagogia, el cacicato de los más indeseables, la intervención de Moscou (sic), el imperio del marxismo, la injusticia social, la persecución de la Iglesia, etc. Todas ellas tienen que desaparecer radicalmente y para ello es necesario que nuestra Cruzada por Dios y por la Patria termine con rotunda victoria [...]. El pueblo vencido totalmente será susceptible de regeneración, vencido a medias no.[153]

---

152. DBFP, XIX, núm. 664. *Ciano's Diplomatic Papers*, pp. 216-218. *Ciano's Hidden Diary*, p. 129.
153. Carta de Jordana. Archivo privado del duque de Alba (Madrid), caja núm. 1, carpeta núm. 1. La nota oficial, fechada el 5 de junio, en AMAE R1061/18.

A pesar de que la reacción italiana significaba el fracaso de la iniciativa mediadora británica, los responsables del Foreign Office consideraron que lo más importante era evitar que dicho fracaso precipitara una reapertura de la frontera francesa con la República. Esa decisión se tomó al mismo tiempo que las operaciones bélicas franquistas suscitaban un nuevo caso de grave conflicto con intereses británicos. No en vano, para cortar la llegada de suministros alimenticios y carbón a la República en mercantes extranjeros (mayormente británicos, puesto que dichos artículos no estaban prohibidos por el Acuerdo de No Intervención), desde finales de mayo Franco había emprendido una campaña de bombardeos aéreos en aguas españolas y puertos republicanos. Como resultado, en menos de un mes, 10 mercantes británicos habían sido hundidos por ataques aéreos (de un total de 16 mercantes británicos hundidos por acción militar durante todo el conflicto) y otros 37 resultaban dañados gravemente (de un total de 91 mercantes británicos afectados por acción militar durante toda la guerra).[154] En un principio, Londres se limitó a protestar por los ataques y exigir una indemnización, descartando la hipótesis de tomar represalias navales en función de prioridades superiores bien expuestas por Chamberlain:

He examinado cada forma posible de represalia y tengo claro que ninguna servirá a menos que estemos dispuestos a hacer la guerra contra Franco, lo cual probablemente llevaría a la guerra contra Italia y Alemania y, en todo caso, negaría mi política de apaciguamiento.[155]

Sin embargo, la persistencia e intensidad de los ataques creó una situación insostenible para el gobierno británico. El 24 de junio, en la Cámara de los Comunes, Chamberlain tuvo que afrontar graves acusaciones de cómplice pasividad en el hostigamiento a unos mercantes británicos involucrados en un tráfico legal. De hecho, una moción de censura planteada por la oposición laborista originó súbitas dificulta-

---

154. Cfr. E. Moradiellos, *La perfidia de Albión*, pp. 285-297.
155. Nota del diario del primer ministro fechada a mediados de junio de 1938. Reproducida en Keith Feiling, *The Life of Neville Chamberlain*, Londres, Macmillan, 1947, p. 353.

des a la mayoría gubernamental, que sufrió clamorosas bajas en forma de abstenciones y ausencias a la hora de votar en favor del gabinete. La presión se hizo tan intensa que Chamberlain se vio obligado a declarar que sir Robert Hodgson sería llamado a consultas a Londres y, «caso de hundirse más barcos británicos», se tomarían «medidas de represalia».[156] Las autoridades nacionalistas comprendieron entonces que habían topado con el límite de la tolerancia británica y que la continuidad de sus ataques implicaba el grave riesgo de provocar un cambio hostil en la política española del Reino Unido, justo cuando su presión sobre Francia estaba reportando las mayores ventajas. En consecuencia, el 25 de junio de 1938 Franco ordenó expresamente a su flota y fuerza aérea la interrupción de esos ataques deliberados:

Con esta fecha y con carácter secreto y urgente digo al Almirante Jefe de Estado Mayor de la Armada, al General Jefe del Ejército del Aire y al General Jefe del C.T.V. lo siguiente:

Indispensable evitar a toda costa cualquier clase de conflictos con buques británicos o franceses mercantes en alta mar debiendo extremarse precauciones para que cuando haya que intervenir se haga siempre con seguridad absoluta de que no se trata de barcos ingleses ni franceses. Así lo impone la situación internacional.[157]

Mientras tanto, en París, el fracaso de la iniciativa mediadora británica y la polémica por los bombardeos aéreos franquistas habían reavivado la campaña de los partidos de izquierdas sobre el gobierno en favor de la reapertura tácita de la frontera. Tratando de atajar esa

---

156. Telegramas de Alba, 24 y 25 de junio de 1938. Archivo General de la Administración (Alcalá de Henares), serie de Asuntos Exteriores (documentación de la Embajada española en Londres), caja 6.702. En adelante: AGA/6.702. Despacho de Alba, 26 de junio de 1938. AMAE R833/18. *The Diplomatic Diaries of Oliver Harvey*, p. 156. Las denuncias de pasividad procedieron tanto de las filas laboristas (Clement Attlee), como liberales (David Lloyd George y sir Archibald Sinclair), e incluso conservadoras (Churchill). *The Times*, 24 de junio de 1938.

157. *Nota del Cuartel General del Generalísimo al ministro de Asuntos Exteriores.* AMAE R1061/14. A partir de ese momento, los bombardeos aéreos de mercantes británicos decrecieron en intensidad y regularidad, sin que llegara a abandonarse totalmente este medio de bloqueo: el 27 de julio sería hundido un mercante en Gandía y el 7 de agosto otro en Palamós.

presión, el 29 de junio el propio Bonnet apeló al embajador británico en París para que hiciera presente a Daladier «la importancia vital que el gobierno de Su Majestad atribuía a la continuidad del cierre de la frontera de los Pirineos». Sir Eric Phipps escribió aquel mismo día una carta privada a lord Halifax anunciándole su propósito de actuar resolutivamente en ese sentido:

Mañana por la mañana voy a ver a Daladier para hacer eso porque, hasta que empiece a ejecutarse el plan británico, considero muy importante apoyar a Bonnet por todos los medios posibles en lo que creo que es una sincera lucha para mantener esa frontera infernal cerrada. Me dice que hay alrededor de ocho mercantes soviéticos en ruta, cargados de material de guerra, que los rusos están terriblemente ansiosos por introducir en España. Si lo consiguen, la guerra se prolongará por muchos meses más.[158]

En efecto, al día siguiente Phipps transmitió a Daladier «la importancia absolutamente vital que el gobierno de Su Majestad atribuía a la continuación del cierre de la frontera francesa» y pidió «una garantía» al respecto. Daladier, «sin ningún entusiasmo», accedió a ello. Para reforzar esa garantía, Phipps acudió al otro prohombre del partido radical, Édouard Herriot, presidente de la Asamblea de Diputados, y le «habló en igual sentido». Como resultado de esas intensas presiones, la frontera franco-catalana continuaría cerrada de modo incondicional, sin esperanza alguna de mediación y a sabiendas de que suponía un golpe probablemente mortal contra las expectativas de resistencia de la República española.

La respuesta oficial italiana a la iniciativa mediadora, comunicada el 2 de julio de 1938, en absoluto modificó la actitud política británica en la cuestión de la frontera francesa. Antes al contrario, hizo parecer aún más urgente «una solución de la cuestión española» que permitiera «recoger los frutos» del Acuerdo del 16 de abril. En su respuesta, Mussolini rechazaba la mediación como «inadmisible a menos que los rojos se rindan sin condiciones» y también desechaba

158.   Carta particular de Phipps a Halifax custodiada en el Archivo del Foreign Office, serie de Colecciones Privadas (clave 800), legajo 323 («Halifax Papers»). FO 800/323.

«una retirada unilateral de los voluntarios italianos». La entrada en vigor del Acuerdo Anglo-Italiano debería así esperar a mejor momento, bajo la confianza (también interpretable como amenaza) de que «un excesivo e injustificado retraso no aminore o cancele el valor» del mismo. De hecho, Roma sospechaba que la ambigüedad de la fórmula condicional británica permitía esperar que «Inglaterra se dará por satisfecha al respecto sin que se hubiera efectuado la retirada efectiva de voluntarios». Y estaba en lo cierto porque, pocos días después, el Foreign Office llegaba a la conclusión de que:

Cuanto más dure la guerra, mayor es el riesgo de que Alemania (y especialmente Italia) fortalezcan su posición en España, especialmente si la prolongación de la guerra puede atribuirse en Burgos con alguna razón a la intervención británica en favor del gobierno español.[159]

Los temores británicos sobre la creciente influencia italo-germana en la España de Franco eran más que justificados, en virtud del proceso de fascistización en política interior y de la progresiva identificación de su política exterior con las potencias del Eje (a pesar de las ocasionales fricciones provocadas por la amplitud de la ambición alemana sobre recursos mineros españoles). De hecho, el único impedimento durante la guerra civil para que Franco asumiera un mayor compromiso público con el Eje radicaba en su voluntad de no indisponerse con Gran Bretaña y no arriesgarse a una intervención de Francia en favor de la República. Así lo había hecho saber el Caudillo a Berlín a principios de mayo, cuando se le invitó a adherirse al Pacto Anti-Comintern. Pero esa cautela no significaba reserva alguna sobre la orientación de su futura política exterior en un sentido anglófobo y francófobo, sino aguda conciencia de la necesidad de actuar con suma prudencia dadas las circunstancias y las limitaciones materiales españolas (extrema debilidad interna, destrucciones y agotamiento humano por la guerra y patente vulnerabilidad estratégica). El conde de Torrellano, alto funcionario del Ministerio de Asuntos Exteriores franquista, recordaría en un memorándum el 20 de mayo de 1938 las

---

159. *Note on British Policy in Spain* (redactada por Walter Roberts, director del Departamento de Europa Occidental), 11 de julio de 1938. FO 371/22627 W8723.

poderosas razones para evitar que el alineamiento con el Eje pudiera suponer el enfrentamiento con «el grupo anglo-francés»:

Basta abrir un atlas para convencerse de ello. En una guerra contra el grupo franco-inglés puede decirse, sin exageración alguna, que estaríamos totalmente cercados de enemigos. Desde el primer momento los encontraríamos en todo el perímetro de nuestro territorio, en todas las costas y en todas las fronteras. Podríamos contenerlos en la de los Pirineos; pero me parece poco menos que imposible evitar a la vez la invasión por la frontera portuguesa. [...] Alemania e Italia sólo podrían prestarnos auxilios insuficientes para la defensa de una España débil, y nada de lo que nos ofrecieran podría compensar el riesgo de luchar a su lado. [...] Habría que hacerles ver que su ayuda no podría librarnos de las acometidas de Inglaterra y Francia en una guerra en la que nuestro territorio comenzaría por ser el principal teatro, para terminar, muy probablemente, en base de ataque a nuestros aliados.[160]

Como demostraría la inminente crisis europea de septiembre de 1938, Franco, por su mera condición de militar y estratega, era muy consciente de los argumentos apuntados por Torrellano y trataría de actuar en consecuencia. Sin embargo, antes de que llegara ese momento decisivo un nuevo revés militar imprevisto habría de arruinar la expectativa de una pronta victoria nacionalista.

En la madrugada del 25 de julio el Ejército republicano emprendió desde Cataluña una amplia ofensiva en la desembocadura del río Ebro que logró romper en varios puntos las líneas nacionalistas en la zona. La sorprendente operación republicana trataba de frenar así el avance nacionalista sobre Valencia, poniendo en acción todas las reservas de material soviético acumuladas antes del cierre de la frontera francesa. En efecto, el éxito inicial de la ofensiva obligó a Franco a cambiar sus planes y concentrar todas sus fuerzas para contener el desafío republicano. La consecuente batalla del Ebro se prolongaría hasta mediados de noviembre y sería la más agotadora y cruenta de toda la guerra civil (con una cosecha probable de 30.000 bajas humanas en el bando franquista y el doble en el bando enemigo). En un plano inmediato, la ofensiva republicana en el Ebro destruiría nueva-

---

160. «Consideraciones sobre la futura política internacional de España». AMAE R834/31.

mente la expectativa de una pronta victoria franquista y exacerbaría la inquietud italiana y alemana por el coste de una guerra inacabable y por las limitaciones de Franco como estratega.

La renovada energía militar demostrada por la República en el Ebro tuvo innegables implicaciones políticas internacionales, forzando a las cancillerías europeas a revisar la situación española. El representante británico en Barcelona había informado oportunamente de las crecientes tensiones entre los partidarios de la resistencia a ultranza propiciada por Negrín y los comunistas, y los partidarios de Azaña y su política, de lograr la paz con la mediación internacional. Conociendo esa división y las preferencias de Azaña por un gobierno presidido por Besteiro y sin presencia comunista, a principios de julio lord Halifax había preguntado al duque de Alba si Franco consideraría una «suspensión hostilidades a base Gobierno Besteiro». La respuesta de Alba había confirmado en el ministro británico la creencia de que era inútil cualquier iniciativa mediadora: «le he reiterado forma más categórica... nunca podremos aceptar otra solución que total rendición sin condiciones».[161] De todas formas, el alivio militar logrado por la ofensiva del Ebro fue aprovechado tanto por Negrín como por Azaña para promover sus respectivas líneas políticas.

En el caso de Negrín, la ofensiva del Ebro le proporcionó un nuevo plazo para ensayar la viabilidad de su política de resistencia en espera de una guerra entre el Eje y el frente democrático-soviético o con vistas a forzar una negociación de la paz en términos mínimamente favorables.[162] A fin de comprobar las posibilidades del segundo curso, entre el 18 y el 20 de agosto el doctor Negrín viajaría a Zúrich, nominalmente a participar en un congreso internacional de fisiología. La coetánea presencia de Alba en Ginebra alentó los rumores sobre el propósito de Negrín de aprovechar la situación militar para negociar la paz con el agente de Franco. En realidad, consciente de la negativa franquista a cualquier

---

161.   Telegrama de Alba a Jordana, 4 de julio de 1938. AGA/6782. Despacho de Leche, 15 de junio de 1938. FO 425/415 W7929.

162.   Ya en septiembre de 1937, previendo una derrota militar irreparable, Negrín había enviado un emisario confidencial a Cárdenas para preguntarle, «en el caso de un destino adverso», «hasta qué punto podría contarse con el señor presidente de México para una emigración masiva». J. S. Vidarte, *Todos fuimos culpables*, p. 788.

compromiso, el viaje de Negrín pretendía sondear en secreto ante un emisario alemán (el conde de Welczeck, embajador en París) la disposición del Tercer Reich a favorecer una mediación en España. El resultado de la entrevista fue negativo y convenció a Negrín de que la única alternativa para la República era resistir todo lo posible y no dar señales de debilidad mediante nuevos sondeos en pro de la mediación.[163]

Por su parte, aprovechando igualmente la situación creada por la ofensiva del Ebro, Azaña se entrevistó en secreto el 29 de julio con el representante británico, John Leche, para pedir el apoyo de su gobierno a su plan de mediación internacional. Según el presidente, «toda España» estaba harta de la guerra («con la excepción de los comunistas a un bando y los líderes militares al otro») y existía, por tanto, la posibilidad de que «las negociaciones para la retirada de voluntarios» fueran seguidas de una «suspensión de armas», «una desmovilización amplia», «una amnistía general en ambos bandos y un intercambio general de prisioneros». Para ello, sólo haría falta que «las cuatro potencias» (Gran Bretaña, Francia, Alemania e Italia) «se pusieran de acuerdo y elaboraran un esquema que diera satisfacción a los aliados de Franco y les animara a presionarle para entrar en razón». Azaña se declaraba dispuesto a promover en la República «una política de paz» y realizar el oportuno cambio ministerial «siempre que contara para ello con el aval» británico. También añadía que no temía la oposición comunista porque su «importancia temporal desproporcionada» sólo se debía a que «Rusia era el único país que había prestado ayuda».[164]

163. Sobre la visita a Zúrich, que algunas fuentes fechan en septiembre, véase: H. Thomas, *La guerra civil*, vol. 2, p. 911; G. Jackson, *La República española y la guerra civil*, Barcelona, Crítica, 1979, p. 396; Julián Zugazagoitia, *Guerra y vicisitudes de los españoles*, Barcelona, Crítica, 1977, pp. 410-411 y 430; I. Prieto, *Convulsiones de España*, México, Oasis, 1967, vol. 1, p. 224; Mariano Ansó, *Yo fui ministro de Negrín*, Barcelona, Planeta, 1976, pp. 228-229; Rafael Méndez, *Caminos inversos*, México, FCE, pp. 101-103; y M. Azaña, *Memorias de guerra*, p. 403.

164. Despacho de Leche, 30 de julio de 1938, FO 371/22660 W10667. No era la única gestión en pro de la mediación hecha a espaldas de Negrín. Semanas antes, la Generalitat de Cataluña, de acuerdo con el gobierno vasco, había planteado su propio proyecto en el Foreign Office con presupuestos y propósitos aún más ilusorios. Cfr. E. Moradiellos, «El gobierno británico y Cataluña durante la República y la guerra civil», *El Basilisco* (Oviedo), n° 27, 2000, pp. 21-36.

La reacción en el Foreign Office ante la gestión de Azaña y su petición de apoyo fue sumamente escéptica. No en vano, la experiencia reciente había demostrado las dificultades implícitas en el proyecto de acuerdo cuatripartito y tampoco se veía el medio de superar el mayor, sino único obstáculo, a cualquier tentativa de mediación: «el general Franco, que es el principal problema». Por eso mismo, a mediados de agosto, Halifax instruyó a Leche para que respondiera escuetamente al presidente que el gobierno británico «tenía siempre en mente la posibilidad de la mediación» y «estaba muy interesado en conocer su visión personal de la situación». La respuesta no satisfizo las expectativas de Azaña, que volvió a insistir ante Leche en la necesidad de una prueba del beneplácito británico para su política de paz antes de enfrentarse abiertamente con «Negrín y los comunistas». A pesar de que el diplomático británico aconsejó que se diera ese beneplácito porque «los republicanos son tímidos y requieren un estímulo», la opinión en el Foreign Office se mantuvo imperturbable. Recordando el rechazo italiano de fines de junio a la propuesta de mediación, el 12 de septiembre se intruyó a Leche para que no «dijera nada más a Azaña sobre este asunto» con argumentos categóricos:

Consideramos que en la actualidad hay menos oportunidades que nunca para persuadir a los italianos de que presionen a Franco en favor de la mediación. Y como las perspectivas de mediación dependen necesariamente de la actitud nacionalista, por el momento no hay posibilidades reales de avance en esta dirección. Por tanto, incluso si pudiéramos ayudar a Azaña y sus partidarios moderados a derribar el gobierno actual (y debo confesar que no veo de qué modo podríamos hacerlo), no conseguiríamos hacer así mucho más factible la mediación.[165]

Por si esas consideraciones fueran pocas, desde principios de septiembre la creciente tensión diplomática debido al problema de los Sudetes acabaría por arruinar definitivamente las escasas simpatías británicas por el proyecto de Azaña.

165. FO 371/22660 W11601.

8. LA HORA DE LA VERDAD: SEPTIEMBRE DE 1938
Y LA CONFERENCIA DE MÚNICH

La anexión de Austria en marzo de 1938 había convertido a Checoslovaquia en el siguiente objetivo del programa de expansión territorial de Hitler en Europa central. El pretexto formal para las reivindicaciones de Berlín lo constituía la presencia en la región checa de los Sudetes de una mayoría de población alemana partidaria de la integración en el Tercer Reich. Aparte de esa afrenta para el nacionalismo pangermano, Checoslovaquia era también un desafío político y militar para la dictadura nazi por su condición de democracia consolidada y por su vinculación con Francia y la URSS mediante tratados de defensa mutua. Por esos motivos, desde abril, Hitler había estimulado las demandas autonomistas de los alemanes sudetes como parte de una campaña destinada a destruir un vecino incómodo y peligroso para sus planes de hegemonía continental. Sin embargo, la campaña nazi de intimidación interna y externa no tuvo resultados similiares a los de Austria. A fines de mayo, el gobierno checo, confiado en el apoyo franco-soviético y en sus propias fuerzas, había acallado los disturbios en los Sudetes con una movilización militar preventiva. Dos meses después, su actitud conciliadora y flexible hacia las demandas autonomistas había desprovisto de sentido las denuncias de represión sangrienta y cerril procedentes de Berlín. En esas condiciones, a mediados de agosto, Hitler había decidido intensificar la campaña de presión interna y externa para invadir los Sudetes antes de finalizar el mes de septiembre.[166]

El gobierno británico había descartado desde hacía mucho tiempo la posibilidad de ir a la guerra contra Alemania a causa de los Sudetes. Sin embargo, persistía el peligro de verse arrastrado a ella en el caso de que Francia acudiera en apoyo de su aliado checo ante una agresión alemana. Entonces, cabía incluso la posibilidad de encon-

---

166. G. L. Weinberg, *The Foreign Policy of Hitler's Germany*, caps. 10 y 11. K. Hildebrand, *The Foreign Policy of the Third Reich*, pp. 65-74. J. Noakes y G. Pridham (eds.), *Nazism, 1919-1945*, vol. 3, *Foreign Policy, War and Racial Extermination*, Exeter, University Press, 1988, pp. 707-728.

trarse en el mismo bando que la URSS, cuyo compromiso de ayuda a Checoslovaquia estaba condicionado a la previa intervención francesa. De este modo, para las autoridades británicas, el problema germano-checo llevaba implícito enormes peligros políticos y estratégicos: no sólo arruinaría la política de apaciguamiento en favor de un aborrecible alineamiento con los Soviets sino que plantearía graves dificultades para ayudar a Checoslovaquia (habida cuenta de su aislamiento geográfico y de la oposición polaca y húngara a permitir el paso de ayuda militar soviética por su territorio). Precisamente para evitar ese cúmulo de contingencias detestables, desde las conversaciones anglo-francesas de abril, el gobierno británico había tomado la iniciativa diplomática para resolver el problema de forma pacífica pero *sui generis*: presionando fuertemente a Praga para que hiciera las máximas concesiones a las demandas de Berlín. La suerte de Checoslovaquia quedó prácticamante sellada el 30 de agosto de 1938, cuando el gabinete británico debatió los informes del servicio secreto sobre el propósito de Hitler de ocupar los Sudetes antes de octubre. Por iniciativa de Chamberlain y con escasa oposición, quedó descartada la única medida que hubiera podido frenar al Führer y reforzar a los generales alemanes que se oponían a la aventura: «no debemos transmitir a Hitler una amenaza en el sentido de que si invade Checoslovaquia le declararíamos la guerra». El verdadero sentimiento oficial sería apuntado por un editorial de *The Times* el 7 de septiembre que sugería como solución la simple cesión de los Sudetes a Alemania.[167]

Alentado por la débil respuesta franco-británica, Hitler decidió abrir la crisis definitiva el 12 de septiembre mediante un violento discurso ante el congreso del partido nazi en Nuremberg en el que denunció la represión checa en los Sudetes y amenazó con intervenir para atajarla. Al día siguiente, el gobierno checo tuvo que declarar la ley marcial para aplastar una rebelión instigada por los nazis en la región. La grave ten-

---

167. Sobre la política británica ante el problema checo véanse: R. A. C. Parker, *Chamberlain and Appeasement*, caps. 7 y 8 (la decisión ministerial del 30 de agosto en página 157); Keith Middlemas, *Diplomacy of Illusion: the British Government and Germany, 1937-1939*, Londres, Weindenfeld and Nicolson, 1972; C. Barnett, *The Collapse of British Power*, pp. 462-474 y 494-520 (pp. 517-520 para la decisión del 30 de agosto); M. Gilbert, *Winston Churchill*, cap. 46.

sión germano-checa y los informes de París señalando que Bonnet «quería la paz a cualquier precio» convencieron a Chamberlain de que había llegado el momento de intervenir directamente en el contencioso: comunicó a Hitler su disposición a ir a Alemania para negociar en persona una solución pacífica al problema. La propuesta del primer ministro británico, inmediatamente aceptada por el canciller nazi, daría lugar a las tres visitas de Chamberlain a Alemania en el espacio de dos semanas que habrían de simbolizar en adelante toda la política de apaciguamiento.[168]

La primera entrevista entre Hitler y Chamberlain tuvo lugar el 15 de septiembre. El primero exigió una «solución instantánea» del problema de los Sudetes para evitar el uso de la fuerza y sólo aceptó una moratoria «si el gobierno británico estuviera dispuesto a aceptar la idea de secesión en principio». También declaró que no consideraría ningún proyecto de mejora de las relaciones anglo-germanas y de apaciguamiento general hasta que la cuestión estuviera zanjada. Chamberlain regresó a Londres para consultar con su gabinete y el gobierno francés la respuesta a ese ultimátum velado. Entre el 18 y 19 de septiembre quedó perfilado el «plan anglo-francés», que contemplaba la cesión a Alemania de todas las áreas checas donde la población germana superara el 50 por 100 del censo y, a cambio, una garantía franco-británica sobre las nuevas fronteras de Checoslovaquia. El día 22 Chamberlain viajó nuevamente a Alemania para presentar el plan a Hitler. Sin embargo, éste consideró demasiado dilatoria la propuesta, exigió la cesión inmediata de los Sudetes y anunció que en caso contrario sus tropas ocuparían la zona el 28 de septiembre. Ante las protestas de Chamberlain, Hitler sólo replicó que «el problema checo era la última demanda territorial que tenía que hacer en Europa». El gabinete británico volvió a examinar urgentemente la situación el 24 y 25, en contacto con su homólogo francés. Chamberlain se mostró dispuesto a ceder porque

---

168. Para la crisis de septiembre, cfr. R. A. C. Parker, *op. cit.*, cap. 8; C. Barnett, *op. cit*, pp. 523-547; G.L. Weinberg, *The Foreign Policy of Hitler's Germany*, pp. 424-464; y «Germany, Munich and Appeasement» en *Germany, Hitler and World War II*, pp. 109-120; J. Noakes y G. Pridham (eds.), *op. cit.*, pp. 714-728; K. Middlemas, *op. cit.*, pp. 370 y ss.; J.B. Duroselle, *Politique étrangère de la France*, pp. 345-364; y P. Kennedy, «Munich: the Anatomy», en su obra *The Realities behind Diplomacy. Background Influences on British External Policy, 1865-1980*, Londres, Fontana, 1989, pp. 290-301.

«creía que Hitler decía la verdad» cuando afirmaba que «el objetivo de su política era la unidad racial (de todos los alemanes en un Reich) y no la dominación de Europa». Sin embargo, tanto en el seno del gabinete como en la opinión pública británica habían crecido las dudas sobre la verdadera intención nazi y la oposición a una nueva cesión bajo amenaza. El propio Halifax mostró por vez primera su desacuerdo con el primer ministro. La negativa francesa y checa a aceptar las condiciones alemanas obligaron finalmente a Chamberlain a rechazarlas. El 26 de septiembre, el Foreign Office anunció públicamente que si un ataque alemán obligaba a Francia a prestar ayuda a Checoslovaquia, Gran Bretaña «estaría al lado de Francia». La perspectiva de una nueva guerra en Europa parecía entonces casi inevitable.

Franco contempló el desarrollo de la crisis germano-checa, paralela al momento culminante de la batalla del Ebro, con enorme ansiedad por sus eventuales implicaciones para la guerra española. No en vano, como informó el embajador alemán a Berlín el 12 de septiembre, el estallido de una guerra europea «pondría en peligro extremo la victoria» franquista porque «la España roja se alinearía inmediatamente con Francia y sus aliados y posiblemente confirmaría esa medida con una declaración de guerra abierta a Alemania». En tal caso, podría contar con «amplio apoyo militar de Francia, Rusia y posiblemente de Inglaterra», en tanto que «Franco vería interrumpida más o menos la ayuda alemana e italiana».[169] De hecho, desde principios de septiembre, Franco había recibido informes fidedignos sobre planes militares franceses, en caso de guerra, para intervenir en Cataluña y en el Marruecos español con objeto de «mantener frente actual evitando nuestro avance y asegurando dominio costa Mediterráneo». También desde Londres, el día 12, Alba había comunicado el creciente recelo del gabinete británico «hacia nosotros pues da por descontado que de estallar un conflicto europeo habríamos de estar frente a él».[170] Ciertamente, un informe

169. DGFP, núm. 657. Cfr. José Antonio Durango, «La España nacionalista ante la crisis de Múnich», en J. Tusell y otros, *El régimen de Franco*, Madrid, UNED, 1993, vol.2, pp. 259-272.

170. Despacho de Alba a Jordana. AMAE R833/18. La noticia sobre planes franceses fue transmitida por Bonnet al agente franquista en París, el ex embajador

de los jefes de Estado Mayor remitido al gabinete británico dos días después corroboraba ese juicio:

La España de Franco probablemente será favorable a Alemania y cabe esperar que le proporcione facilidades portuarias que serían valiosas para las fuerzas navales alemanas destinadas a atacar nuestras rutas comerciales.[171]

El deterioro de la situación europea y sus peligros para la causa nacionalista fueron forzando a Franco a intentar atajar la crítica situación mediante la única opción disponible que ya había apuntado el informe del conde de Torrellano meses atrás: la oferta de neutralidad en caso de guerra europea, que «habría de ser mirada por estos países (democráticos) como un mal menor y bien acogida», en tanto que Italia y Alemania comprenderían que «su ayuda no podría librarnos de las acometidas de Inglaterra y Francia».[172] El 12 de septiembre, el cónsul francés en San Sebastián ya comunicó a Bonnet que, según confesión de una autoridad nacionalista, ésa era la única medida contemplada por Franco: «Aun si no lo quisiera, no hay más remedio, tiene que quedarse neutral». Sin embargo, esa opción tenía graves problemas de aplicación y credibilidad dada la presencia en España de un amplio contingente militar italiano y alemán. A mediados de agosto, las fuerzas italianas del C.T.V. sumaban 37.407 hombres y las de la «Aviación legionaria» (fascista) otros 2.688. Por su parte, los efectivos alemanes de la Legión Cóndor alcanzaban la cifra de 5.600.[173]

Consciente de los peligros, el 14 de septiembre, el general Jordana pidió explicaciones a Roma y Berlín sobre su previsible actitud en el asunto español en caso de conflicto europeo. Dos días después, el embajador alemán ante Franco informaba del «muy deprimido esta-

---

171. *Appreciation of the Situation in the Event of War against Germany*, 14 de septiembre de 1938. CAB 24/278.   172. Véase documento citado en nota 160.

173. Notas del Cuartel General del Generalísimo para Jordana, 9 y 13 de septiembre. AMAE R1036/27. El telegrama del cónsul francés a Bonnet en DDF, XI, núm. 98.

Quiñones de León. Telegrama de Jordana a Alba, 10 de septiembre. AGA/6.824. Cfr. J. Martínez Parrilla, *Las fuerzas armadas francesas*, cap. 3; y P. Jackson, «French Strategy and the Spanish Civil War», pp. 55-79.

do de ánimo y apenas encubierto disgusto» de las autoridades nacionalistas con el momento elegido por Hitler para desencadenar la crisis, sin pararse a considerar su efecto sobre «la causa de la España nacionalista». Jordana también ordenó a Alba que hiciera gestiones ante el gobierno británico para saber su opinión sobre los planes franceses de intervención en España. De modo poco tranquilizador, Alba telegrafió el día 16 que el Foreign Office había rehusado dar una respuesta comprometida afirmando que la gestión se basaba en «hipótesis que esperaba no se realizaran». Esa incertidumbre y la falta de explicaciones por parte de Berlín llevaron a Franco a confesar el día 20 en el consejo de ministros sus «graves temores» de que la crisis europea implicara el sacrificio de la España nacionalista.[174]

Ciertamente, la creciente tensión internacional y la fortaleza republicana en el Ebro habían generado un gran pesimismo en Roma y Berlín sobre el futuro de la España nacionalista. Por entonces, Mussolini confesaría a Ciano que Franco «ha perdido su oportunidad de ganar», «tendrá que llegar a un compromiso con el otro bando» y «nosotros tendremos que retirar lo que podamos mientras podamos».[175] Por el contrario, esos mismos factores habían abierto un rayo de esperanza en las filas republicanas que estaba siendo explotado por Negrín en la medida de sus posibilidades. El 13 de septiembre el jefe del gobierno había recordado al embajador francés que su ejército era «un poderoso arbotante del sistema defensivo de las democracias» y su colaboración exigiría «contrapartidas en beneficio de la España republicana». El día 21, en un golpe de efecto magistral, Negrín anunció por sorpresa en Ginebra, en plena reunión de la Asamblea anual de la Sociedad de Naciones, la inminente retirada unilateral y sin condiciones de las Brigadas Internacionales. Sólo pedía que se nombrara una comisión oficial para controlar su realización y verificar que el ejército republicano estaba formado y dirigido exclusiva-

---

174. Telegramas del embajador alemán ante Franco, 16 y 21 de septiembre. DGFP, núms. 658 y 661. Telegramas de Jordana a embajador en Roma y al duque de Alba, 14 y 15 de septiembre. AMAE R833/30 y AGA/6.703. Telegrama de Alba, 16 de septiembre. AGA/6.824.

175. *Ciano's Hidden Diary*, p. 159. Para la decepción alemana, véase el informe del embajador ante Franco, 19 de septiembre. DGFP, núm. 660.

mente por españoles.[176] Ningún país pudo objetar esa petición para poner en práctica, al fin y al cabo, el propósito más largamente debatido y acariciado de la política colectiva de No Intervención. Y Negrín hacía una virtud de la necesidad puesto que la retirada había sido sugerida previamente por Stalin, que en vista del incremento de la tensión internacional había decidido desde agosto ir retirando sus asesores de España y reduciendo su compromiso militar con la República.[177]

A fin de contrarrestar el efecto del anuncio de Negrín y apaciguar los temores de Londres y París, la diplomacia franquista emprendió dos iniciativas simultáneas que preparaban la vía para una declaración de neutralidad en caso de extrema necesidad. El 22 de septiembre, Jordana convocó a Hodgson para asegurarle que Franco «abrigaba los más sinceros sentimientos de simpatía por Inglaterra» y admiraba a Chamberlain por sus reiteradas gestiones para preservar la paz. También aprovechó la oportunidad para rechazar enfáticamente los rumores de que, «en caso de guerra en Europa, la España nacionalista estaría en el campo de los enemigos de Gran Bretaña». Dos días después, Jordana convocaba al embajador portugués para informarle de que Franco «no tenía ningún compromiso con Alemania o Italia que le impidiera permanecer neutral en caso de guerra europea». Por el contrario, deseaba mantener su neutralidad y para ello «estaba dispuesto a concluir un pacto de no agresión con el gobierno portugués». Como había previsto la diplomacia franquista, Salazar comunicó de inmediato la propuesta a Londres y recibió el consejo de aceptarla sin dilación.[178]

Sin embargo, ambas medidas quedaron superadas por el fracaso de la segunda entrevista de Chamberlain con Hitler y la consecuente

176. P. de Azcárate, *Mi embajada*, pp. 242-244. A. Castells, *Las Brigadas Internacionales*, pp. 371-372. El discurso de Negrín en J. Delperrie de Bayac, *Las Brigadas*, pp. 343-344. La gestión de Negrín ante el embajador francés en DDF, XI, núm. 110.

177. A. Elorza y M. Bizcarrondo, *Queridos camaradas*, pp. 421-426.

178. Despacho de Hodgson, 23 de septiembre de 1938. FO 371/22698 W13084. Acta del gabinete, 27 de septiembre de 1938. CAB 23/95. Telegrama del Foreign Office al embajador en Portugal, 29 de septiembre de 1938. FO 371/22699 W13006. Cfr. G. Stone, *The Oldest Ally*, p. 115; y M. Burgos Madroñero, «Portugal y la guerra de España», en AA. VV., *La guerra civil. Historia 16*, nº 18, 1986, pp. 104-115.

tensión prebélica que llegó a su culminación el 26 de septiembre. Aquel mismo día, un telegrama urgente del representante franquista en París forzaría una decisión formal de la política nacionalista ante la crisis:

Actitud Francia respecto España Nacional, caso conflagración internacional, estaría determinada por nuestra propia actitud que Gobierno Francés estima hoy equívoca e insegura, obligándole precaverse contra posible y aun probable agresión nuestra en apoyo de sus enemigos, pero que su actitud cambiaría si pudiera contar con seguridad en nuestra frontera.[179]

Sin más dilaciones, tras recibir ese telegrama Franco ordenó a sus embajadores ante Hitler y Mussolini que informaran de su propósito de «permanecer neutral en caso de conflicto europeo» y de su intención de comunicar tal medida a los gobiernos británico y francés. Prudentemente, también les ordenó que explicaran la ineludible necesidad de esa decisión y que subrayaran, «como opinión personal, ventajas que reportaría neutralidad España Nacional». Las instrucciones se cumplieron el mismo día 26 y recibieron mucha menos comprensión en Roma que en Berlín. La reacción alemana se limitó a solicitar que dicha neutralidad «fuera aplicada de un modo totalmente benévolo para Alemania e Italia». Mussolini y Ciano no pudieron evitar su «disgusto» por la medida, a pesar de reconocer que «la neutralidad es el único medio que tiene Franco para luchar». A fin de aliviar esos recelos, Franco se apresuraría a lamentar que «España no fuera todavía lo bastante fuerte para alinearse» con el Eje y a prometer que su neutralidad «sería naturalmente de carácter benévolo».[180]

Superado el trance de la comunicación a los «países amigos», Franco decidió informar oficialmente a Londres y París de su determinación neutralista para recabar garantías recíprocas. El 27 de septiembre de 1938 Jordana cumplió ese cometido ante Hodgson y el

---

179. Reproducido en telegrama de Jordana al embajador en Roma, 26 de septiembre. AMAE R833/30.

180. Telegrama citado en nota previa. La gestión del embajador en Berlín en DGFP, núm. 669. La gestión en Roma en *Ciano's Hidden Diary*, pp. 162-163. Las explicaciones de Franco fueron presentadas al embajador alemán el 28 de septiembre. DGFP, núm. 666.

cónsul francés en San Sebastián. Paralelamente, el ministro telegrafiaba al duque de Alba para que presentara esa declaración ante el Foreign Office con la mayor urgencia:

Haga V. E. saber a ese Gobierno que nuestra guerra no ha tenido nunca otro carácter que el meramente interno sin otro propósito que arreglar nuestros propios asuntos. Caso conflicto internacional, nuestra actitud será de estricta neutralidad, pudiendo asegurar, desde luego, que ni nuestra aviación ni ningún otro elemento traspasará nuestras fronteras, limitando actuación a lo que hasta ahora venimos desarrollando como necesario para nuestra guerra. Al hacer esta gestión en Foreign Office debe vuecencia añadir que Gobierno Nacional solicita del británico que intervenga a su vez cerca del Gobierno francés para obtener idéntica garantía por parte de Francia, ya que cualquier eventual agresión o imprudencia aislada, pudiera interpretarse como provocación que nos colocase en situación de obligada defensa con repercusiones imprevisibles.[181]

Alba cumplió la orden el 28 de septiembre, solicitando para ello una entrevista urgente en el Foreign Office. Aquel mismo día, el representante británico en Barcelona telegrafiaba para dar cuenta de una gestión de Negrín igualmente urgente pero de sentido inverso. El jefe del gobierno republicano quería informar al gabinete británico de su disposición a «responder a las obligaciones que le impone el Pacto de la Sociedad de Naciones» y de la preparación de su ejército para cumplir su misión. Sin embargo, Negrín advertía crípticamente sobre cualquier operación militar anglo-francesa de carácter unilateral sobre territorio español y sin previo consentimiento de la República:

El gobierno español no estima admisible ninguna medida que caso de un conflicto general pudiera ejercerse, sobre zonas de su territorio, de su protectorado, de sus colonias o de su influencia, sin un acuerdo previo entre las potencias interesadas.[182]

---

181. Telegrama, 27 de septiembre de 1938. AMAE R833/30. Telegrama de Hodgson, 27 de septiembre de 1938. FO 371/22698 W12929. La gestión ante el cónsul francés en DDF, XI, nº 389.

182. Telegrama de Leche, 27 de septiembre. FO 371/22699 W13013. El texto íntegro de la declaración de Negrín llegó el 7 de octubre. FO 371/22699 W13377. La gestión de Alba en FO 371/22698 W13118.

Las dos gestiones antagónicas de los bandos españoles se produjeron en el momento culminante de la crisis europea y al tiempo que Chamberlain ponía en marcha el 27 de septiembre su última tentativa para evitar la guerra. Aquel día, mientras se movilizaba la reserva naval y la población civil recibía máscaras antigás, el primer ministro británico anunció su disposición a viajar a Alemania por tercera vez y lamentó la «horrible» perspectiva de que el Reino Unido se estuviera preparando para una guerra «debido a una pelea en un país lejano entre gentes de las que no sabemos nada». A la mañana siguiente, Chamberlain volvió a solicitar a Hitler que aplazara su decisión de invadir Checoslovaquia porque «estoy convencido de que puede conseguir lo esencial sin guerra y sin retraso». Paralelamente, escribió a Mussolini para pedirle que interviniera ante el dictador nazi y modificara su intransigencia. Sus peticiones tuvieron éxito habida cuenta del temor de Mussolini a un conflicto para el que Italia no estaba preparada y de la intensa presión de los militares alemanes sobre Hitler para que evitara la guerra en una coyuntura tan desfavorable. Al mediodía del 28, Hitler aceptó posponer la movilización de sus tropas e invitó a Chamberlain, Daladier y Mussolini para que acudieran a Múnich a negociar personalmente una solución pacífica del problema germano-checo.

El 29 de septiembre de 1938, con ausencia de cualquier representante de Checoslovaquia o de la Unión Soviética, los dictadores germano e italiano y los primeros ministros británico y francés acordaron en Múnich que la cesión de los Sudetes a Alemania se realizara pacíficamente entre el 1 y el 10 de octubre. Una comisión cuatripartita supervisaría las fronteras definitivas de la nueva Checoslovaquia reducida, cuyo gobierno fue forzado a aceptar el acuerdo sin posibilidad de enmienda o discusión. La conferencia de Múnich, rápida y amistosamente, había conjurado el espectro de la guerra acatando las demandas de Hitler con un mínimo reajuste temporal. La política de apaciguamiento británica y francesa había llegado a su punto culminante y, aparentemente, triunfal.

Animado por el ambiente de colaboración imperante, Chamberlain planteó por separado a Hitler y Mussolini la posibilidad de forzar «a los dos bandos en España para lograr un armisticio». Las respuestas de ambos fueron vagas y poco comprometidas, aceptando «reflexionar» sobre la propuesta pero insistiendo en su falta de «ambiciones territoriales en España» y en la persistencia del «peligro del comunismo en España».[183] Mayor éxito tuvo Chamberlain al solicitar la firma de Hitler para una declaración anglo-germana comprometiéndose a «no volver a entrar en guerra otra vez», adoptar el «método de consultas» para tratar los problemas pendientes y «contribuir a garantizar la paz de Europa». A su regreso a Londres el día 30, ante el delirio de un público aliviado por la evitación de la guerra, el primer ministro británico confesaría el sentido que atribuía a esa declaración: «paz con honor. Creo que representa paz para nuestro tiempo». Para otros políticos británicos, tanto conservadores como de la oposición, y para un creciente segmento de la opinión pública, la impresión era muy otra, de humillación y derrota. Así lo consideró el primer lord del Almirantazgo, que dimitió de su cargo en desacuerdo con la resolución de la crisis. También el líder laborista, Clement Attlee («Ha sido una victoria para la fuerza bruta»); el ex ministro Anthony Eden («Retiradas sucesivas sólo traen humillaciones sucesivas»); y Winston Churchill («hemos sufrido una derrota total y sin paliativos»). Quizá por eso mismo, el general Franco, se apresuró a felicitar a Hitler por su triunfo en la «cuestión de los Sudetes alemanes» y a ordenar a Alba el día 30 que transmitiera su felicitación a Chamberlain por sus esfuerzos pacificadores:

Haga llegar al Presidente del Consejo de Ministros Mr. Chamberlain mi felicitación en estos momentos en que parece conjurado peligro que se cernía sobre Europa merced a los esfuerzos realizados por él, que con tanto entusiasmo y (... texto perdido) viene laborando por la paz.[184]

No en vano, los dirigentes nacionalistas estaban realmente aliviados y satisfechos por el resultado de la conferencia de Múnich y por la cancelación del peligro de guerra en Europa. Así lo reconoció a Jordana el embajador franquista en Berlín el mismo 30 de septiembre:

---

183. *Extract from Mr. Chamberlain's conversation with Herr Hitler on the 30th Sept. 1938.* FO 371/22661 W13353.

184. Telegrama de Franco a Alba, 30 de septiembre de 1938. AGA/6.703. La gestión de Alba ante Halifax, 3 de octubre de 1938, en FO 371/22698 W13345.

Con la conferencia de Múnich parece haber terminado la horrible pesadilla de una guerra europea en la que, a pesar de nuestros buenos propósitos, se hubieran apresurado (los republicanos) a declarar la guerra a Italia y Alemania haciéndose así aliados de los que nosotros hubiéramos querido conservar neutrales.[185]

De hecho, la solución de la crisis en la conferencia de Múnich había evitado que Franco tuviera que poner a prueba su intención de permanecer neutral en el conflicto europeo a pesar de seguir contando con el concurso de las fuerzas militares italianas y alemanas. Por las mismas razones, también había evitado que el gobierno británico tuviese que comprobar la viabilidad de su propósito de mantener aislado el conflicto español aun en caso de entrar en guerra por Checoslovaquia.

El desenlace de la crisis germano-checa a finales de septiembre de 1938 fue una auténtica sentencia de muerte irrevocable para la República y para la política de resistencia preconizada por el doctor Negrín. La cesión de las potencias democráticas ante el Eje en Múnich y su sacrificio de Checoslovaquia confirmaban clamorosamente su negativa a hacer frente a la intervención italo-germana en España y descubría su correlativa aceptación implícita de la victoria de Franco. Así fue comprendido y asumido por todas las cancillerías europeas y por los propios bandos españoles.

Consciente de esa coyuntura favorable, el 2 de octubre el general Jordana instruyó al duque de Alba para que hiciera valer ante las autoridades británicas la reciente declaración de «neutralidad estricta y gratuita» con el fin de lograr una «desaparición de todo temor por la victoria plena de la Causa Nacional». Jordana reconocía «la actitud de neutralidad relativa y benévola que nos venía mostrando Inglaterra o mejor dicho el Gobierno de Chamberlain», pero consideraba llegado el momento de exigir una política más favorable que se manifestara en la renuncia a la idea de mediación y a la retirada de voluntarios y en la presión sobre Francia para que siguiera ese mismo camino.[186]

185. Telegrama del conde de Magaz a Jordana, 30 de septiembre de 1938. Citado en J. A. Durango, «La España nacionalista ante la crisis de Múnich», p. 267.

186. A tono con la duplicidad de la política exterior franquista, Jordana también advertía a Alba que no debía asumir ninguna promesa de neutralidad para el porve-

La respuesta de Alba sobre el resultado de sus gestiones en Londres no pudo ser más satisfactoria. El 7 de octubre, telegrafiaba a Jordana «literalmente» la declaración que lord Hailsham (vicepresidente del gobierno) le había hecho tras subrayar, «como hacen siempre estos ministros, hablaba a título personal»:

Ofrecimiento neutralidad fue recibido Consejo Ministros con gran satisfacción, siéndonos comunicada en el momento más crítico, reforzando posición Primer Ministro, especialmente en su trato con Francia. Que llegara en ese momento fue casi milagroso. [...] *Gabinete estaría encantado de ver lo más pronto posible una victoria General Franco, como remate paz Europa.*[187]

Ciertamente, la declaración de neutralidad franquista y el papel mediador de Mussolini en la conferencia de Múnich habían reforzado la determinación del gabinete británico de eliminar el obstáculo español que impedía la plena reconciliación con Italia y agitaba la tranquilidad de la opinión pública en Gran Bretaña y Francia. La consecuente aceptación explícita de la victoria de Franco como solución inevitable en España quedó de manifiesto en dos ámbitos de actuación: la política de No Intervención y las relaciones con Italia.

Al contrario que la República, Franco había respondido con una velada negativa a la solicitud de colaboración en la puesta en marcha del plan de retirada de voluntarios extranjeros. Para evitar el efecto desestabilizador de dicha respuesta y la denuncia soviética, lord Plymouth renunció a convocar una nueva reunión del Comité de No Intervención, especialmente a la vista de la decisión republicana de retirar unilateralmente las Brigadas Internacionales. En su lugar obtuvo el concurso de los delegados francés, alemán, italiano y portugués para emprender una inocua gestión dilatoria: el envío a Burgos del se-

---

187. Telegrama de Alba, AGA/6.782. La cursiva es mía.

nir: «Con carácter confidencial y sólo para su uso en caso preciso, le diré que esta cotización de neutralidad debe referirse únicamente a nuestro gesto pasado, al declararnos neutrales, pero no interesa de ningún modo el que se plantee este tema en forma que pueda llevarnos a compromisos para el futuro, que no conviene de ningún modo hipotecar en estos momentos». Carta custodiada en el Archivo de Alba, caja 1, carpeta 1.

cretario del Comité, Francis Hemming, a fin de explicar «los detalles del proyecto». Hemming visitaría España desde el 10 de octubre al 17 de noviembre, celebrando varias entrevistas con Jordana y elaborando un informe final en el que concluía que sólo la inmediata concesión de los derechos de beligerancia sin condiciones podría posibilitar la colaboración franquista en la retirada supervisada. Pero cabía una solución alternativa. El 15 de octubre había tenido lugar en Cádiz la repatriación de 10.000 combatientes italianos (decidida en agosto por Mussolini «como gesto de buena voluntad en relación con el Comité de No Intervención») y podía interpretarse que dicha medida era equivalente a «la retirada sustancial» prevista en el plan original. El gobierno británico asumió esa equivalencia para evitar así la convocatoria del Comité y subcomité presidencial porque «podría fácilmente precipitar el final de la no-intervención» y era mucho más conveniente «hacer tiempo en parte con la esperanza de que surgiera alguna solución en el intermedio».[188]

La repatriación de combatientes italianos tuvo también una segunda ventaja política para Chamberlain: proporcionó la oportunidad para decidir la entrada en vigor del Acuerdo Anglo-Italiano asumiendo que dicha repatriación equivalía a «una solución de la cuestión española» y demostraba que ésta «ya no es una amenaza para la paz de Europa». Ante las protestas de la oposición laborista y liberal, el 3 de noviembre lord Halifax defendió esta medida en la Cámara de los Lores confesando implícitamente que el gobierno había aceptado la victoria franquista con ayuda italiana como parte integral del Acuerdo:

Quisiera dejar muy claro un hecho. Nunca ha sido verdad y no lo es hoy que el Acuerdo Anglo-Italiano tuviera el valor instrumental que algunos le atribuyen para hacer desistir a Italia de apoyar al general Franco. Mussolini

---

188. *Report by Mr. Francis Hemming*, 17 de noviembre. AMAE R1037/6 (bis). Minutas de lord Plymouth (30 de noviembre) y Mr. Coulson (7 de diciembre). FO 371/22657 W15961 y W15227. Según confesó el embajador italiano en Burgos a su homólogo alemán, los efectivos retirados sólo incluían a tropas de infantería que llevaban más de un año en España y estaban muy cansados, enfermos o con cargas familiares. En total, el contingente repatriado suponía una cuarta parte del C.T.V. y permitiría una reestructuración del mismo para darle mayor eficacia. DGFP, núm. 662. J. Coverdale, *La intervención fascista*, pp. 322-325 y 329-330.

siempre ha dejado claro, desde el momento de las primeras conversaciones entre el Gobierno de su Majestad y el gobierno italiano, que por razones de todos conocidas, tanto si las aprobábamos como si no, él no estaba dispuesto a ver al general Franco derrotado.[189]

El Acuerdo Anglo-Italiano entraría finalmente en vigor el 16 de noviembre de 1938. En virtud del mismo, el gobierno británico reconocía *de iure* el imperio italiano sobre Abisinia. Aquel mismo día, Chamberlain sugería una visita suya y de Halifax a Roma a principios de enero de 1939 para afianzar aún más la nueva etapa de cordialidad en las relaciones anglo-italianas. Mussolini aceptó encantado esa nueva prueba de la diplomacia de apaciguamiento por su «valor psicológico» y propagandístico, pese a considerar inútiles sus propósitos políticos. No en vano, a finales de octubre, el Duce acababa de debatir con Ribbentrop la posibilidad de convertir el Eje en una alianza militar y había reconocido que «en el curso de pocos años habrá una guerra del Eje contra Francia e Inglaterra». La hostilidad fascista hacia las democracias volvió a manifestarse el 30 de noviembre, cuando los miembros del Gran Consejo Fascista interrumpieron un discurso de Ciano sobre «las aspiraciones naturales del pueblo italiano» con demandas irredentistas antifrancesas (Túnez, Córcega, Niza y Saboya).[190] Pero ni siquiera ese síntoma ominoso, que provocó una respuesta firme de Daladier, fue suficiente para que Chamberlain considerase plenamente agotada la política de apaciguamiento.

9. EL DESAHUCIO DE LA REPÚBLICA: CRÓNICA DE UNA VICTORIA INCONDICIONAL FRANQUISTA.

La conducta anglo-francesa en el conflicto español después de Múnich tuvo efectos disolventes irreparables sobre la precaria estabilidad

---

189. *Parliamentary Debates. House of Lords*, col. 1624. Acta del gabinete, 26 de octubre. CAB 23/96. *Ciano's Hidden Diary*, pp. 172-173.

190. *Ciano's Hidden Diary*, pp. 195 y 200. *Ciano's Diplomatic Papers*, pp. 242-246. Cfr. R. A. C. Parker, *Chamberlain and Appeasement*, pp. 192-193; J. Coverdale, *La intervención fascista*, pp. 328-329. M. Knox, *Mussolini Unleashed*, pp. 38-40.

política y militar de la República. La clausura de la frontera pirenaica en junio había significado el estrangulamiento de su última y vital línea de aprovisionamiento de suministros militares y alimenticios exteriores, con el consiguiente deterioro de la ya muy precaria situación material en la retaguardia y en el frente de combate. La resolución de la crisis germano-checa en favor de Hitler supuso un golpe decisivo a las esperanzas de recibir el apoyo de las democracias. Desde entonces, las crecientes dificultades de abastecimiento civil y militar cobraron un alto precio material y moral entre la población, haciendo mucho más penosa la tarea emprendida por Negrín para restablecer la autoridad del Estado republicano y perfilar unos fines de guerra compartidos por toda la opinión pública y las fuerzas políticas republicanas. En noviembre de 1938, un certero informe confidencial del representante diplomático británico en zona republicana subrayaba ese rápido proceso de deterioro interno inducido por las derrotas militares y sus potenciales efectos:

El gobierno español siempre ha estado escaso de material (bélico) pero no así de efectivos humanos. [...] La falta de municiones es grave pero todavía no letal. Siempre es peligroso profetizar y aun más en este país y en tiempo de guerra. Pero creo que el ejército republicano será capaz de resistir casi indefinidamente siempre que la escasez de alimentos no provoque una quiebra de su moral. Y ésta es la duda básica. *La situación alimenticia es realmente mala y parece muy probable que se agrave mucho más.* [...] La verdad es que la amplia mayoría de la población en la España republicana está sufriendo una severa subalimentación incluso en los distritos rurales. El racionamiento de los obreros de industrias esenciales y de las tropas de retaguardia ya ha sido recientemente intensificado drásticamente. Las tropas del frente todavía están razonablemente bien alimentadas pero con creciente dificultades que preocupan mucho al gobierno. [...] La catastrófica caída de la actividad productiva habrá de conducir más pronto o más tarde al agotamiento de las reservas financieras del gobierno y, con el paso del tiempo, le será mucho más difícil conseguir los alimentos, el combustible y las municiones que importa del extranjero. Esta tendencia ya es claramente perceptible.[191]

191. Despacho de R. S. Stevenson para lord Halifax, 25 de noviembre de 1938. FO 425/415 W16041. Subrayado nuestro. A título de ejemplo, ya en febrero de 1937 la población de la sitiada ciudad de Madrid estaba sometida a un drástico ra-

En abierto contraste con la crítica situación republicana, a lo largo del segundo semestre de 1938, seguro de sus apoyos internacionales y de sus suministros bélicos, el general Franco fue capaz de culminar en condiciones mucho más ventajosas la empresa de perfilar sus propios fines de guerra y de consolidar un estado central militarizado y en claro proceso de fascistización. Y todo ello sin que los ocasionales reveses militares ni el espectro del hambre, la miseria y las privaciones materiales socavaran la eficacia de su esfuerzo bélico o la unidad política e ideológica de su retaguardia interior. Buena prueba de esta situación es el siguiente informe reservado que había remitido a Londres el agente oficial británico en la zona nacionalista a finales de agosto:

El orden público continúa siendo bueno. En general, la gente está bien alimentada, decentemente vestida y contenta. Los precios han subido pero poco y, claro está, los bienes importados han desaparecido del mercado. Pero, realmente, no hay signos externos de depresión. [...] De hecho, en todas partes reina una apariencia externa de contento y normalidad. Por supuesto, la misma es en parte equívoca. En todos los lugares hay en marcha rigurosas medidas de represión. [...] Es cierto que la desafección y la hostilidad latente hacia el régimen prevalecen en muchos distritos, especialmente en aquellos donde hay población obrera (hubiera sido inconcebible su conversión en tan pocos años a las nuevas doctrinas). Pero hay que reconocer al gobierno del general Franco su capacidad para restablecer la tranquilidad superficial y la buena administración.[192]

El oscuro horizonte internacional abierto tras el Acuerdo de Múnich no sólo dio al traste con las tibias esperanzas de Negrín sino que agudizó la desintegración política interior de la República al reforzar a

---

192. Despacho de sir Robert Hodgson para lord Halifax, 24 de agosto de 1938. FO 425/415 W11582.

---

cionamiento: de las 2.000 toneladas diarias de alimentos considerados mínimamente necesarios, sólo cabía proporcionar 518 toneladas. En el caso de la tropa, la ración media alimenticia mermó entre finales de 1936 y 1938: de 700 gramos de pan diarios a 400, de 250 gramos de carne a 150 y de 200 gramos de verdura a 180. H. Thomas, *La guerra civil*, vol. 2, p. 926; y J. A. Martínez y F. Limón, «El abastecimiento de la población», en AA.VV., *La guerra civil. Historia 16*, vol. 14, pp. 70-83.

aquellos sectores seducidos por la ilusoria posibilidad de negociar la rendición ante Franco con el aval de las potencias occidentales. Esa misma situación de descomposición política se vio agravada por el efecto desmoralizador creado por las míseras condiciones de vida material imperantes entre la población civil de la retaguardia republicana. Como reconocería certeramente Palmiro Togliatti en su informe confidencial para la Comintern y Stalin tras el fin del conflicto:

En las masas el cansancio de la guerra y el descontento por sus sufrimientos asumían las formas concretas de la aspiración profunda y general a la paz. En todo el país se esperaba un hecho nuevo que pusiese fin a la guerra. Y ya no se pensaba en la victoria de la República.[193]

Los gobiernos británico y francés recibieron informes precisos sobre la fuerza creciente del frente antinegrinista en la retaguardia republicana como resultado del Acuerdo de Múnich y de los coetáneos graves reveses militares en el Ebro. En particular, Londres recibía noticias fidedignas a través de Denys Cowan, oficial de enlace en Barcelona de una comisión británica para el canje de prisioneros formada en agosto de 1938 por acuerdo de ambos bandos españoles y presidida por el mariscal sir Philip Chetwode. A finales de septiembre, Cowan («que está en estrecho contacto con ellos») había informado que «el presidente de la República y muchos miembros del gabinete» querían anular a Negrín y a los comunistas para favorecer la negociación de la paz con Franco. Apenas dos meses después, el nuevo encargado de negocios británico, Ralph S. Stevenson, comunicaba que Besteiro le había manifestado su deseo de «acabar la guerra inmediatamente casi a cualquier precio» y su oposición a Negrín, «que, a su juicio, estaba dominado por la influencia comunista».[194] La profunda e irreversible división en las filas republicanas ratificó la voluntad británica de rechazar cualquier solicitud de apoyo de Negrín y de abstenerse de intervenir en los asuntos internos de la República. En el

193. Informe del 21 de mayo de 1939. Citado en A. Elorza y M. Bizcarrondo, *Queridos camaradas*, p. 442.
194. Despachos de Stevenson, 25 de noviembre y 28 de diciembre. FO 425/416 W16041 y W114. Carta particular de Chetwode a Halifax, 27 de septiembre. FO 800/323.

mismo sentido se decantaba la diplomacia francesa de la mano de Bonnet, convencido de «la necesidad de facilitar el triunfo de Franco en la línea de que Mussolini atemperaría así su conducta y reclamaciones respecto de Francia».[195]

Ante el desahucio anglo-francés y en plena retirada militar en el Ebro, Negrín recurrió de nuevo a Moscú para pedir material bélico a crédito (habida cuenta del agotamiento de las reservas financieras de la República). El 11 de noviembre escribía una carta en ese sentido a Stalin en la que también denunciaba que «han sido Chamberlain y su clique los peores enemigos» y que «la política inglesa es la clave de la conducta de Francia».[196] Desde el verano de 1938, la URSS había estado reduciendo sus compromisos en España (cese de envíos, repatriación de asesores, retirada de brigadistas) a medida que se acentuaba la crisis centroeuropea y se comprobaba la imposibilidad de colaborar con la entente franco-británica en la contención del Eje. La conferencia de Múnich reactivó en Moscú la sospecha de que las democracias trataban de desviar hacia el este las ambiciones expansionistas alemanas y abrió la veda a la búsqueda de nuevas alternativas para superar el peligro de aislamiento y de guerra. Pero mientras se tanteaba prudentemente la vía del entendimiento directo con Alemania, no había más remedio que continuar apoyando la causa republicana para no defraudar al movimiento antifascista europeo. La demanda de ayuda de Negrín sería atendida a finales de diciembre de 1938, cuando comenzaron a llegar a la frontera franco-catalana los últimos suministros bélicos soviéticos.[197] Pero entonces ya sería demasiado tarde para cambiar la suerte de las armas.

195. Carta del embajador republicano en París al ministro de Estado, 30 de diciembre. Citado en R. Miralles, «Georges Bonnet y la política española del Quai d'Orsay», p. 140.

196. Una fotografía de la carta se reproduce en la historia oficial comunista del conflicto: Dolores Ibárruri y otros, *Guerra y revolución en España*, Moscú, Progreso, 1977, vol. 4 (intercalada entre pp. 318 329).

197. Sobre estos aspectos de la política española de la URSS véanse: A. Viñas, *El oro de Moscú*, pp. 402-420. B. Bolloten, *La guerra civil*, pp. 986-993. J. Haslam, «The Soviet Union, the Comintern and the Demise of the Popular Front 1936-1939», en H. Graham y P. Preston, *The Popular Front in Europe*, pp. 152-160. E. H. Carr, *The Comintern and the Spanish Civil War*, Londres, Macmillan, 1984, pp. 50-51 y cap. 7.

Mientras la República cifraba sus últimas esperanzas en la ayuda soviética para compensar las enormes pérdidas sufridas en el Ebro, Franco recurría a Alemania para restablecer urgentemente la superioridad material de sus fuerzas y emprender así una ofensiva final contra Cataluña. El recurso a Berlín era inexcusable porque Roma había informado ya a principios de 1938 que «la capacidad económica de Italia no permite en absoluto seguir la marcha emprendida para ayudar a España».[198] Sin embargo, Hitler condicionó la rápida entrega de la masiva ayuda solicitada (entre otros elementos, 50.000 rifles, 2.000 ametralladoras y 100 cañones de 75 mm.) a la aceptación por Franco de diversas demandas económicas pendientes (incluido el reconocimiento de las propiedades mineras agrupadas en el «proyecto Montana»: más de 200 minas o derechos de explotación minera en España). El 17 de noviembre, consciente de la importancia vital de los suministros bélicos para acabar la guerra, Franco capituló ante las presiones alemanas y aceptó la práctica totalidad de las demandas. Además, reiteró ante el embajador alemán «la firme intención de la España Nacionalista de continuar orientando su política y economía hacia Alemania después del final de la guerra». Poco después, en carta personal a Hitler, el Caudillo repetía esa voluntad y advertía que «el recelo inglés nos obliga a ser muy cautos y no exteriorizar nuestra política económica futura [la autarquía fascista]».[199]

Una vez restablecida la superioridad material con la llegada de los suministros bélicos alemanes, Franco emprendió el 23 de diciembre de 1938 la prevista ofensiva sobre Cataluña. Las líneas defensivas republicanas, debilitadas, desmoralizadas y sin reservas después del es-

---

198. Para el agotamiento de la capacidad de ayuda italiana, véase J. Coverdale, *La intervención fascista*, pp. 300-301 y 308-310; J. Tusell, *Franco en la guerra civil*, p. 201; y *Ciano's Diplomatic Diary*, pp. 13, 81 y 94.

199. Memorándum del general Richthofen, 23 de enero de 1939. DGFP, núm. 714. La primera declaración, transmitida por despacho del embajador el 19 de diciembre de 1938, en DGFP, núm. 698. La segunda en J. Tusell, *Franco en la guerra civil*, p. 346. Sobre la negociación sobre los suministros y la exigencia alemana de contrapartidas véase DGFP, núms. 685, 686, 691, 692, 693. Nota de Jordana para el consejo de ministros, 17-XI-1938. AMAE R833/1. Cfr. G.T. Harper, *German Economic Policy*, cap. 6; R. García Pérez, *Franquismo y Tercer Reich*, pp. 59-82; y D. Smyth, «The Moor and the MoneyLender», pp. 158-161.

fuerzo en el Ebro, fueron incapaces de contener el avance general por todo el frente de las tropas nacionalistas. El 15 de enero de 1939, al tiempo que perdía la ciudad de Tarragona, el gobierno republicano lograba que Daladier abriera *de facto* la frontera francesa al paso del material bélico enviado desde la URSS. Pero ya era demasiado tarde. El 22 de enero el general Rojo informaba a Negrín que el frente se había desplomado y no existía capacidad material ni ánimo moral para restablecerlo y contener la ofensiva.[200] Aquel mismo día el gobierno ordenaba la evacuación de Barcelona y se iniciaba una masiva retirada de población civil y fuerzas militares en dirección a la frontera francesa y bajo condiciones de auténtico desplome institucional. El 26 de enero, Barcelona, última capital de la República, era ocupada por las tropas de Franco sin encontrar resistencia. Dos días después, el ministro republicano de Estado, Julio Alvarez del Vayo, lograría la apertura de la frontera para acoger miles de refugiados civiles. El 5 de febrero las autoridades francesas aceptarían también la entrada en su territorio de los combatientes a cambio de su desarme e internamiento en campos de concentración. En total, como mínimo 440.000 republicanos españoles pasarían a Francia hasta el día 9 de febrero de 1939, cuando las tropas franquistas llegaron a la frontera y completaron la ocupación de toda Cataluña.[201]

Mientras la ofensiva franquista en Cataluña recogía sus primeros frutos, Chamberlain y Halifax se entrevistaron con Mussolini y Ciano en Roma el 11 y 12 de enero. El Duce reiteró ante sus invitados

200. El agregado militar británico en España informaría a Londres a fines de enero de 1939 que «el más importante de todos los factores responsables de la abrumadora victoria nacionalista» radicaba en «la sorpresa estratégica lograda por los últimos y masivos refuerzos que su ejército había recibido en material bélico». Stevenson informaba a la par que esa superioridad material había determinado el imprevisto colapso republicano: «La escasez de material bélico era enorme. La artillería estaba reducida a menos de doce cañones por división y éstos estaban desgastados por el uso constante. En aviación, la inferioridad del gobierno era aproximadamente de un avión por cada seis enemigos. No tenían ni siquiera suficientes ametralladoras». FO 425/416 W2305 y W1990.

201. J. Rubio, *La emigración de la guerra civil*, Madrid, San Martín, 1977, vol. 1, pp. 65-73. D. W. Pike, *Vae Victis! Los republicanos españoles refugiados en Francia*, París, Ruedo Ibérico, 1969. María Fernanda Mancebo, *La España del exilio*, Madrid, Historia 16, 1993.

que sólo aceptaría un final para la guerra («una victoria completa del general Franco»), que no tenía «ambiciones directas en España», y que si se producía «una intervención francesa en gran escala» respondería a la misma en igual medida. El primer ministro británico se limitó a expresar «su esperanza de que una rápida solución de la cuestión española» permitiría la reconciliación italo-francesa, mientras que Ciano anotaba en su diario su impresión de que Halifax «sería feliz si la victoria de Franco eliminara la cuestión española».[202]

Apenas finalizada la visita a Roma, la victoriosa ofensiva franquista en Cataluña replanteó en París y Londres la posibilidad de una inminente derrota militar de la República. El gobierno francés demostró de nuevo su parálisis impotente al rechazar el 6 de enero las demandas de urgente ayuda militar de un angustiado Negrín que les advertía que «defendiendo a Cataluña defendía al mismo tiempo a Francia».[203] El gabinete británico simplemente perseveró en su política de pasividad inhibitoria a la espera de una victoria franquista que resolviera el «problema español». Como reconocería en privado con cierta amargura sir Robert Vansittart el 16 de enero:

El curso entero de nuestra política de No Intervención, que en realidad, como todos sabemos, operó de un modo completamente partidista, ha estado favoreciendo la victoria de Franco. Era sólo cuestión de tiempo que se llegara a la situación ahora planteada en la España republicana después de haber presionado a los franceses para que cerraran su frontera y de haber consentido a los italianos que hicieran lo que quisieran.[204]

202. El informe italiano sobre las conversaciones en *Ciano's Diplomatic Papers*, pp. 259-266; y Ciano, *Diaries, 1939-1943*, Nueva York, Doubleday, 1946, p. 10. Minuta de Chamberlain, 13 de enero de 1939. PREM 1/327 (Archivo de la Oficina Particular del Primer Ministro). Telegrama de Halifax, 13 de enero de 1939. FO 371/24114 W737. *The Diplomatic Diaries of Oliver Harvey*, pp. 238-245.

203. DDF, XIII, núm. 312. J. Martínez Parrilla, *Las fuerzas armadas francesas*, pp. 321-322.

204. FO 371/24115 W973. Por el contrario, dos días después, Chamberlain se alegraba de ese resultado en carta privada al rey Jorge VI: «El obstáculo que todo lo estropea es España. Y hasta que ese asunto sea solucionado siempre habrá un peligro de abierto enfrentamiento (de Italia) con Francia y siempre estará bloqueada la vía del apaciguamiento». PREM 1/327.

Sólo en un caso específico se permitió el gobierno británico abandonar la pasividad expectante para intervenir directamente en el conflicto español y previo acuerdo con París. Por indicación secreta de Franco («muy ansioso por ocupar Menorca pacíficamente» para aliviar «los temores franceses sobre la permanencia italiana en estas islas»), Chamberlain autorizó que un buque británico llevase un emisario nacionalista a Menorca el día 6 de febrero para proponer a los líderes republicanos la rendición a cambio de ser evacuados a Francia en el mismo buque. Dos días más tarde, la isla era entregada a las autoridades franquistas al tiempo que 450 refugiados republicanos partían al exilio casi a la par que se consumaba la caída de Cataluña.[205] Sólo el peligro derivado del vital interés estratégico de Menorca había determinado la común disposición británica y franquista para contemplar una salida negociada en el asunto a expensas de un impotente gobierno republicano.

A medida que se consumaba la derrota republicana en Cataluña, Londres y París tuvieron que hacer frente a las gestiones simultáneas y antagónicas de ambos bandos españoles. Mientras los nacionalistas trataban de aprovechar la suerte de las armas para exigir su inmediato reconocimiento como gobierno *de iure* en España, los republicanos intentaban lograr el concurso de las potencias democráticas para obtener *in extremis* una capitulación con mínimas garantías.

El general Jordana ordenó el 26 de enero de 1939 al duque de Alba que presentara la demanda de reconocimiento diplomático al Foreign Office basándose ante todo en que la «ocupación de Barcelona» demostraba fehacientemente «nuestra potencia militar frente a la descomposición del llamado ejército rojo» y dicho reconocimiento desalentaría la voluntad de resistencia del enemigo y era así «el medio de no prolongar inútilmente una lucha que tantos estragos produce».[206] Por su parte, Negrín convocó a Stevenson el 2 de febrero (y después lo haría al embajador francés) para comunicarle su disposición a «deponer las armas» siempre que Franco asumiera tres condiciones y éstas fueran garantizadas por Gran Bretaña y Francia: 1) la independencia de España de todo dominio extranjero; 2) la libertad

---

205. Sobre el particular, véanse los detalles de la operación en E. Moradiellos, *La perfidia de Albión*, pp. 344-347.   206. AMAE R833/23.

del pueblo español para decidir su forma de gobierno; y 3) la ausencia de represalias contra los republicanos.[207] El jefe del gobierno español pedía a las autoridades británicas y francesas que transmitieran esa propuesta a Franco y afirmaba que, si la gestión resultara negativa, proseguiría la resistencia «tanto como fuera posible en Cataluña y después en la zona sur». A pesar de esas palabras finales, Stevenson y el embajador francés pudieron comprobar de inmediato la extrema debilidad política y militar de la posición de Negrín y sus partidarios. No en vano, dos días después de la entrevista, el presidente de la República, antes de cruzar la frontera camino del exilio, presentó a ambos diplomáticos su propia iniciativa para acabar con la guerra bajo condiciones menos exigentes. Según Azaña, la capitulación republicana sería un hecho irreversible si Francia y Gran Bretaña lograban obtener de Franco tres garantías mínimas: «la ocupación pacífica del resto del país, sin represalias políticas, y la retirada de tropas extranjeras de España».[208]

El Foreign Office decidió sondear al gobierno franquista sobre las condiciones planteadas por Azaña al considerarlas menos maximalistas que las de Negrín. Pero el sondeo realizado en Burgos el 5 de febrero sólo obtuvo una firme negativa a aceptar ninguna condición para la rendición. Como escribía al día siguiente Jordana a Alba: «nuestra posición es firme y sería poco práctico a estas alturas avenirse a componendas cuando la partida está definitivamente ganada». Para entonces, Londres había resuelto paralizar toda gestión ulterior debido a la decisión de París de consultar con Negrín la propuesta de capitulación de Azaña. El 7 de febrero, sólo dos días antes de cruzar la frontera, Negrín se entrevistó con el representante británico y el embajador francés y «admitió por primera vez la derrota del gobierno republicano». Y aunque insistió en que para deponer las armas sería necesario que Franco diera garantías de respeto a las tres condiciones declaradas, Stevenson y su colega francés apreciaron que Negrín sólo

---

207. Despacho de Stevenson, 8 de febrero. FO 425/416 W2559. Eran las tres condiciones que Negrín había expuesto en la última reunión de las Cortes, celebrada el 1 de febrero en el castillo de Figueras, donde fueron aprobadas por unanimidad.

208. FO 371/24147 W2014 y W2017. FO 425/416 W2559. M. Azaña, *Memorias de guerra*, pp. 443-445. DDF, XIV, núm. 38.

trataba de «salvar las apariencias» y se contentaría con lograr garantías contra represalias indiscriminadas y «la evacuación de individuos comprometidos de la zona sur».[209] En realidad, después de Múnich, ésa era la única razón de la resistencia propiciada por Negrín: «¡Garantías para una paz honrosa es lo único que estoy buscando!».[210]

El gobierno francés se encargó esta vez de transmitir oficiosamente la propuesta de Negrín a las autoridades nacionalistas el 7 de febrero de 1939. En realidad, desde el día 4 estaba en Burgos en misión secreta el senador derechista Léon Bérard para negociar las condiciones del establecimiento de relaciones diplomáticas entre Francia y la España de Franco. El propósito francés era reconocer *de iure* al gobierno nacionalista a cambio de ciertas garantías: independencia política; pronta evacuación de tropas extranjeras; cooperación en Marruecos; y libertad comercial para abastecimiento de piritas. Jordana aceptó en términos generales esas peticiones a fin de obtener el reconocimiento, pero rechazó categóricamente la propuesta de rendición condicionada. Como telegrafió aquel mismo día al duque de Alba:

Señor Bonnet me hace saber que Gobierno rojo ha llamado a Embajador Francia para manifestarle estaría dispuesto a armisticio pusiese término hostilidades. Gobiernos francés e inglés se mostraron propicios a realizar esta gestión. Contestando a ella indiqué Agente Oficioso Francia que Generalísimo ha demostrado sobradamente sus sentimientos humanitarios, pero que en la hora actual sólo cabe rendición incondicional enemigo acogiéndose a su generosidad y la del Gobierno.[211]

Las autoridades británicas habían sido informadas del propósito de la misión Bérard desde el principio y habían transmitido a París sus dudas sobre la conveniencia de imponer condiciones al reconocimiento

---

209. FO 371/24147 W2017, W2058, W2286. FO 425/416 W2559. Carta de Jordana a Alba. AMAE R832/7. DDF, XIV, núm. 69.

210. Confesión hecha a su correligionario y colaborador J. S. Vidarte, *Todos fuimos culpables*, p. 885.

211. Telegrama de Jordana, 7 de febrero de 1939. AMAE R1061/18. Cfr. J. M. Borrás, «Relaciones entre los gobiernos de París y Burgos al final de la guerra civil española: la firma del convenio Jordana-Bérard», en AA.VV., *Estudios sobre historia de España*, Madrid, U.I. Menéndez Pelayo, 1981, vol. 2, pp. 297-306.

diplomático de Franco. El 8 de febrero el gobierno británico tomó la decisión reservada de proceder al reconocimiento sin «condiciones específicas» en cuanto fuera posible y preferiblemente después de que hubiera cesado la resistencia republicana.[212] Apenas tomada esa decisión, se produjo el desplome definitivo de la resistencia republicana en Cataluña. El 10 de febrero de 1939 la República sólo controlaba una compacta y asediada zona centrosur que tenía en Madrid y Valencia sus ejes vertebradores. Su vulnerabilidad estratégica era tan evidente como su debilidad política y ésta había quedado de manifiesto por la conducta opuesta de sus máximos dirigentes: mientras el presidente Azaña se trasladaba a París para promover una capitulación sin condiciones, Negrín y gran parte de su gobierno regresaban a la zona central para proseguir la resistencia mientras no se obtuvieran garantías que permitieran la evacuación de republicanos comprometidos.

La voluntad británica de aprovechar la ocasión para proceder al inmediato reconocimiento *de iure* del gobierno franquista sólo fue refrenada por la insistencia francesa en esperar a que las negociaciones de Bérard en Burgos dieran como resultado un convenio aceptable. Con el fin de lograr en el entreacto la capitulación republicana para amortiguar las críticas de la oposición laborista a ese reconocimiento, el 16 de febrero el Foreign Office aceptó una última petición de Negrín a través del embajador Azcárate para presentar a Franco su disposición a rendirse a cambio de que «no hubiera represalias políticas generales» y se «permitiera al gobierno español y a sus partidarios abandonar el país». La aceptación se hizo bajo la premisa de que el gobierno británico sólo actuaría como «vía de comunicación» de la propuesta, sin comprometerse a «presionar al general Franco para que la aceptara formalmente» y sin responsabilizarse de su cumplimiento para evitar «cualquier acción que pudiera ser interpretada como interferencia en los asuntos internos de España».[213] Respondiendo a esa gestión y a fin

212. Acta del gabinete. CAB 23/97.
213. Despacho de Halifax a Hodgson, 27 de febrero de 1939. FO 425/416 W3238. Minutas de Mounsey, 17, 18 y 20 de febrero de 1939. FO 371/24148 W3238. P. Azcárate, *Mi embajada*, pp. 125-127. *The Diplomatic Diaries of Oliver Harvey*, pp. 255-256. Acta del gabinete, 22 de febrero. CAB 23/97. Además de estas reser-

de precipitar el reconocimiento diplomático anglo-francés, Jordana entregó a Hodgson el día 20 una declaración demandando «a los vencidos la rendición sin condiciones», rechazando cualquier «intervención extranjera que pueda rozar su dignidad», afirmando que «el patriotismo, hidalguía y generosidad del Caudillo [...] constituyen una firme garantía para todos los españoles no delincuentes», y garantizando que «los tribunales de Justicia» sólo aplicarían «leyes sustantivas y procesales promulgadas con anterioridad al 16 de julio de 1936». Se trataba de un texto sumamente ambiguo, destinado a satisfacer las pretensiones británicas, pero que estaba en franca contradicción con la Ley de Responsabilidades Políticas aprobada el 9 de febrero de 1939, cuyo primer artículo estipulaba:

Se declara la responsabilidad política de las personas, tanto jurídicas como físicas, que desde el 1 de octubre de 1934 y antes del 18 de julio de 1936 contribuyeron a crear o a agravar la subversión de todo orden de que se hizo víctima a España y de aquellas otras que, a partir de la segunda de dichas fechas, se hayan opuesto o se opongan al Movimiento Nacional con actos concretos o pasividad grave (BOE del 13 de febrero).

A pesar de sus defectos, el gabinete británico decidió el 22 de febrero asumir la declaración como «la mejor garantía que podríamos recibir» para defender en el Parlamento el inmediato reconocimiento del gobierno de Franco y desentenderse de las peticiones de ayuda a la evacuación de los republicanos comprometidos que aún permanecían en la zona centro.[214] Pero de nuevo las autoridades francesas solicita-

---

214. CAB 23/97. Chamberlain haría una declaración reveladora de sus simpatías ante el gabinete el 2 de marzo: «había que recordar que existían numerosos criminales muy peligrosos que habían cometido grandes brutalidades y que, por tanto, sería esperar demasiado que el general Franco proclamase una amnistía general». CAB 23/97.

---

vas, lord Halifax exigió a Azcárate que obtuviera de Negrín un compromiso explícito de aceptación y le dió de plazo hasta el 21 para presentarlo. Debido probablemente al caos y tensión imperantes en la zona republicana, la respuesta afirmativa de Negrín no llegaría hasta el 25. Sin embargo, el retraso no impidió que Londres hiciera la gestión el día 18 y es más que dudoso que su arribo a tiempo hubiera conseguido modificar en nada la política británica o cambiar el curso de los acontecimientos.

ron retrasar la medida de reconocimiento conjunto hasta el 27 de febrero, para poder examinar los acuerdos alcanzados por el senador Bérard y el general Jordana en Burgos. Dos días antes de esa fecha se había perfilado el llamado «convenio Bérard-Jordana» cuya esencia, según se informó al duque de Alba, era la siguiente:

Gobierno Francés promete restituir cuantos bienes españoles pasaron a Francia con ocasión Guerra Civil y se compromete a impedir toda acción de españoles en su territorio contra la tranquilidad o seguridad España. Gobierno (nacionalista) promete mantener relaciones amistosas y vivir buena vecindad y practicar en Marruecos política leal y colaboración.[215]

Satisfechos por esas garantías y por la supuesta declaración de magnanimidad hacia los vencidos, los gobiernos británico y francés anunciaron oficialmente el 27 de febrero de 1939 su reconocimiento del gobierno de Franco como único gobierno legítimo de España. Un Caudillo exultante declaró ese mismo día: «La hora de la verdad ha llegado. Hoy somos reconocidos por Inglaterra. Mañana lo seremos por todo el mundo».[216] La réplica fue ofrecida por un desmoralizado y deprimido Azaña, que renunció simultáneamente a la presidencia de la República desde su exilio en París. Significativamente, diez días antes del reconocimiento franco-británico de la España de Franco, el mariscal Voroshilov remitió a Stalin una carta urgente para solicitar instrucciones ante la posibilidad de recibir nuevas peticiones de ayuda del embajador republicano en Moscú por encargo de Negrín:

En caso de que Pascua o cualquier otro continúe presionando sobre este asunto, podría ser apropiado responder como sigue:
1) La URSS siempre ha prestado gran atención a las necesidades del gobierno español y ha correspondido, en todo lo posible, a sus demandas de armas y de ayuda militar.

215. Telegrama de Jordana, 25 de febrero. AGA/6.704. Telegramas del Foreign Office a embajada en París y respuesta, 21 y 22 de febrero. FO 371/24151 W2866 y W3229.
216. Nota de reconocimiento oficial, 27 de febrero. AMAE R1050/22. Acta del gabinete, 2 de marzo. CAB 23/97. Las palabras de Franco, retraducidas del inglés, en *The Manchester Guardian*, 28 de febrero de 1939.

2) La última demanda, hecha a través de (Hidalgo de) Cisneros [jefe de las fuerzas aéreas republicanas], ha sido satisfecha en su mayor parte. Si el gobierno español no puede llegar a un acuerdo con el gobierno francés para el traslado de las armas a España, lamentamos mucho saberlo.

3) Pedir por su parte que el material que ya hemos enviado, y cuya mayor parte está todavía en territorio francés, sea remitido a España, donde se convertiría en un premio para los fascistas, es como mínimo inoportuno. Quisiera conocer sus opiniones.

La respuesta de Stalin a esa velada petición de instrucciones fue tan clara y sencilla como reveladora: «Esta cuestión ya no es importante».[217]

Efectivamente, el reconocimiento diplomático anglo-francés consumó oficialmente el proceso de desahucio internacional de la República y precipitó su dramática descomposición interna por sus devastadores efectos sobre la moral de la población y de las autoridades civiles y militares. Esa es la única contribución, decisiva pero indirecta, que cabe atribuir a ambos gobiernos en el desarrollo de los acontecimientos posteriores en el último mes de la guerra civil. No hay ninguna prueba que acredite los rumores que circularon entonces y posteriormente sobre la participación del servicio secreto británico en el trágico episodio final del conflicto. Y ello con independencia de que Denys Cowan (oficial de enlace de la comisión de canje de prisiones) o Mr. Goodden (cónsul en Valencia) hubieran sido agentes, colaboradores o informadores de dicho servicio. Las agudas y violentas divisiones que fracturaban una República asediada y desahuciada se bastaron para provocar su desmoronamiento interno sin necesidad de estímulos encubiertos que, además, hubieran comprometido peligrosamente la política británica de pasividad e indiferencia casi absoluta ante la suerte de los vencidos.[218]

217. Reproducido en G. Howson, *Arms for Spain*, p. 244 (p. 341-342 de la versión española).

218. Entre las recientes obras que dan credibilidad al rumor destacan M. Tuñón de Lara y M. C. García-Nieto, «La guerra civil», en M. Tuñón de Lara (dir.), *Historia de España*, Madrid, 1982, vol. 9, cap. 15; y B. Bolloten, *La guerra civil*, cap. 64. Una refutación convincente en M. Alpert, *El ejército republicano en la guerra civil*, pp. 278-292.

Apenas anunciado el reconocimiento, Goodden telegrafió al Foreign Office que Besteiro y el coronel Casado, jefe militar de Madrid, le habían transmitido su intención de derribar a Negrín para formar un nuevo gobierno que negociara la paz de inmediato con Franco. Su única petición era que el gobierno británico aceptase apadrinar (con buques de la Royal Navy o mercantes contratados) un proyecto de evacuación de «entre 5.000 y 10.000» líderes políticos y militares republicanos con destino «a puerto francés o del África francesa en tránsito hacia México u otros países latinoamericanos».[219] El examen de la propuesta en Londres sólo sirvió para ratificar su política previa: «era imposible hacernos responsables de la evacuación masiva de todos los que quisieran abandonar España por cualquier motivo» y aceptar la propuesta de «rescatar a 5.000 o 10.000» republicanos «equivaldría a una intervención» y provocaría la hostilidad de Franco. Por tanto, quedó ratificada la política de facilitar la evacuación sólo con «el consentimiento del gobierno español», si bien mantendría en secreto la posibilidad de dar refugio en Inglaterra a «un número limitado de líderes políticos» (para lo cual estaba fondeado en el puerto de Gandía un destructor británico).[220]

La decisión oficial británica en materia de evacuación masiva fue anunciada cuando la crisis interna republicana había entrado ya en su agonía final. En efecto, el 4 de marzo de 1939 se había producido una sublevación pronacionalista en la base naval de Cartagena que pudo ser sofocada con dificultad al día siguiente. Pero el saldo resultante del motín fue un duro golpe para los planes de evacuación masiva abrigados por Negrín, que perdió su baza principal de actuación: la flota republicana (compuesta por ocho destructores y tres cruceros) abandonó Cartagena con rumbo a Argelia para entregarse a las autoridades francesas. Aquel mismo 5 de marzo, el coronel Casado y Bes-

219. Telegramas, 27 y 28 de febrero. FO 371/24153 W3571 y FO 371/24128 W3576. La petición le llegó a Goodden a través «de un mensajero británico confidencial», probablemente Cowan, que había informado independientemente de sus entrevistas con Besteiro y Casado el día 16 y el 20. Telegrama de Cowan, 21 de febrero. FO 371/24127 W3150.

220. FO 371/24153 W2247 y W3149. Acta del gabinete, 8 de marzo. CAB 23/97. Chamberlain expuso esa política en su declaración parlamentaria del día 8 de marzo. *Parliamentary Debates. House of Commons*, col. 2116.

teiro establecían en Madrid un Consejo de Defensa Nacional que abjuraba del gobierno de Negrín y anunciaba su voluntad de negociar inmediatamente «una paz sin crímenes». Durante los días siguientes, la zona republicana vivió una pequeña guerra civil en la que los partidarios de Casado se impusieron finalmente sobre los seguidores de Negrín. Con su victoria quedaba anulada la política de resistencia y evacuación protegida en favor de un intento ilusorio de negociar con el enemigo una paz sin represalias que permitiera la evacuación.[221]

La constitución del Consejo y eliminación de Negrín (que partió al exilio en París) en absoluto modificaron la intransigencia negociadora de Franco ni la pasividad del gobierno británico en el tema de las evacuaciones. El 12 de marzo de 1939 Casado solicitó nuevamente al cónsul británico en Valencia el concurso de la flota británica para su proyecto de evacuación de «unas 10.000 personas». Al mismo tiempo presentaba a Franco una propuesta de rendición a cambio de garantías contra represalias indiscriminadas y «la concesión de un plazo mínimo de 25 días para la evacuación de cuantas personas quieran abandonar el territorio nacional». En el Foreign Office no dejó de anotarse que esos términos de rendición «son bastante similares a la propuesta presentada por el señor Azcárate antes de su partida».[222] Sólo que ahora la República había perdido su reconocimiento internacional y había demostrado su extrema debilidad política y militar. En consecuencia, la actitud oficial británica ante la demanda de Casado fue tan poco comprometida como la adoptada frente a la de Azcárate. El 14 de marzo Halifax informó a Alba que «respecto evacuación rojos, no se tomaría ninguna medida sin nuestro consentimiento». Al día siguiente, un telegrama de Hodgson eliminaba definitivamente esa posibilidad: «el general Franco no estaría dispuesto a consentir la evacuación en buques de la Royal Navy de ningún rojo».[223] La misma

---

221. Sobre la gestación del golpe de Casado y sus efectos véanse: B. Bolloten, *La guerra civil*, caps. 64 a 66; y A. Bahamonde y J. Cervera, *Así terminó la guerra civil*, Madrid, Marcial Pons, 1999.

222. Telegrama de Goodden, 12 de marzo de 1939. FO 371/24153 W4257. Minuta de Coulson, 20 de marzo. FO 371/24148 W4675. La propuesta de rendición en AMAE R1061/18.

223. Telegrama de Alba, 14 de marzo de 1939. AGA/6.775. Telegrama de Hodgson, 15 de marzo. FO 371/24153 W4400.

intransigencia se mantuvo frente a la propuesta de capitulación transmitida por el Consejo: sólo cabía la rendición inmediata y sin condiciones.

La amarga comprobación del fracaso político de Casado acarreó el colapso virtual de todas las instituciones civiles y militares republicanas. Consciente de ello, el 26 de marzo de 1939 Franco ordenó una ofensiva general en todo el frente. No encontró resistencia alguna de entidad. Madrid fue ocupada pacíficamente por las tropas nacionalistas el día 28. Sólo Besteiro permanecía en la ciudad y sería inmediatamente detenido. Los restantes miembros del Consejo, con el coronel Casado al frente, se habían desplazado hasta Gandía para buscar refugio en un buque británico haciendo uso de la oferta del cónsul Goodden. El 30 de marzo, al mismo tiempo que las tropas de Franco ocupaban Valencia y Alicante, un total de 160 refugiados republicanos partían hacia el exilio desde Gandía en el destructor *Galatea*.[224] Siete días antes en Londres, sin apenas publicidad ni parafernalia, se había iniciado oficialmente el desmantelamiento de la compleja maquinaria creada por el Comité de No Intervención en España.[225]

El 1 de abril de 1939 el general Franco pudo anunciar por fin que la guerra civil había terminado con la victoria absoluta e incondicional de sus tropas.[226] Efectivamente, se había aplastado la resistencia militar republicana y habían cesado las hostilidades militares en España. Pero todavía no habría de llegar la paz ni, mucho menos, la piedad y el perdón que había anhelado el presidente Azaña en su discurso de Barcelona con motivo del segundo aniversario del comienzo de la guerra civil. Bajo el férreo dominio de Franco, España entraba en la fase de posguerra con una sangría demográfica de un mínimo de 300.000 muertos, otros 300.000 exiliados permanentes y algo más de

---

224. Los últimos días de la guerra en zona republicana fueron relatados por Cowan y Goodden en tres informes del 6, 11 y 12 de marzo. FO 425/416 W5827, W6704 y W6705.

225. Acta del gabinete, 22 de marzo. CAB 23/98. Memorándum de Francis Hemming, 23 de marzo. FO 849/15. La última sesión plenaria del Comité tendría lugar el 20 de abril de 1939. En ella se decidiría su autodisolución. FO 849/1.

226. Así rezaba el último parte de guerra: «En el día de hoy, cautivo y desarmado el Ejército Rojo, han alcanzado las tropas Nacionales sus últimos objetivos militares. La guerra ha terminado».

270.000 prisioneros políticos (oficialmente censados en 1940), además de una cosecha de destrucciones materiales que habría de provocar graves carencias alimentarias, de servicios y de bienes industriales en los años venideros.[227]

En cualquier caso, para entonces, la tensión europea había enfilado decisivamente la recta hacia el estallido de la Segunda Guerra Mundial en septiembre de 1939. En el mes de marzo, violando sus compromisos de Múnich, Hitler ocupaba lo que restaba de Checoslovaquia ante el estupor impotente de Francia y Gran Bretaña. Un mes más tarde, Italia se anexionaba Albania en clara ruptura de sus garantías a Gran Bretaña de respeto al *status quo* en el Mediterráneo. Mientras tanto, la Unión Soviética se apresuraba a replegarse a una recelosa posición de expectante aislacionismo y empezaba a tantear por igual la alternativa de un apoyo a la entente franco-británica y la posibilidad de un pacto de no agresión con Alemania. Stalin en persona dio carta oficial a la nueva posición soviética en un resonante discurso pronunciado el 10 de marzo de 1939, con ocasión del XVIII Congreso del Partido Comunista de la URSS. Refiriéndose sin veladuras a las potencias democráticas occidentales que habían fallado ante su llamada de colaboración en España, el máximo mandatario soviético anunció que la URSS:

no se vería involucrada en un conflicto por la acción de belicistas que están acostumbrados a que otros les saquen las castañas del fuego. [...] Inglaterra y Francia han rechazado la política de seguridad colectiva, la política de resistencia colectiva a los agresores, y han adoptado una política de no-intervención, una posición de «neutralidad». [...] La política de no-intervención significa connivencia en la agresión, dando vía libre a la guerra y, por consiguiente, transformar la guerra en una guerra mundial. [...] La política de no-intervención revela una voluntad, un deseo [...] de no obstaculizar a Alemania, por ejemplo, en su pretensión de intervenir en Europa central, de entablar una guerra con la Unión Soviética. [...] El vasto y peligroso juego

227. Asumimos los cómputos de Jordi Catalán, *La economía española y la Segunda Guerra Mundial*, Barcelona, Ariel, 1995, pp. 40-59. Cfr. R. Nicolau, «La población», en A. Carreras (coord.), *Estadísticas históricas de España. Siglos XIX y XX*, Madrid, Banco Exterior, 1989, p. 64; y *Anuario Estadístico de España. 1944-1945*, Madrid, Presidencia del Gobierno, 1946, p. 1093.

político iniciado por los partidarios de la política de no-intervención puede terminar en un serio fiasco para ellos.[228]

En este contexto continental crítico, es bien revelador y significativo un mero dato cronológico: apenas cinco meses después de terminada la contienda civil en España estallaría la guerra europea que tan laboriosamente había evitado (o más bien aplazado) la política de No Intervención colectiva.

228. Citado en G. Roberts, *The Unholy Alliance: Stalin's Pact with Hitler*, Bloomington, Indiana University Press, pp. 116-118.

EPÍLOGO

Desde una perspectiva historiográfica, transcurridos más de sesenta años desde la terminación del conflicto, no cabe duda alguna razonable de que el contexto internacional determinó de modo directo y crucial tanto el curso efectivo de la guerra de España como su desenlace final. Sobre todo porque dicho contexto creó las condiciones favorables y los obstáculos insuperables para que ambos bandos contendientes acometieran con desigual capacidad las tres tareas básicas impuestas por la emergencia bélica en el plano militar, institucional y político-ideológico. A saber: suministrar con prontitud y regularidad el armamento y medios materiales exigidos por sus respectivos Ejércitos en el frente de combate; reestructurar sendos Estados centralizados y eficaces para explotar al máximo los recursos internos o exteriores demandados por el esfuerzo bélico; y articular unos Fines de Guerra compartidos por todas las fuerzas sociopolíticas de su retaguardia y susceptibles de justificar ante la población civil los hondos sacrificios y privaciones ocasionados por una cruenta y larga lucha fratricida. Un profético artículo editorial del diario *The Manchester Guardian* en marzo de 1938 había dejado claro a este respecto el papel crucial de la política de No Intervención colectiva en el resultado último del drama español: «Sea cual sea el bien que haya podido hacer a Europa, la No Intervención ha clavado una lanza extranjera en el costado de la España leal [republicana]».[1]

En efecto, sin la constante y sistemática ayuda militar, diplomática y financiera prestada por la Alemania de Hitler y la Italia de Mussolini, es harto difícil creer que el bando liderado por el general Franco hubiera podido obtener su rotunda victoria absoluta e incondicional. De igual modo, sin el asfixiante embargo impuesto por la

1. «Non-Intervention», *The Manchester Guardian*, 5 de marzo de 1938.

política de No Intervención y la consecuente inhibición de las grandes potencias democráticas occidentales, con su gravoso efecto en la capacidad militar, situación material y fortaleza moral, es altamente improbable que la República hubiera sufrido un desplome interno y una derrota militar tan total, completa y sin paliativos. Los letales riesgos implícitos en ese desequilibrado cuadro de apoyos e inhibiciones exteriores ya habían sido previstos por el presidente Azaña en agosto de 1937, mucho antes de que la definitiva clausura de la frontera francesa a instancias británicas apretara el último dogal en el cuello de una República asediada y desahuciada:

Lo que creo es que con Inglaterra no podemos. Contra la agresión italiana y alemana, todavía nos defendemos. Pero contra Inglaterra no podríamos, sin necesidad de que Inglaterra tome parte directa en la contienda. Le bastaría la acción diplomática, en la que arrastraría a todos, sin exceptuar a Francia.[2]

Baste un mero ejemplo de ese impacto letal de la No Intervención patrocinada por la entente franco-británica sobre la capacidad defensiva republicana: el Ejército Popular de la República habría tenido que utilizar 49 tipos distintos de fusiles de repetición, 41 tipos diferentes de armas automáticas y no menos de 60 tipos diversos de piezas de artillería, cuando lo normal hubiera sido que un ejército utilizara un solo tipo de fusil (y tal vez también de carabina), 3 o 4 tipos de ametralladora (pesada y ligera o metralleta) y hasta 10 tipos distintos de piezas de artillería (desde cañones ligeros hasta de cañones de costa y sitio).[3] En este sen-

---

2. M. Azaña, *Memorias de guerra*, pp. 188-189. Confesión a Negrín realizada el 5 de agosto de 1937, durante la larga crisis diplomática de aquel verano crucial. En febrero de 1939 Azaña enumeraría así las razones de la derrota republicana: «El Presidente considera que por orden de importancia, los enemigos del Gobierno republicano han sido cuatro. Primero, la Gran Bretaña; segundo, las disensiones políticas de los mismos grupos gubernamentales que provocaron una anarquía perniciosa que fue total para las operaciones militares de Italia y Alemania en favor de los rebeldes; tercero, la intervención armada italo-germana; y cuarto, Franco». Santos Martínez Saura, *Memorias del secretario de Azaña* (edición de Isabelo Herreros), Barcelona, Planeta, 1999, p. 53.

3. Cómputos recogidos por G. Howson y realizados en 1940 por el Servicio de Recuperación Nacional, organismo militar franquista encargado del examen y clasificación de las armas apresadas a los republicanos. *Armas para España*, p. 350. Eso sin

tido, es bien revelador el juicio contenido en el siguiente informe confidencial elaborado por el agregado militar británico en España sobre las razones básicas de la victoria franquista en el conflicto:

En primer lugar, la persistente superioridad material durante toda la guerra de las fuerzas nacionalistas en tierra y en el aire, y, en segundo lugar, la superior calidad de todos sus cuadros hasta hace nueve meses o posiblemente un año. [...]

Esta inferioridad material (de las tropas republicanas) no sólo es cuantitativa sino también cualitativa, como resultado de la multiplicidad de tipos (de armas). Fuera cual fuera el propósito imparcial y benévolo del Acuerdo de No Intervención, sus repercusiones en el problema de abastecimiento de armas de las fuerzas republicanas han sido, para decir lo mínimo, funestas y sin duda muy distintas de lo que se pretendía.

La ayuda material de Rusia, México y Checoslovaquia (a la República) nunca se ha equiparado en cantidad o calidad con la de Italia y Alemania (al general Franco). Otros países, con independencia de sus simpatías, se vieron refrenados por la actitud de Gran Bretaña. En esa situación, las armas que la República pudo comprar en otras partes han sido pocas, por vías dudosas y generalmente bajo cuerda. El material bélico así adquirido tuvo que ser pagado a precios altísimos y utilizado sin la ayuda de instructores cualificados en su funcionamiento. Tales medios de adquisición han dañado severamente los recursos financieros de los republicanos.[4]

Si es incuestionable, por tanto, que ese contexto internacional fue crucial para el desenlace de la guerra civil, también es cierto que la influencia de la propia contienda española en la aguda crisis europea de

---

4. Informe del mayor E. C. Richards (agregado militar adjunto británico ante la República), 25 de noviembre de 1938. FO 425/415 W16269. El juicio precedente sobre la superioridad material franquista está confirmado por los cómputos sobre ayuda militar aérea de G. Howson: «los republicanos tuvieron disponible durante la guerra civil una fuerza aérea de combate efectiva de entre 950 y 1.060 aparatos, de los cuales 676 (o como máximo 753) procedían de la Unión Soviética. En el mismo período, los nacionalistas dispusieron de una fuerza de combate aérea efectiva de 1.429-1.539 aparatos, de los cuales 1.321-1.431 procedían de Alemania e Italia». *Aircraft of the Spanish Civil War*, pp. 305. Véase Apéndice I de esta obra.

---

contar que «los fusiles y ametralladoras que (los republicanos) se vieron obligados a comprar utilizaban cartuchos de no menos de diez calibres diferentes» (p. 51).

la segunda mitad de los años treinta fue limitada y aminorada por el éxito parcial de la política de No Intervención colectiva puesta en marcha en agosto de 1936 y mantenida en vigor, contra viento y marea, hasta abril de 1939. El confinado y localizado conflicto español, a pesar de su condición de verdadero «reñidero de Europa», no habría de ser el catalizador y precipitante de una guerra general europea que acabaría por estallar posteriormente y por otros motivos bien distintos. Sin embargo, a pesar de que esa política de No Intervención cauterizó los peores efectos disolventes de la contienda española sobre el escenario continental, es indiscutible que no pudo evitar al menos tres graves consecuencias de gran transcendencia posterior: la cristalización definitiva del Eje revisionista italo-germano en clave antidemocrática tanto más que anticomunista; una división paralizante y muy debilitadora de la entente franco-británica y de las respectivas opiniones públicas de ambos países; y la creciente inclinación de la Unión Soviética hacia una política de expectante aislacionismo que estaba tan abierta a cortejar el apoyo franco-británico como un pacto de no agresión mutuo con Alemania. En este sentido, la guerra de España puede ser considerada con toda propiedad el prólogo y proemio de la Segunda Guerra Mundial y no solamente en el puro y evidente sentido estrictamente temporal y cronológico. Además de ser ante todo y sobre todo una guerra civil española, la contienda también había sido una pequeña guerra civil europea en miniatura, a pequeña escala y premonitoria de la que habría de estallar en septiembre de 1939.

APÉNDICES
DOCUMENTALES

I

ESTIMACIONES SOBRE EL VOLUMEN HUMANO Y MATERIAL DE LA INTERVENCIÓN EXTRANJERA EN LA GUERRA CIVIL ESPAÑOLA

INTERVENCIÓN ITALIANA

1. *Efectivos humanos*
Fuerzas de Tierra (C.T.V.): 72.775 (43.129 del Ejército y 29.646 de milicias).
Fuerzas aéreas (Aviación Legionaria): 5.699 (1.435 pilotos y 4.264 otros).
Total de hombres: 78.474

2. *Efectivos materiales*

Bombarderos: 213	Cañones: 1.801
Cazas: 414	Ametralladoras: 3.436
Aviones de ataque: 44	Tanques: 157
Hidroaviones: 20	Vehículos: 6.791
Aviones de reconocimiento: 68	Munición (en millones de cartuchos): 320
Total aviones: 759	Proyectiles artilleros (en millones): 7,7

Fuente: John Coverdale, *La intervención fascista en la guerra civil española*, Madrid, Alianza, 1979, pp. 347 y 350. Las cifras aportadas por el profesor Coverdale pueden considerarse casi definitivas al proceder de fuentes archivísticas fidedignas y estar basadas en los cómputos confidenciales realizados por las propias autoridades italianas. Sólo en el aspecto aeronáutico cabría dudar, según las tesis avanzadas por Gerald Howson (véase estimación posterior).

INTERVENCIÓN ALEMANA

1. *Efectivos humanos*
Personal de la Legión Cóndor: 15.000 (Salas)— 19.000 (Proctor)

2. *Efectivos materiales*
Aviones: 593 (Salas)— 708 (Frank)
Cañones: 737 (Salas)
Ametralladoras: 3.026 (Salas)
Fusiles: 207.306 (Salas)

Tanques: 111 (Salas)
Cartuchos (millones, hasta noviembre de 1937): 257 (Salas)
Proyectiles (idem): 1,5 (Salas)

Fuentes: Raymond L. Proctor, *Hitler's Luftwaffe in the Spanish Civil War*, Wesport, Greenwood Press, 1983, p. 253; y «Condor Legion» en J. Cortada (ed.), *Historical Dictionary of the Spanish Civil War*, Westport, Greenwood Press, 1982. Ramón Salas Larrazábal, *Los datos exactos de la guerra civil*, Madrid, Rioduero, 1980, pp. 235 y 309. Las cifras estimadas por Willard C. Frank (Jr.) se reproducen en Robert H. Whealey, *Hitler and Spain. The Nazi Role in the Spanish Civil War*, Lexington, University Press of Kentucky, 1989, p. 103 y nota 73. Raúl Arias Ramos, *Legión Cóndor*, Madrid, Almena, 2000, pp. 50-51.

INTERVENCIÓN SOVIÉTICA

1. Efectivos humanos

Personal militar: aproximadamente 2.000 personas (772 pilotos, 351 tanquistas, 222 asesores militares e instructores, 77 especialistas navales, 100 especialistas artilleros, 52 especialistas diversos, 156 operadores de radio y de señales, 204 intérpretes, etc.).

2. Efectivos materiales

Aviones: 806 (648)[627]
Tanques: 362 (347)[331]
Vehículos blindados: 120 (120)[60]
Piezas artilleras: 1.555 (1.186)[988]
Rifles: 500.000 aproximadamente (497.813) [379.645]

Ametralladoras: 15.113 (20.486) [15.008]
Morteros: 340 (340) [340]
Granadas: 500.000
Cartuchos (millones): 862 (826)
Bombas aéreas: 110.000

Fuente: La primera cifra procede de la obra de la Academia de Ciencias de la URSS, *International Solidarity with the Spanish Republic*, Moscú, Editorial Progreso, 1976, pp. 328-330. La segunda (entre paréntesis) procede de M.T. Meshcheryakov, «Sovetskii Souz i Antifashistskaya Voina Ispanskogo Naroda (1936-1939)», *Istoriya SSSR*, enero de 1988, p. 31, y se reproduce en Geoffrey Roberts, *The Unholy Alliance. Stalin's Pact with Hitler*, Bloomington, Indiana University Press, 1989, p. 78. La tercera [entre corchetes] recoge el cómputo de Gerald Howson sobre la base de la documentación del Archivo Militar Estatal de Rusia y procede de su obra *Arms for Spain. The Untold History of the Spanish Civil War*, Londres, John Murray, 1998, p. 142 (edición española: *Armas para España*, Barcelona, Península, 2000, p. 202).

ESTIMACION DE LAS IMPORTACIONES DE AVIONES DE AMBOS BANDOS

Bando republicano

Bélgica: 2	Suecia: 2
Checoslovaquia: 43-53	Suiza: 4
(42-53 militares)	Gran Bretaña: 55-56
Estonia: 16-19 (todos militares)	Estados Unidos, Canadá
Francia: 237-287	y México: 59-63
(60-69 militares, desarmados)	Unión Soviética: 680-757
Italia: 1	(más probable la cifra de 680,
Holanda: 30 (24 militares,	todos militares menos cuatro)*
desarmados)	

En conjunto, la República logró importar entre 1.124 y 1.272 aviones durante la guerra, de los cuales 806-887 podrían clasificarse como militares. A ellos habría que añadir los 229 cazas construidos en la propia España durante el conflicto. También los 412-427 aviones españoles de anteguerra (118-130 militares) que quedaron en poder de la República al comienzo de las hostilidades.

Bando franquista

Francia: 2-4	Holanda: 2
Alemania: 632-732	Polonia y Portugal: 26-62
Italia: 689-699	Gran Bretaña: 8

En conjunto, el bando franquista logró importar entre 1.526 y 1.623 aviones durante la guerra, de los cuales 1.321-1.431 eran aparatos militares de Alemania (632-732) e Italia (689-699). A ellos habría que añadir 128 aparatos españoles de preguerra (78 militares) que quedaron en su poder al comienzo de las hostilidades y los 30 aviones destinados a la República y capturados en el mar (22 militares).

Fuente: Gerald Howson, *Aircraft of the Spanish Civil War*, Londres, Putnam, 1990, pp. 303-305. (*) Nótese que, por lo que respecta a los aviones de procedencia soviética, el cómputo de Howson ofrecido en esta obra es superior al propuesto por el mismo autor en su posterior trabajo citado en el cuadro anterior.

II

DESCOMPOSICIÓN DEL ESTADO Y PROCESO REVOLUCIONARIO EN LA RETAGUARDIA REPUBLICANA

Extractos del diario de Franz Borkenau, sociólogo austríaco que visitó la España republicana apenas iniciada la guerra civil y publicó al año siguiente el libro El reñidero español. *Relato de un testigo de los conflictos sociales y políticos de la guerra civil española. Se reproducen sus impresiones de Barcelona, escritas el 5 y 6 de agosto de 1936 (cita de la edición española en Barcelona, Ruedo Ibérico, 1977. pp. 55-60).*

Poca gente en el paseo de Colón. Entonces, al doblar la esquina de Las Ramblas (la arteria principal de Barcelona) surgió una tremenda sorpresa: ante nuestros ojos, como un relámpago, se desplegó la revolución. Era algo abrumador. Como si hubiésemos desembarcado en un continente diferente a cualquiera de los que nos hubiese sido dado ver con anterioridad.

La primera impresión: trabajadores armados con su fusil al hombro, vestidos con trajes de paisano. Quizás el 30 por 100 de los hombres que se encuentran en Las Ramblas lleva fusil, a pesar de no haber ni policía ni militares de uniforme. Armas, armas y más armas. Muy pocos, entre estos proletarios armados, usan los nuevos uniformes de la milicia, de un bello azul oscuro. Están sentados en los bancos o pasean por Las Ramblas llevando los fusiles sobre el hombro derecho y, a menudo, una muchacha del brazo izquierdo. Salen en grupos a patrullar distritos de las afueras. Permanecen en guardia junto a la entrada de los hoteles, los edificios administrativos y las grandes tiendas. [...] Conducen a toda velocidad innumerables automóviles modernos, los cuales han expropiado y cubierto, utilizando para ello pintura blanca, con las iniciales de sus organizaciones respectivas: CNT-FAI, UGT, PSUC (Partido Socialista Unificado de Cataluña), POUM (trotsquistas) o de todas las iniciales desplegadas a la vez, a fin de demostrar su lealtad hacia el movimiento en general. [...]

La cantidad de expropiaciones llevadas a cabo en los pocos días transcurridos desde el 19 de julio es casi increíble. Los mayores hoteles, con sólo una o dos excepciones, han sido todos expropiados por organizaciones obreras (y no quemados, como muchos periódicos han contado). También la mayoría de las grandes tiendas. Muchos de los Bancos están cerrados y los otros llevan inscripciones declarándolos bajo control de la Generalitat. Prácticamente todos los propietarios industriales, según se nos dijo, habían, o bien huido, o sido asesinados, y sus fábricas habían sido tomadas por los trabajadores. Por todas partes, grandes cartelones colocados en las fachadas de impresionantes edificios proclaman el hecho de la expropiación, explicando que o la administración está ahora en manos de la CNT, o que una organización particular se ha apropiado del edificio para su trabajo de organización.

En muchos aspectos, sin embargo, la vida estaba mucho menos perturbada de lo que yo esperaba después de leer los informes periodísticos en el extranjero. Los tranvías y los autobuses marchaban, la luz y el agua funcionaban. [...]

Todas las iglesias habían sido quemadas con excepción de la catedral y sus inapreciables tesoros artísticos, salvada gracias a la intervención de la Generalitat. Las paredes de las iglesias están todavía en pie, pero el interior ha sido siempre completamente destruido. Algunas humean aún. [...]

Se hizo evidente que las cuentas ajustadas no habían sido realmente tan personales. Lo que en realidad sucedió, según parece, es que hubo sacerdotes asesinados, no porque disgustasen a alguien en particular (y es *eso*, en mi opinión, lo que puede ser llamado ajuste de cuentas personales), sino por el hecho de ser sacerdotes; los propietarios industriales, principalmente en los centros textiles de los alrededores de Barcelona, fueron asesinados por sus trabajadores en caso de haber sido incapaces de escapar a tiempo. Los directores de grandes compañías, conocidos oponentes del movimiento obrero, fueron asesinados por piquetes del sindicato correspondiente; y los principales líderes de la derecha, por piquetes especiales de los anarquistas. [...]

La única autoridad son los sindicatos y en Barcelona la CNT es, de lejos, la más fuerte de las organizaciones obreras.

III

MILITARIZACIÓN DE LA SOCIEDAD E INVOLUCIÓN REACCIONARIA EN LA ESPAÑA INSURGENTE

Bando de proclamación de estado de guerra en la provincia de Badajoz firmado por el teniente coronel Juan Yagüe Blanco el 14 de agosto de 1936, al día siguiente de haber sido ocupada la ciudad y aplastada la resistencia republicana. Publicado en el Boletín Oficial de la Provincia *el 15 de agosto de 1936.*

ESPAÑOLES:

Las circunstancias extraordinarias y críticas porque atraviesa España entera; la anarquía que se ha apoderado de las ciudades y los campos, con riesgos evidentes de la patria, amenazada por el enemigo exterior, hacen imprescindible el que no se pierda un solo momento y que el Ejército, si ha de ser salvaguardia de la nación, tome a su cargo la dirección del país para entregarlo más tarde, cuando la tranquilidad y el orden estén restablecidos, a los elementos civiles preparados para ello.

En su virtud, y hecho cargo del mando en esta provincia,

ORDENO Y MANDO:

Primero. Queda declarado el estado de guerra en todo el territorio de esta provincia.

Segundo. Queda prohibido terminantemente el derecho a la huelga. Serán juzgados en juicio sumarísimo y pasados por las armas los directivos de los Sindicatos, cuyas organizaciones vayan a la huelga o no se reintegren al trabajo los que se encuentren en tal situación a la hora de entrar el día de mañana.

Tercero. Todas las armas largas o cortas serán entregadas en el plazo irreductible de cuatro horas en los puestos de la Guardia Civil más próximos. Pasado dicho plazo serán juzgados en juicio sumarísimo y pasados por las armas todos los que se encuentren con ellas en su poder o en su domicilio.

Cuarto. Serán juzgados en juicio sumarísimo y pasados por las armas los incendiarios, los que ejecuten atentados por cualquier medio a las vías de comunicación, vidas, propiedades, etc., y cuantos por cualquier medio perturben la vida del territorio de esta provincia.

Quinto. Se incorporarán urgentemente a todos los Cuerpos de esta provincia los soldados del capítulo XVII del Reglamento de Reclutamiento (cuotas) de los reemplazos 1931 a 1935, ambos inclusives, y todos los voluntarios de dicho reemplazo que quieran prestar este servicio a la patria.

Sexto. Se prohibe la circulación de toda clase de personas y carruajes que no sean de servicio desde las nueve de la noche en adelante.

Espero del patriotismo de todos los españoles que no tendré que tomar ninguna de las medidas indicadas en bien de la Patria y de la República.

En Badajoz, a 14 de agosto de 1936. El teniente coronel comandante militar de la provincia, JUAN YAGÜE.

LA RESPUESTA OFICIAL EN FRANCIA: DISPOSICIÓN INICIAL EN FAVOR DE LA REPÚBLICA Y RÁPIDA RETRACCIÓN ANTE DIVISIÓN INTERNA Y AISLAMIENTO EXTERNO

Declaración de Léon Blum ante la comisión oficial de la Asamblea Nacional de Francia encargada de informar sobre los sucesos ocurridos en Francia entre 1933 y 1945. Sesión celebrada el miércoles 23 de julio de 1947, presidida por M. Gérard Jaquet e iniciada a las 21 horas. Recogida en Rapport aun nom de la Commission chargée de'enquê- ter sur les événements survenus en France de 1933 à 1945, *París, Imprimerie de l'Assamblée Nationale, 1951, Annexes, vol. 1., pp. 215-218. Traducción nuestra.*

Por lo que se refiere a los sucesos de España, no voy a exponerles una ex- plicación de orden general; la tienen ustedes en los documentos parla- mentarios o en la documentación de la prensa.

Yo me pronuncié sobre estos temas ante la Cámara en dos discursos importantes. Uno en diciembre de 1936, en el curso de una interpelación sobre los acontecimientos en España, y el otro a finales de enero de 1937, en la discusión sobre el proyecto de ley de reclutamiento de voluntarios.

De otro lado, si lo desean ustedes a efectos de inventario, me remito a una serie de artículos bastante larga que publiqué en el diario *Populaire* [órgano del partido socialista francés] en 1938. Si quisieran puedo pro- porcionar las referencias. Con ocasión de una polémica con el señor Flandin, ya expliqué cómo llegamos a lo que denominé el sistema de no intervención relajada.

Hoy quisiera, como he hecho hasta el presente, proporcionar sobre todo detalles un poco inéditos y que les aporten nueva información sobre la materia.

Los sucesos de España tuvieron para mí un componente de sorpresa total. El sábado, 18 de julio, recibí la visita en París, en Matignon [sede de la presidencia del Consejo de Ministros], de un amigo socialista espa- ñol, el presidente o vicepresidente de las Cortes, cuyo nombre es Xime- nes de Asua [Jiménez de Asúa]. Estaba en París camino de Praga.

Le pedí que me informara de las últimas novedades políticas y me dijo: «Oh, la situación es excelente; estamos muy satisfechos».

El lunes por la mañana, al llegar a mi despacho, me encuentro abier- to sobre mi mesa un telegrama oficial en papel pero sin cifrar. Era un telegrama del presidente del Consejo español, Giral, el mismo que presidía hasta hace pocas semanas el gobierno republicano en el exilio, y que más o menos decía así: «Hemos sido sorprendidos por un peligroso golpe militar. Solicitamos que se ponga en contacto con nosotros inmediatamente para suministrarnos armas y aviones. Fraternalmente suyo, Giral».

Eso sucedía la mañana del lunes, 20 de julio, y dos días más tarde, el miércoles 22, yo debía partir para Londres con el ministro de Asuntos Exteriores, que era Yvon Delbos.

Entre el lunes y el miércoles, recibí nuevas noticias y tuve largas conversaciones con Yvon Delbos, de un lado, y con el ministro de la Defensa Nacional, Edouard Daladier, de otro. Nos pusimos de acuerdo en la necesidad de poner en marcha un plan de ayuda, en la medida de nuestras posibilidades, para proporcionar material a la República española.

A mi llegada a Londres, donde tuve una estancia bastante corta, ya en la habitación del hotel recibí la visita de Pertinax [periodista francés]. El me planteó esta cuestión: «¿Se dice que vais a proporcionar armas a España para defenderse contra el golpe militar de Franco?».

Yo le contesté: «Sí, es verdad».

El replicó: «Sabéis que eso no está bien visto aquí».

Respondí: «Es posible, no lo sé, pero en todo caso es lo que vamos a hacer».

A mi partida, en la misma sala del hotel, el hombre que entonces era secretario del Foreign Office, Anthony Eden, con el que tenía relaciones personales de amistad, vino a verme y me planteó la misma cuestión: «¿Van ustedes a entregar armas a los republicanos españoles?».

Yo le dije: «Sí».

Entonces, él me respondió: «Es asunto vuestro; pero os pido una sola cosa: os ruego que seáis prudentes».

Partí de Londres en avión el viernes día 24 de julio. Al aterrizar en el aeródromo de Bourget, me encontré allí mismo (junto con otros amigos que me esperaban, como Marx Dormoy) a Camille Chautemps [vicepresidente del consejo de ministros].

Yo le dije: «¿Ha venido a esperarme?».

«Sí», me dijo, «he venido a informarle de lo que está pasando en París; es grave».

«¿Qué sucede?». Me respondió: «Apenas usted partió hacia Londres, Kerillis comenzó en el *Echo de Paris* [prestigioso diario derechista parisino] una campaña fortísima revelando al público todas las disposiciones tomadas de la forma más precisa y generando una conmoción considerable, particularmente en los medios parlamentarios».

Aquel mismo día visité al presidente del Senado, señor Jeanneney, y le encontré presa de una inquietud extrema. Me dijo: «¿Cómo podéis hacerlo? Personalmente no lo comprendo. Esto no es una cuestión política, esto no es un tema de oposición cualquiera; la idea de que en este momento podáis involucraros en una empresa sin medir exactamente las consecuencias, la idea de que podamos afrontar la amenaza de ir a la guerra por los sucesos de España, cuando el 7 de marzo dudamos y finalmente cedimos con ocasión de la reocupación militar de Renania y la seguridad directa, inmediata, de Francia, esto es lo que aquí nadie puede comprender. ¿Y en estas condiciones vais a seguir con el propósito? Nosotros sabemos que en Londres, no digo que vuestra posición haya sido desaprobada, pero todos tenemos la certeza de que si hay complicaciones europeas provocadas por una intervención en los asuntos de España, Inglaterra no nos secundaría».

Me reuní con mis colegas de gobierno. Lo que me había dicho Chautemps y que me había reiterado Jeanneney era verdad. La inquietud era muy grande. Los principales jefes del partido radical habían hecho saber a Delbos también las dudas que provocaba nuestra iniciativa. Intenté modificar esta postura mediante una entrevista directa con Herriot, pero lo encontré extremadamente reservado en lo referente a los asuntos de España y me aconsejó con todas sus fuerzas que observara la misma reserva: «Te lo ruego, amigo mío, te lo ruego: no te metas en eso».

Como ya he dicho, todas las medidas que habían sido tomadas apresuradamente entre el lunes y el miércoles en el curso de las reuniones entre Delbos, Daladier y yo mismo, habían sido publicadas, literalmente, en el *Echo de Paris*.

Henry de Kerillis había sido puesto al corriente de todos los mínimos detalles, pero no por vía del embajador de España en París, señor de Cárdeñas [Juan Francisco de Cárdenas], que era un hombre de gran lealtad personal a pesar de que era monárquico y sería luego embajador del régimen franquista; la filtración había sido hecha por el agregado militar en la embajada española, a través del cual pasaban todos los documentos necesarios y que los había hecho llegar, lo supimos más tarde, al *Echo de París*.

En estas condiciones se reunió el sábado 25 el primero de los tres consejos de ministros que estuvieron casi totalmente consagrados a discutir los acontecimientos de España.

Era muy difícil proceder como habíamos previsto en presencia de esta oposición de una parte de la mayoría y ante la preocupación de una parte del gobierno. [...]

Nosotros nos sentíamos muy aislados en Europa en lo concerniente a la acción de ayuda al gobierno de la República española. Los únicos gobiernos que sentían plena simpatía y estaban de acuerdo con nosotros en este aspecto eran los gobiernos de Checoslovaquia y el soviético.

De otra parte, la opinión pública estaba cada vez más agitada, la opinión parlamentaria estaba cada vez más dividida y esta división parlamentaria se reflejaba en el propio consejo de ministros.

V

LA REACCIÓN OFICIAL DE GRAN BRETAÑA: PREVENCIÓN ANTIRREVOLUCIONARIA Y VOLUNTAD DE CONFINAMIENTO DEL CONFLICTO Y DE PROTECCIÓN DE INTERESES BRITÁNICOS

Telegrama del 23 de julio de 1936 enviado por el gabinete británico a los primeros ministros de los Dominios de la British Commonwealth en consideración a la práctica habitual de informarles de todo incidente internacional susceptible de originar un grave problema o conflicto que pusiera en cuestión la seguridad del imperio británico. Custodiado en el Public Record Office, dentro de la serie Foreign Office, sección Correspondencia Política General, bajo la signatura: FO 371/20525 W7223. Se reproduce con permiso del P.R.O. Traducción nuestra. Subrayados en el texto original.

TELEGRAMA CIRCULAR

A los gobiernos de Canadá, Australia, Nueva Zelanda, Unión Sudafricana y Estado Libre Irlandés. (por valija).

Remitido a las 3.0 [quizá 5.0: número borroso] de la tarde. *23 Julio 1936.*

Circular B. Nº 124. Confidencial.

Lo que sigue está destinado al primer ministro o presidente del consejo ejecutivo.

Empieza.

Rebelión militar en España. Interrupción de las comunicaciones con la mayor parte de España, incluyendo San Sebastián, donde se encuentra el embajador de Su Majestad, hace extremadamente difícil obtener información fidedigna. Sin embargo, hay pocas dudas de que los *combates están muy generalizados* y que el desenlace de la lucha entre fuerzas militares rebeldes y fuerzas del Gobierno todavía es indeciso. Informaciones del cónsul general británico en funciones en Barcelona, donde las fuerzas gubernamentales han aplastado la rebelión, muestran que la situación es crítica dado que el *gobierno parece estar a merced de los obreros armados*. La situación en otros puertos también parece estar expuesta a posibilidades peligrosas, aunque de momento no se han transmitido noticias de bajas británicas.

En vista del peligro para las vidas y propiedades británicas en las áreas afectadas, buques de la Armada británica han sido enviados a Málaga,

272

Vigo, Barcelona, Palma, La Coruña, Tenerife, Valencia, Ferrol, Alicante y Almería. También se están enviado buques de la Armada a San Sebastián como medio de comunicación con el embajador de Su Majestad, del que no se ha recibido ninguna noticia desde hace 48 horas.

VI

ACTITUD INMEDIATA DE PORTUGAL EN APOYO A LOS INSURGENTES MILITARES Y CONTRARIA AL GOBIERNO REPUBLICANO

Despacho del embajador republicano español en Lisboa, el historiador D. Claudio Sánchez-Albornoz, dirigido al ministro de Estado en Madrid y fechado el 6 de agosto de 1936. Publicado como apéndice en el artículo de António Pedro Vicente, «O cerco à embaixada da República Espanhola em Lisboa (Maio a Outubro de 1936)», en Fernando Rosas (coord.), Portugal e a guerra civil de Espanha, Lisboa, Colibrí, 1998, pp. 58-59.

Lisboa, 6 de agosto de 1936. Despacho 360.
Asunto: Mi situación en este momento.

Excmo. Señor:

Mis comunicaciones telefónicas con V.E. y con el Señor Subsecretario y Dirección General de Seguridad me ahorran el envío de un largo despacho informativo sobre la repercusión de los sucesos de España en este país y de la influencia que Portugal haya podido tener en ellos. La simpatía con que el Gobierno Portugués y las clases conservadoras que le sostienen presenciaron el alzamiento militar de España, no ha sido paliada por hipócritas gestos. Desearon la victoria de las tropas sublevadas desde el primer instante y creyeron pronto en su victoria. Al conocerse las proporciones del alzamiento por el Gobierno Portugués mi posición resultó extraordinariamente difícil. Confiados en el triunfo fácil e inminente de las fuerzas sublevadas acogían con una cortés indiferencia todas mis protestas. Puse en juego toda mi capacidad de insinuación y de energía de una parte, y de paciencia de la otra, para proseguir día a día mis gestiones cerca del Secretario General del Ministerio de Negocios Extranjeros que gobernaba aquella casa en ausencia prolongadísima del Ministro Monteiro. Hombre de rostro duro que ablanda una sonrisa calculada, Sampaio, viejo diplomático, justificaba todas mis quejas y protestas, ora razonadoras, ora enérgicas, pero la esfinge, Salazar, en el misterio de su retiro, seguía adelante su política.

La noticia del armamento de las milicias populares produjo verdadero pánico en el Gobierno Portugués. Desde ese día perdieron el control de su diplomático disimulo. La campaña del Radio Club se acentuó. Los periódicos recibieron la consigna de hacer una propaganda intensa a favor de los rebeldes. Si un periódico flaqueaba, se le colocaba bajo la inspección inmediata de un delegado del Gobierno. Éste ordenaba incluso el tamaño de los titulares de las informaciones, se tachaba sin piedad toda noticia favorable a nosotros, se mutilaban otras, se suspendían los periódicos no incondicionales, se multó hasta con 20.000 escudos a un diario de Oporto por supuesta tibieza en el elogio del levantamiento. Las pizarras de los periódicos no podían publicar sino detalles favorables a los sublevados españoles. Se llegaron a tachar por la Censura unas moderadas declaraciones mías sobre la situación en España y se ha encarcelado a muchos por el mero delito de haber simpatizado públicamente con nuestra causa.

Yo tenía organizado mi servicio de información. Lo amplié y sin esfuerzo. Son legión, los republicanos españoles y portugueses adversos a la actual situación que me han informado y me informan a diario. He conocido no sólo lo sucedido en aeródromos, bases navales, cuarteles y redacciones de periódicos sino hasta en las Secretarías de propaganda o en las del Ministerio de la Guerra.

El Gobierno al escuchar mis comunicaciones a Madrid, puso cerco a mis teléfonos. Algunos días fue imposible hablar conmigo a nadie. Apenas escuchaban el nombre Embajada de España, cortaban la conferencia. Aun así, seguí informado e informando a ese Ministerio en comunicación diaria y a veces duplicada. Muchas noticias no he transmitido por insignificantes o no verosímiles. Otras por ser de imposible transmisión telegráfica.

Mi lucha con el Ministerio de Negocios Extranjeros ha sido ingrata y a veces hasta amarga. Me han llegado a enviar una confidente de la policía portuguesa para intentar sorprenderme. Sólo me compensaba de esta tortura, los servicios prestados al Gobierno y el entusiasmo de sectores importantes de opinión portuguesa que me escribían o me telefoneaban con apasionada adhesión.

Debo hacer resaltar a V.E. la ayuda amistosa que he recibido del Ministro de Francia, Mr. Ame Leroy que me ha suministrado informes y confidencias y ha mostrado gentil amistad personal, devota inclinación a nuestra causa. El Frente Popular de aquí hoy terminado, intenta ponerse al habla conmigo. Espero instrucciones de V.E.

Portugal ha ayudado cuanto ha podido a los rebeldes. Les han dado toda clase de facilidades de tránsito por Portugal, mientras han internado a cuantos leales han entrado en Portugal. A los paisanos los tienen aún en el Asilo de la Mitra. Más aun de ser ciertas mis confidencias, provisiones, gasolina, bombas y armas han salido de aquí para las dos zonas sublevadas. Hidroaviones rebeldes se han aprovisionado en Lisboa, acaso más de una vez. Hasta se me asegura que han encargado a la casa Vickers 25.000 bombas de avión y número considerable de torres para aeroplanos. Y seguirán haciéndolo, si Inglaterra no interviene cerca de Salazar. El pánico del Gobierno portugués a un posible triunfo nuestro que traería como corolario inmediato la revolución portuguesa puede llevarle aún lejos.

Mis diarias intervenciones son poco eficaces, aunque he acudido a todos los medios, desde la sonrisa, a la dura amenaza. Una victoria nuestra trocaría mi situación aquí. Aún sin ella no se atreverán a cortar las amarras con nosotros y a reconocer a la Junta Rebelde. Nos temen demasiado aún, y tienen el fuego en la propia casa.

Ignoro si me han cortado hoy o no las comunicaciones telefónicas con C.E. por la gravedad de mis últimos informes verbales. Pero aún en caso afirmativo, cederán—he tenido en jaque al Subsecretario hasta media noche—ante lo aislado de mi actitud de hoy.

Del personal diplomático a mis órdenes, Golmayo, agregado militar y Marín, Cónsul Adjunto, se han distinguido por su celo republicano. El tercer Secretario, Canal, y los Vicecónsules Cebral y Saro han seguido leales, los demás muy caballeros y corteses se han decidido contra el Gobierno; Perice inició la desbandada ausentes los Cónsules de Oporto, y Villarreal preso por los rebeldes en Sevilla éste, según me informa el vicecónsul de Olhao. Como he dicho en un telegrama fecha 3, para los Consulados de Lisboa y Oporto y para los otros cuatro fronterizos y para esta Embajada sólo dispongo de cuatro funcionarios—antes había once. Ello me obliga a tener entregados a cancilleros y cancilleres no muy de fiar en ocasiones la mayoría de los Consulados de frontera.

Los policías a mis órdenes, Señores Ávila y Martínez han trabajado con celo. Adjunto envío copia de su último informe. Ignoro si serán o no exactas, pero son verosímiles las actividades que atribuyen a los emigrados aquí; obtener un empréstito para los rebeldes. Llamo sobre ellas sin embargo la atención de V.E.

Envío adjunto un informe del coronel Golmayo que no he podido comunicar por teléfono. Me afirman también que tres submarinos portugueses han salido cargados de grandes cajas, con dirección desconocida, aunque probable ruta hacia tierras rebeldes. También me informan que el Banco Nacional Ultramarino ha proporcionado recursos al General Franco.

Envío este despacho y la valija correspondiente por mediación del Diputado don Elpido Villaverde que completará con informes verbales éste.

VII

EL VATICANO Y EL ESTALLIDO DE LA GUERRA CIVIL

Primer informe general redactado por el cardenal Isidro Gomá, arzobispo de Toledo y primado de la Iglesia española, para el Secretario de Estado de la Santa Sede, cardenal Pacelli (futuro Papa Pío XII). Fechado en Pamplona el 13 de agosto de 1936. Reproducido íntegramente por María Luisa Rodríguez Aisa, El cardenal Gomá y la guerra de España, *Madrid, CSIC, 1981, pp. 371-376.*

INFORME ACERCA DEL LEVANTAMIENTO CIVICO-MILITAR DE ESPAÑA
EN JULIO DE 1936

1. *Génesis del alzamiento*

   a) La labor desdichada de la República en el orden religioso, civil y económico, durante el bienio 1931-33, dio sin duda origen al levantamiento del 10 de agosto de 1932, que fracasó por la falta de unión entre el elemento militar. Los dos años de colaboración radical derechista, 1933-35, fueron un sedante y una esperanza para el vejado espíritu nacional. Toda esperanza de solución pacífica de la lucha entablada en el fondo de la conciencia nacional se frustró con el nuevo advenimiento del gobierno de Azaña.

   b) La forma de las elecciones de febrero último, sobre las que ya tuve el honor de informar a la Santa Sede; las coacciones gubernamentales para lograr una mayoría artificial, con manifiesto vejamen de los partidos de centroderecha; la prosecución, especialmente, de la labor legislativa del bienio primero; la falta absoluta de autoridad, o mejor, la complicidad del Gobierno con las bandas de malhechores que tenían perturbado profundamente el orden público, sin garantía ninguna para personas, cosas y derechos, produjo la tensión enorme del sentido patriótico y religioso que culminó a raíz del asesinato del Sr. Calvo Sotelo, el más caracterizado y valeroso de los derechistas.

   c) El triste hecho que privó a España de los servicios que podía prestarle el gran estadista hizo que se acelerara el estallido del alzamiento militar, preparado hacía unas semanas. Fue providencial, porque es cosa comprobada, por documentos que obran en poder de los insurgentes, que el 20 de Julio último debía estallar el movimiento comunista, para el cual se habían pertrechado con fuertes elementos de guerra las ciudades y pueblos de alguna importancia. Será sensacional la publicación de los proyectos que debían llevarse a cabo así que triunfara el régimen comunista. A más de la destrucción o incautación de todo lo de la Iglesia, una verdadera «checa», indicada en las listas negras que obran hoy, muchas de ellas, en poder de los insurgentes, debía aniquilar, en un momento dado y en cada localidad, las vidas de los más conspicuos de derechas, empezando por los sacerdotes.

d) Todo ello, así como la intervención de Rusia en prensa, dinero, agentes e incluso mercenarios soldados rusos que han luchado en Aragón junto con los comunistas catalanes, denuncia el carácter internacional del movimiento en que debía sucumbir España y al que providencialmente se ha opuesto el levantamiento cívico-militar.

2. *Su naturaleza o carácter.* En conjunto puede decirse que el movimiento es una fuerte protesta de la conciencia nacional y del sentimiento patrio contra la legislación y procedimiento de gobierno de este último quinquenio, que paso a paso llevaron a España al borde del abismo marxista y comunista.

Pero no puedo precisar el móvil que ha impulsado a cada uno de los directores del movimiento. Unos se mueven, sin duda, por el ideal religioso al ver profundamente herida su conciencia católica por las leyes sectarias y laicizantes y por las desenfrenadas persecuciones; otros, por ver amenazados sus intereses materiales por un posible régimen comunista; muchos, por el anhelo de una paz social justa y por el restablecimiento del orden material profundamente perturbado; otros, por el sentimiento de unidad nacional amenazado por las tendencias separatistas de algunas regiones.

Cierto que, como en la civilización cristiana están salvaguardados todos esos intereses, aun los de orden material y temporal, los dirigentes del movimiento, según se desprende de sus proclamas y arengas, propenden a la instauración de un régimen de defensa de la civilización cristiana.

Pero es muy de lamentar que, según manifestaciones que acaba de hacerme una de las figuras más destacadas y más católicas del movimiento, no se haya concretado previamente en sus líneas generales la forma que habra de tener el nuevo Estado español, caso de triunfar el movimiento. Ello podría malograr en parte la victoria y causar descontento en su día a grandes núcleos que han ofrendado su vida y derramado su sangre primero y ante todo por la defensa de la Religión.

Es muy diversa la ideología de los dirigentes del movimiento y corre desde la de algunos militares de alta graduación que no se hallarían mal con una República laicizante, pero de orden, hasta la de algunos otros que combaten con la imagen del Corazón de Jesús en el pecho y que quisieran una Monarquía con unidad católica, como en los mejores tiempos de los Austrias.

De hecho, y en reuniones previas de los dirigentes, para no malograr en germen el movimiento, se han debido eliminar del programa común cuestiones fundamentales que deberán forzosamente plantearse así que triunfara el movimiento. Entre los puntos tratados han sido el de los colores de la bandera—la tricolor ha sido el símbolo de la República—el del régimen corporativo y el de las relaciones del Estado con la Iglesia. Esto último ha quedado así en el programa común: «Separación de la Iglesia y el Estado». Falta ver el alcance que se daría a esta proposición.

3. *Desarrollo y dificultades.* Inició el movimiento el ejército de África y fue inmediatamente secundado por las guarniciones de Pamplona, Zaragoza, Castilla la Vieja, parte de la Nueva, Asturias, Galicia, Baleares y Canarias. Hoy pasan de 30 las provincias adheridas, de las 49 de España. Al movimiento del ejército se sumaron al punto muchos millares de milicianos de los Requetés (tradicionalistas), de las Falanges (fascistas), de Acción Popular y de Renovación Española (monárquicos del antiguo régimen). Solamente de los Requetés de Navarra hay ya unos 30.000 en los frentes de batalla; otros muchos miles esperan las órdenes de incorporación.

La inmensa mayoría de los españoles, el verdadero y tradicional pueblo español, vio desde el primer momento con gran simpatía el movimiento; más aún, lo consideró como un hecho providencial para evitar la ruina de todos los valores hispanos, y muchísimos tomaron al punto las armas para secundar el movimiento insurgente.

Es indudable que para esta fecha el movimiento habría triunfado ya totalmente a no haber surgido dos obstáculos poderosos: a) Primero, la defección de la Armada. Integradas las dotaciones de los buques de guerra por marinos de ideas avanzadas, apenas surgido el movimiento, eliminaron los mandos y se adueñaron de los buques, que si no han tenido mucha eficiencia en el ataque, al menos han restado al movimiento un elemento de combate poderoso dada la configuración geográfica de España. b) Otro, mayor, todavía, ha sido la actitud del partido nacionalista vasco que, por una aberración política monstruosa, que se inició en el pacto electoral de los últimos comicios, ha tomado armas al lado de los comunistas en las provincias de Vizcaya y Guipúzcoa contra las fuerzas españolas, cabalmente las de orientación más sana, reclutadas en la cristianísima Navarra, cuyo ejército ha hecho incursión en aquellas provincias para dominar los comunistas de la zona industrial de Guipúzcoa y la minera de Bilbao. Es de notar, en cambio, que los nacionalistas de la provincia de Álava y los reducidos núcleos de Navarra se han sumado en casi su totalidad con entusiasmo al movimiento militar. [...]

4. *Características de la lucha.* Se puede reducir a esta afirmación: Ferocidad inaudita por parte del ejército rojo; observancia estricta de las leyes de guerra por los insurgentes. [...]

Puede, por lo mismo, afirmarse que en la actualidad luchan España y la anti-España, la religión y el ateísmo, la civilización cristiana y la barbarie.

VIII

INICIO DE LA INTERVENCIÓN DE LA UNIÓN SOVIÉTICA EN APOYO A LA REPÚBLICA Y FORMAS DE MATERIALIZACIÓN PREVISTAS PARA LA MISMA

Resolución del Secretariado del Comité Ejecutivo de la Comintern (Internacional Comunista), reunido en Moscú el 18 de septiembre de 1936. Documento procedente del archivo del antiguo Instituto de Marxismo-Leninismo de Moscú (hoy Centro Ruso de Conservación y Estudio de la Documentación de Historia Contemporánea). Publicado mediante fotografía del texto original en inglés en el libro de Antonio Elorza y Marta Bizcarrondo, Queridos camaradas. La Internacional Comunista y España, 1919-1939, *Barcelona, Planeta, 2000, p. 303. Traducción nuestra.*

RESOLUCIÓN DEL SECRETARIO DEL C.E DE LA I.C. DEL 18 DE SEPTIEMBRE DE 1936 SOBRE LA CAMPAÑA DE APOYO A LA LUCHA DEL PUEBLO ESPAÑOL

Estrictamente confidencial

Nuestra campaña de apoyo al pueblo español debe desarrollarse en primer lugar y con todas sus fuerzas de acuerdo con las siguientes líneas:

1. Cada acto de violación del tratado de Neutralidad [referencia al Acuerdo de No Intervención] por parte de los gobiernos alemán, italiano y también portugués será vigorosamente denunciado.

2. Se exigirá la retirada de las aguas españolas de las flotas alemana e italiana.

3. Se planteará la demanda de que cese la situación en la que Portugal sirve como centro de actuación de los rebeldes y su más importante canal y fuente de suministro de material bélico.

4. Debe articularse con medidas efectivas el control por parte de las organizaciones obreras, y en primer lugar por los trabajadores de las industrias bélicas y del transporte marítimo y terrestre, sobre los envíos y traslados de armamento para los rebeldes, con el fin de cerrar la llegada de armas a los fascistas españoles.

5. Deben organizarse manifestaciones hostiles contra los representantes diplomáticos de España que han anunciado su dimisión y su paso al bando de los rebeldes; y debe exigirse la inmediata deportación de estos conspiradores fascistas como enemigos de la democracia y agentes de los contrarrevolucionarios rebeldes.

6. Debe emprenderse una campaña entre la clase obrera contrarrestando los cuentos de persecuciones religiosas en España y mostrando que sólo los centros de la rebelión contrarrevolucionaria están siendo liquidados, y que el Gobierno Español respeta incluso las opiniones religiosas de las más pequeñas minorías del pueblo español.

7. Se debe proceder al reclutamiento entre los obreros de todos los países de voluntarios con experiencia bélica y militar con el fin de su envío a España.

8. Se debe organizar la ayuda técnica al pueblo español mediante el envío de obreros y técnicos cualificados.

9. Se organizará una campaña contra los generales fascistas entre la población de Marruecos.

IX

FORMALIZACIÓN DEL APOYO ITALIANO AL BANDO FRANQUISTA Y CONTENIDOS POLÍTICOS Y DIPLOMÁTICOS DE LA COLABORACIÓN BILATERAL EN EL FUTURO.

Tratado italo-español firmado el 28 de nov. de 1936. Publ. originalmente en la colección documental del conde de Ciano: Ciano's Diplomatic Papers, Londres, Odhams Press, 1948, pp. 75-77. Trad. al español y publ. por John F. Coverdale, La intervención fascista en la guerra civil española, Madrid, Alianza, 1979, pp. 367-369.

El Gobierno fascista y el Gobierno nacional español, unidos en solidaridad en el combate común contra el comunismo, que en el momento actual más que en ningún otro amenaza a la paz y la seguridad de Europa, animados por el deseo de desarrollar y reforzar sus propias relaciones y de fomentar con todas sus fuerzas la estabilización social y política de las naciones europeas, han examinado detalladamente las cuestiones que afectan a los dos Estados por conducto de sus respectivos representantes en Roma y en Burgos, y han convenido en los siguientes puntos:

1. El Gobierno fascista prometerá en el futuro al Gobierno español su apoyo y su ayuda para la conservación de la independencia y la integridad de España, incluidos tanto su territorio metropolitano como sus colonias, así como para el restablecimiento del orden social y político en el propio país. En el futuro, organismos técnicos de ambas partes mantendrán contactos a este fin.

2. Convencidos de que una estrecha colaboración entre ellos será útil a ambos países, así como al orden político y social en Europa, el Gobierno fascista y el Gobierno nacional español mantendrán estrechos contactos entre sí y concertarán sus acciones sobre todas las cuestiones de interés común, especialmente sobre las relativas a la parte occidental del Mediterráneo, en relación con las cuales puede resultar necesario coordinar sus acciones respectivas. Se prestará uno al otro apoyo mutuo en la defensa efectiva de sus intereses comunes.

3. Cada uno de los dos Gobiernos se compromete a no participar en ninguna otra agrupación de Potencias, ni acuerdo entre Potencias, que pueda ir dirigida contra la otra parte, y no contribuirá directa ni indirectamente a medidas de carácter militar, económico o financiero, dirigidas contra una de las partes contratantes. En especial, se comprome-

ten a no permitir la explotación de sus territorios, puertos ni mares internos, para ningún tipo de operación dirigida contra una de las partes contratantes, ni para la preparación de operaciones de esa índole, ni para el libre paso de material o de tropas de una tercera Potencia. Habida cuenta de este objetivo, los dos Gobiernos se comprometen a considerar nulos todos los acuerdos previamente celebrados e incompatibles con el presente texto, y a suspender la aplicación de todo compromiso derivado de esos acuerdos.

4. El Gobierno fascista y el Gobierno nacional español han convenido acerca del artículo 16 del pacto de la Sociedad de Naciones y coincidido en la opinión de que la forma en que se ha venido interpretando y aplicando últimamente está llena de graves peligros para la paz, y que, por tanto, debe abolirse o modificarse radicalmente. En caso de que una de las partes contratantes se encuentre implicada en un conflicto con una o más Potencias, o si se aplican medidas colectivas de carácter militar, económico o financiero contra cualquiera de las partes, el otro Gobierno se compromete a adoptar hacia el primero de los Gobiernos mencionados una actitud de neutralidad benévola, garantizarle los suministros necesarios, poner a su disposición todas las facilidades, la utilización de puertos, de líneas aéreas, de ferrocarriles y de carreteras, así como a mantener relaciones comerciales indirectas.

5. Con este objetivo, los dos Gobiernos creen que merece la pena establecer, de modo que entre en vigor en cuanto se logre la paz, el método que se adoptará para la explotación de sus propios recursos económicos, en especial las materias primas y los medios de comunicaciones. Los organismos técnicos de ambos Gobiernos celebrarán en breve los acuerdos necesarios para ello.

6. El Gobierno fascista y el Gobierno nacional español consideran posible y acorde con los intereses de ambas partes desarrollar en todo lo posible todas las formas de relaciones económicas y de comunicaciones marítimas y aéreas. Con este objetivo, y habida cuenta de sus relaciones especialmente amistosas, se conceden mutuamente todas las facilidades posibles para el intercambio de mercancías, para la marina mercante y para la aviación civil.

X

FORMALIZACIÓN DE LA COLABORACIÓN POLÍTICA Y ECONÓMICA ENTRE LA ALEMANIA NACIONAL-SOCIALISTA Y LA ESPAÑA FRANQUISTA

Protocolo hispano-alemán firmado el 20 de marzo de 1937, que estará en vigor hasta su superación por el Tratado de Amistad hispano-alemán firmado el 31 de marzo de 1939. Procedente de los archivos del Ministerio alemán de Asuntos Exteriores capturados por el ejército norteamericano en abril de 1945. Reproducido en la colección Documents on German Foreign Policy, *series D, vol. 3,* Germany and the Spanish Civil War, *Londres, HMSO, 1954, p. 256-257, documento número 234. Traducción nuestra.*

Protocolo.
Alto secreto.

Salamanca, 20 de marzo de 1937

El Gobierno alemán y el Gobierno nacional español, convencidos de que el desarrollo progresivo de las relaciones amistosas existentes entre ambos sirve al provecho de los pueblos alemán y español y será un factor importante para el mantenimiento de la paz europea, que ambos anhelan, han convenido en fijar por escrito los principios rectores de sus futuras relaciones y con este propósito han llegado a un acuerdo sobre los siguientes puntos:

1. Ambos gobiernos estarán en constante consulta mutua sobre las medidas necesarias para defender sus respectivos países contra los peligros amenazadores del comunismo.

2. Ambos gobiernos estarán permanentemente en contacto para informarse recíprocamente sobre cuestiones de política internacional que afecte a sus intereses comunes.

3. Ninguno de los dos gobiernos participará en tratados u otros acuerdos con terceras potencias que estén dirigidos directa o indirectamente contra el otro país.

4. En el caso de que uno de los dos gobiernos sea atacado por una tercera potencia, el gobierno del otro país evitará cualquier acto que pueda servir de ventaja para el atacante o desventaja para el atacado.

5. Ambos gobiernos están de acuerdo en su deseo de intensificar las relaciones económicas entre sus respectivos países tanto como sea posible. De este modo reafirman su propósito de que los dos países cooperen

en el futuro y se complementen en materias económicas por todos los medios.

6. Ambos gobiernos considerarán este protocolo, que entra en vigor de inmediato, como secreto hasta decisión posterior. A su debido tiempo, ambos gobiernos regularán sus relaciones políticas, económicas y culturales en detalle mediante acuerdos especiales que estarán en concordancia con los principios rectores arriba establecidos.

Hecho por duplicado en las lenguas española y alemana.

Por el Gobierno alemán: Faupel.
Por el Gobierno Nacional Español: Francisco Franco.

ABREVIATURAS

ADM   Admiralty Records: Archivo del Almirantazgo (PRO)
AGA   Archivo General de la Administración (Alcalá de Henares)
AIR   Air Ministry Records: Archivo del Ministerio del Aire (PRO)
AMAE Archivo del Ministerio de Asuntos Exteriores (Madrid)
AA.VV. Autores Varios
BOE   Boletín Oficial del Estado
CNT   Confederación Nacional del Trabajo
CAB   Cabinet Office Records: Archivo del Consejo de Ministros (PRO)
CEDA Confederación Española de Derechas Autónomas
DBFP Documents on British Foreign Policy. Foreign Office (Londres)
DDF   Documents Diplomatiques Français. Ministère des Affaires Étrangères (París)
DDI   Documenti Diplomatici Italiani. Ministero degli Affari Esteri (Roma)
DGFP Documents on German Foreign Policy. Serie D. Vol. III. Germany and the Spanish Civil War
FAI   Federación Anarquista Ibérica
FRUS Foreign Relations of the United States. Diplomatic Papers. Department of State (Washington)
PCE   Partido Comunista de España
PNV   Partido Nacionalista Vasco
POUM Partido Obrero de Unificación Marxista
PREM Prime Minister's Private Office Records: Archivo del Gabinete del Primer Ministro (PRO)
PRO   Public Record Office: Archivo Histórico de Gran Bretaña (Kew, Surrey)
PSOE Partido Socialista Obrero Español
UGT   Unión General de Trabajadores
URSS Unión de Repúblicas Socialistas Soviéticas
WO   War Office Records: Archivo del Ministerio de la Guerra (PRO)

SELECCIÓN BIBLIOGRÁFICA

El binomio temático formado por la Segunda República y la Guerra Civil Española ha generado una enorme masa de literatura histórica que, como ya se ha apuntado en la introducción de este libro, se calculaba en el año de 1986 en más de quince mil volúmenes sólo sobre el conflicto bélico. Una demostración de la fiabilidad de esa cifra estimativa puede hallarse en la recopilación bibliográfica titulada *La guerra civil, 1936-1939* y publicada por el Centro de Información y Documentación Científica (Madrid, Consejo Superior de Investigaciones Científicas, 1996, 2 vols.). En la misma se recogen más de 3.500 referencias bibliográficas de libros (1.848) o artículos (1.749), españoles y extranjeros, publicados desde 1975 y hasta la fecha de la publicación. Habida cuenta de esas magnitudes, toda selección bibliográfica sobre el tema corre el riesgo de ser sumamente arbitraria, reducida y minúscula, amén de responder a las afinidades, conocimientos, carencias y gustos individuales del propio selector. Conscientes de este riesgo inevitable, hemos optado por ofrecer a continuación una serie de obras que, a nuestro leal y falible saber y entender, contiene algunas de las mejores contribuciones publicadas en los últimos años sobre la materia. Dejamos al margen de este repaso la exposición sobre los trabajos generalistas referidos a la dimensión internacional del conflicto por haber sido suficientemente tratados en el capítulo introductorio de esta misma obra.

La obra clásica para el estudio conjunto del período 1931-1939 es la firmada por el hispanista norteamericano Gabriel Jackson (*La República española y la guerra civil*, Barcelona, Crítica, 1979. Edición original de 1965). Es una obra un poco anticuada, elaborada sólo sobre fuentes hemerográficas, memorias de protagonistas y literatura secundaria, sin apoyatura archivística dada la temprana fecha de confección de la misma. Su autor fue responsable posteriormente de una nueva versión reducida de su trabajo que contiene un apéndice documental todavía valioso: *Entre la Reforma y la Revolución, 1931-1939* (Barcelona, Crítica, 1980). Con ese mismo carácter de obra general, pero más actualizada y mejor fundamentada archivísticamente, encontramos el volumen noveno de la colección de historia de España dirigida por Manuel Tuñón de Lara, escrito por dicho autor en colaboración con Pierre Malerbe, María Carmen García-Nieto y José-Carlos Mainer: *La crisis del Estado: Dictadura, República y Guerra, 1923-1939* (Barcelona, Labor, 1981). En igual sentido y con idéntico carácter podría recomendarse el volumen coordinado por Octavio Ruiz-Manjón Cabeza que constituye el tomo 17 de una colección de Historia General de España y América: *La II República y la Guerra Civil* (Madrid, Rialp, 1986). Una reciente aportación al análisis conjunto de la crítica década de los años treinta españoles ha sido hecha por Javier Tusell Gómez en el volumen 2 de su *Historia de España en el siglo XX: La crisis de los años treinta: República y guerra civil* (Madrid, Taurus, 1999).

Para el estudio monográfico de la Segunda República, en su calidad de antesala del conflicto fratricida, todavía resulta útil el trabajo pionero de Manuel Tuñón de Lara (*La Segunda República*, Madrid, Siglo XXI, 1976, 2 vols.) y, a pesar de su furibundo partidismo antirrepublicano, el voluminoso relato del periodista Joaquín Arrarás Iribarren (*Historia de la Segunda República*, Madrid, Ed. Nacional, 1968-1970, 4 vols.). Sin embargo, existen otras dos obras más recientes que sirven mucho mejor al propósito de ofrecer una panorámica ponderada y sintética sobre el quinquenio democrático republicano: la del hispanista norteamericano Stanley G. Payne (*La primera democracia española. La Segunda República*, Barcelona, Paidós, 1995) y la de Julio Gil Pecharromán (*La Segunda República española, 1931-1936*, Madrid, UNED, 1995). Este último historiador es autor también de una síntesis muy lograda sobre el mismo tema: *La II República. Esperanzas y frustraciones*, vol. 26 de *Historia de España* (Madrid, Historia 16, 1997). Javier Paniagua también es responsable de una pequeña obra divulgativa igualmente digna de mención: *España, siglo XX (1931-1939)* (Madrid, Anaya, 1988). Un análisis muy revelador e influyente sobre la dinámica sociopolítica en ese quinquenio crucial lo ofrece el hispanista británico Paul Preston: *La destrucción de la democracia en España: Reacción, reforma y revolución en la II República* (Madrid, Turner, 1978; 2ª ed. revisada: Madrid, Alianza, 1987).

Los casi tres años de la guerra civil cuentan con una obra narrativa clásica y ecuánime, hoy sensiblemente anticuada a pesar de su revisión, firmada por el hispanista británico Hugh Thomas: *La guerra civil española* (Barcelona, Grijalbo, 1976, 2 vols. Edición original de 1961). Lo mismo sucede con el trabajo pionero y más abiertamente prorepublicano de dos hispanistas franceses, Pierre Broué y Emile Témime (*La revolución y la guerra de España*, México, FCE, 1977). Y mención expresa merece la magna obra de su compatriota Georges Soria, aunque sólo fuera por la riqueza de su aparato fotográfico: *Guerre et Revolution en Espagne, 1936-1939*, París, Robert Laffont, 1976, 5 vols. Vol. 1 (*Genèse*), 2 (*L'Affrontement*), 3 (*Le Tournant*), 4 (*L'Equilibre Rompu*), 5 (*Le Dénouement*). Con esa misma valía desde el punto vista fotográfico, pero muy lastrada por su militancia profranquista, cabe reseñar la publicación de Ricardo de la Cierva y Hoces titulada *Historia ilustrada de la guerra civil española* (Barcelona, Danae, 1971, 2 vols.).

Mucho más actualizada que todas esas obras es el trabajo colectivo dirigido por Manuel Tuñón de Lara (con la colaboración de Julio Arós-tegui, Gabriel Cardona, Angel Viñas y Josep M. Bricall) y publicado con ocasión del cincuentenario del conflicto: *La guerra civil española. 50 años después* (Barcelona, Labor, 1985). También con ese pretexto conmemorativo editaron su propia visión del conflicto dos hermanos ex combatientes en el bando franquista y reputados historiadores militares, Ramón y Jesús Salas Larrazábal (*Historia general de la guerra civil*, Madrid, Rialp, 1986). Y no cabe dejar de citar, por su calidad y amplitud temática, la obra colectiva publicada en esa misma coyuntura bajo el título *La guerra civil. Historia 16* (Madrid, Historia 16, 1986, 24 vols.). Con un carácter mucho más divulgativo e interpretativo, resulta pertinente mencionar el trabajo dirigido por el hispanista norteamericano Edward Malefakis bajo el título *La guerra de España* (Madrid, El País, 1986, 21 fascículos). Diez años después, vio la luz otra obra colectiva dirigida por Javier Tusell y Stanley G. Payne: *La guerra civil. Una nueva visión del conflicto que dividió España* (Madrid, Temas de Hoy, 1996). Y también una magna obra en siete volúmenes (y con doce vídeos de acompañamiento) dirigida por Luis Palacios Bañuelos, *La guerra civil española* (Tudela, Edilibro-Club Internacional del Libro, 1996). Con ocasión del sesenta aniversario de la terminación del conflicto se han publicado recientemente otras dos síntesis panorámicas: la dirigida por el historiador y militar Miguel Alonso Baquer, *La guerra civil española. Sesenta años después* (Madrid, Actas, 1999); y la editada por Ricardo Recio Cardona, *Rojo y azul. Imágenes de la guerra civil española* (Madrid, Almena, 1999).

Entre las obras debidas a autores individuales, cabría destacar las firmadas con ocasión del cincuentenario del estallido del conflicto por cuatro historiadores de sensibilidad muy diferente y contrastada: el decano del hispanismo británico y profeso liberal, sir Raymond Carr (*La tragedia española. La guerra civil en perspectiva*, Madrid, Alianza, 1986); el prolífico y profranquista Ricardo de la Cierva (*Nueva y definitiva historia de la guerra civil*, Madrid, ABC, 1986); el mucho más ecuánime historiador andaluz José Manuel Cuenca Toribio (*La guerra del 36*, Madrid, Espasa Calpe, 1986); y el maestro de hispanistas franceses y templado exponente de la historiografía marxista, Pierre Vilar (*La guerra civil española*, Barcelona, Crítica, 1986). Con posterioridad a esas contribuciones, las obras de autor individual más destacables y rigurosas podrían ser las publicadas por el hispanista germano Walther L. Bernecker (*Guerra en España, 1936-1939*, Madrid, Síntesis, 1996); por Julio Aróstegui (*La guerra civil. La ruptura democrática*, vol. 27 de la *Historia de España*, Madrid, Historia 16, 1997); y por Paul Preston (*La guerra civil española*, Barcelona, Plaza y Janés, 2000).

A tono con su carácter generalista e introductorio, este listado bibliográfico no podría dejar de hacer mención de dos diccionarios temáticos y biográficos sobre la guerra civil española de indudable utilidad para los estudiosos del tema. Por orden de aparición cronológica, el primero de ellos está editado por un notable hispanista norteamericano que encabeza un selecto equipo de historiadores participantes: James W. Cortada (ed.). *Historical Dictionary of the Spanish Civil War* (Westport, Conn., Greenwood Press, 1982). El segundo es responsabilidad individual de un único autor español: Manuel Rubio Cabeza, *Diccionario de la guerra civil española* (Barcelona, Planeta, 1987, 2 vols.).

Con un carácter de diccionario enciclopédico similar, pero incluyendo además útiles documentos de la época y fotografías, cabría citar el trabajo dirigido por Rafael Borrás, *Crónica de la Guerra Civil española* (Barcelona, Plaza y Janés-Círculo de Lectores, 1996). Y en cuanto a repertorio documental profuso y solvente, es inexcusable la mención de la obra de María Carmen García-Nieto y Javier Donézar: *La guerra de España*, vol. 10 de la colección *Bases documentales de la España contemporánea* (Madrid, Guadiana, 1975). Del mismo modo, conviene recordar la existencia de una recopilación bibliográfica que también recoge orientaciones sobre localización de archivos pertinentes: Juan García Durán, *La guerra civil española: fuentes* (Barcelona, Crítica, 1985). También resulta útil, sobre todo por su apartado documental sonoro, la publicación titulada *España. Nuestro siglo. Texto, imágenes y sonido. Guerra Civil, 1936-1939* (Barcelona, Plaza y Janés, 1986). E incluso cabría mencionar en esta misma línea la edición digital titulada *España en guerra* (CD-ROM publicado en Madrid en 1995).

Siguiendo la senda de novedosos soportes informativos, merece la pena terminar estos apuntes con una página en Internet dedicada a la guerra de España y mantenida por Manuel Sanromá desde Tarragona, cuya dirección de acceso electrónico es la siguiente: *www.fut.es/~msanroma/GUERRACIVIL*. Más noticias sobre posibles páginas en la red con información sobre la guerra civil española pueden hallarse en dos fecundas páginas en castellano que cabe utilizar como portal polivalente para muchas otras direcciones de interés histórico: la página WEB de la revista de historia electrónica *Hispania Nova*, editada en Madrid por los profesores Ángel Martínez de Velasco y Julio Aróstegui (dirección de acceso: *http://hispanianova.rediris.es*); y la página WEB titulada *D'Historia. El fil d'Ariadna*, creada y mantenida desde la Universidad de Valencia por el profesor Anaclet Pons (dirección de acceso: *www.uv.es/~apons*).

A continuación, para completar este itinerario bibliográfico introductorio, recogemos una breve panorámica de las obras dedicadas a estudiar monográficamente la actitud de cada una de las potencias extranjeras que tuvieron mayor protagonismo en el conflicto español. Por supuesto, dicha panorámica no pretende reexponer todos los libros, artículos y textos utilizados en la redacción de este trabajo, cuyo pertinente lugar de referencia y acreditación se halla en las notas a pie de página que conforman el aparato crítico del mismo. A ellas remitimos a los lectores más interesados para profundizar en el estado bibliográfico de las distintas temáticas y materias aludidas o mencionadas en el curso de nuestro estudio.

En el caso de Francia, hay al menos tres trabajos de cita inexcusable y que examinan globalmente la dubitativa conducta oficial de sus gobiernos en el conflicto: el libro del norteamericano David W. Pike, *Les Français et la guerre d'Espagne* (París, PUF, 1975); la obra de Juan Avilés Farré, *Pasión y farsa. Franceses y británicos ante la guerra civil española* (Madrid, Eudema, 1994); y la colaboración de Ricardo Miralles, «Las relaciones hispano-francesas en el siglo xx», en la obra dirigida por Daniel de Busturia, *Del reencuentro a la convergencia. Historia de las relaciones bilaterales hispano-francesas* (Madrid, Ciencias de la Dirección, 1994). De este último autor cabe citar igualmente su artículo «La política exterior de la República hacia Francia durante la guerra civil» (*Historia Contemporánea*, n° 10, 1993, pp. 29-50). También resulta clave el artículo canónico de

Pierre Renouvin, «La politique extérieure du premier gouvernement Léon Blum» (en AA. VV., *León Blum, chef du gouvernement, 1936-1937*, París, Cahiers de la Fondation Nationale des Sciences Politiques, 1967, pp. 329-353). Y, en general, resultan pertinentes las colaboraciones contenidas en el volumen titulado *Españoles y franceses en la primera mitad del siglo XX* (Madrid, CSIC, 1986) y en la obra editada por Jean Sagnes y Sylvie Caucanas, *Les Français et la guerre d'Espagne* (Perpiñán, Université de Perpignan-CERPF, 1990). Por lo que respecta a aspectos sectoriales del tema, son muy interesantes cinco trabajos particulares: José M. Borrás Llop, *Francia ante la guerra civil española. Burguesía, interés nacional e interés de clase* (Madrid, Centro de Investigaciones Sociológicas, 1981); Catherine Breen, *La droite française et la guerre d'Espagne* (Ginebra, Ed. Médecine et Hygiène, 1973); Jaime Martínez Parrilla, *Las fuerzas armadas francesas ante la guerra civil española* (Madrid, Ejército, 1987); Carlos Serrano, *L'enjeu espagnol: PCF et guerre d'Espagne* (París, Messidor, 1987); y Rémi Skoutelsky, *L'Espoir guidait leurs pas. Les volontaires français dans les Brigades internationales* (París, Grasset, 1998).

Por lo que respecta al caso de la Gran Bretaña, dejando al margen la obra ya citada de Avilés Farré, el trabajo pionero desde un punto de vista rigurosamente historiográfico es el de Jill Edwards, *The British Government and the Spanish Civil War, 1936-1939* (Londres, Macmillan, 1979). A continuación, por orden de aparición cronológica, cabría mencionar tres obras similares, más o menos coincidentes en sus apreciaciones y que igualmente hacen uso de los fondos archivísticos oficiales: Douglas Little, *Malevolent Neutrality. The United States, Great Britain, and the Origins of the Spanish Civil War* (Ithaca, N.Y., Cornell University Press, 1985); Enrique Moradiellos, *La perfidia de Albión. El gobierno británico y la guerra civil española* (Madrid, Siglo XXI, 1996); y Tom Buchanan, *Britain and the Spanish Civil War* (Cambridge, Cambridge University Press, 1997). Por lo que respecta a facetas específicas de la actuación británica, oficial o popular, resultan interesantes los siguientes trabajos: Bill Alexander, *British Volunteers for Liberty* (Londres, Lawrence and Wishart, 1982); Tom Buchanan, *The Spanish Civil War and the British Labour Movement* (Cambridge, University Press, 1991); Jim Fyrth, *The Signal Was Spain. The Aid Spain Movement in Britain*, (Londres, Lawrence & Wishart, 1986); Peter Gretton, *El factor olvidado: la marina británica y la guerra civil española* (Madrid, San Martín, 1984); y Kenneth William Watkins, *Britain Divided. The Effects of the Spanish Ci-*

vil War on British Political Opinion (Londres, Thomas Nelson & Sons, 1963). También son dignos de mención sendos artículos del hispanista Michael Alpert: «Anthony Eden y la guerra de España» (*Tiempo de Historia*, n° 32, 1977, pp. 20-25); «La respuesta inglesa humanitaria y propagandística a la guerra civil española» (*Revista de Estudios Internacionales*, vol. V, 1984, pp. 27-38); y «Gibraltar y la guerra civil española» (*Studia Historica*, n° 4, 1985, pp. 91-101).

La tercera de las grandes democracias occidentales, los Estados Unidos de América, cuenta también con su correspondiente bibliografía. Aparte del estudio de Douglas Little ya citado, son inexcusables las monografías de F. J. Taylor, *The United States and the Spanish Civil War* (Nueva York, Bookman, 1956) y Richard P. Traina, *American Diplomacy and the Spanish Civil War* (Bloomington, Indiana University Press, 1968). Sobre las dimensiones internas véanse: Allen Guttman, *The Wound in the Heart: American Neutrality and the Spanish Civil War* (Nueva York, Free Press of Glencoe, 1962); y Marta Rey García, *Stars for Spain. La guerra civil española en los Estados Unidos* (La Coruña, Castro, 1997). Hay una útil síntesis sobre la actitud norteamericana, elaborada por Frederick B. Pike, en la obra colectiva editada por M. Falcoff y el propio Pike y dedicada al impacto de la guerra española en el conjunto de los países americanos: *The Spanish Civil War. American Hemispheric Perspectives* (Lincoln, University of Nebraska Press, 1982).

El papel de la Unión Soviética en la guerra española contaba con un trabajo pionero y muy acreditado cuyo único defecto era la carencia de apoyatura archivística oficial: David T. Cattell, *Soviet Diplomacy and the Spanish Civil War* (Berkeley, University of California Press, 1957). En la misma línea interpretativa, pero con mayor soporte documental habida cuenta del tiempo transcurrido, se sitúan los trabajos de Ángel Viñas, *El oro de Moscú. Alfa y omega de un mito franquista* (Barcelona, Grijalbo, 1979); Edward H. Carr, *La Comintern y la guerra civil española* (Madrid, Alianza, 1986); y el sustancial artículo de Denis Smyth, «Estamos con vosotros: Solidaridad y egoísmo en la política soviética hacia la España republicana» (en P. Preston, ed., *La República asediada*, Barcelona, Península, 1999, cap. 4). Más crítico con la actuación soviética es Pierre Broué, *Stalin et la Revolution. Le cas spagnol, 1936-1939* (París, Fayard, 1993). Bastante anticuado es el libro firmado por José Luis Alcofar Nassaes, *Los asesores soviéticos en la guerra civil española* (Barcelona, Dopesa, 1971). La crónica oficial soviética fue publicada por la Academia de Ciencias de la

URSS: *International Solidarity with the Spanish Republic* (Moscú, Progreso, 1975). En los últimos años, tras la desintegración de la URSS y con el beneficio de la consulta de los fondos archivísticos pertinentes, han aparecido tres estudios muy reveladores: Geoffrey Roberts, «Soviet Foreign Policy and the Spanish Civil War» (en Ch. Leitz y D. J. Dunthorn, eds., *Spain in an International Context, 1936-1959*, Oxford, Berghan, 1999, pp. 81-103); Antonio Elorza y Marta Bizcarrondo, *Queridos camaradas. La Internacional Comunista y España, 1919-1939* (Barcelona, Planeta, 1999); y Gerald Howson, *Armas para España. La historia no contada de la guerra civil española* (Barcelona, Península, 2000).

La vital intervención de la Italia fascista en apoyo de Franco cuenta con una considerable bibliografía de indudable rigor y apoyatura documental. El trabajo básico y más general se debe al norteamericano John F. Coverdale, *La intervención fascista en la guerra civil española* (Madrid, Alianza, 1979). El proceso que llevó a esa decisión de intervenir cuenta con un estudio magistral a cargo de Ismael Saz Campos, *Mussolini contra la II República. Hostilidad, conspiraciones, intervención (1931-1936)* (Valencia, Institució Valenciana d'Estudis i Investigació, 1986), que también es autor de una evaluación global del tema en su artículo «El fracaso del éxito: Italia en la guerra de España» (*Espacio, Tiempo y Forma. Historia Contemporánea*, n° 5, 1992, pp. 105-128). Un examen de las primeras etapas de dicha intervención en Paul Preston, «La aventura española de Mussolini: del riesgo limitado a la guerra abierta» (en P. Preston, ed., *La República asediada*, Barcelona, Península, 1999, pp. 41-69). Ismael Saz y Javier Tusell son responsables de la edición y comentario de un rico conjunto documental que examina la política fascista en la guerra hasta después de la debacle de Guadalajara en marzo de 1937: *Fascistas en España. La intervención italiana en la guerra civil a través de los telegramas de la «Missione Militare Italiana in Spagna»* (Madrid, C.S.I.C., 1981). En el aspecto militar, siguen conservando cierta validez matizada los trabajos de José Luis Alcofar Nassaes: *C.T.V. Los legionarios italianos en la guerra civil española* (Barcelona, Euros, 1972); *La aviación legionaria en la guerra de España* (Barcelona, Euros, 1975); y *La marina italiana en la guerra de España* (Barcelona, Euros, 1975). Por último, resulta imperativo mencionar la existencia de un volumen colectivo, con valiosas contribuciones individuales (Saz, Gianluca, etc.), bajo el título de *Italia y la guerra civil española* (Madrid, CSIC, 1986).

En el caso de la Alemania nacional-socialista, el trabajo clave para comprender su intervención en favor de Franco sigue siendo el estudio de Ángel Viñas, *La Alemania nazi y el 18 de julio* (Madrid, Alianza, 1977). Sendos repasos a la solvente bibliografía alemana sobre el tema en Walther L. Bernecker, «La historiografía alemana sobre la guerra civil española» (en J. Aróstegui, coord., *Historia y memoria de la guerra civil*, Salamanca, Junta de Castilla y León, 1988, vol. 1, pp. 31-55) y Peter Monteath, «German Historiography and the Spanish Civil War: A Critical Survey» (*European History Quarterly*, n° 20, 1990, pp. 255-283). Sobre el conjunto de la intervención alemana véanse: Robert Whealey, *Hitler and Spain. The Nazi Role in the Spanish Civil War* (Lexington, University Press of Kentucky, 1989); Raymond Proctor, *Hitler's Luftwaffe in the Spanish Civil War* (Westport, Greenwood Press, 1983); Walther L. Bernecker, «La intervención alemana en la guerra civil española» (*Espacio, tiempo y forma. Historia contemporánea*, n° 5, 1992, pp. 77-104); y Denis Smyth, «Reacción refleja: Alemania y el comienzo de la guerra civil española» (en P. Preston, comp., *Revolución y guerra en España, 1931-1939*, Madrid, Alianza, 1986, pp. 205-220). Los cruciales aspectos económicos de las relaciones hispano-alemanas durante el conflicto se abordan en tres trabajos muy rigurosos: Rafael García Pérez, *Franquismo y Tercer Reich* (Madrid, Centro de Estudios Constitucionales, 1994); Glenn T. Harper, *German Economic Policy in Spain during the Spanish Civil War* (París, Mouton, 1967); y Christian Leitz, *Economic Relations between Nazi Germany and Franco's Spain, 1936-1945* (Oxford, Oxford University Press, 1996).

El papel de Portugal en el conflicto español tiene sus principales analistas en dos autores portugueses: Iva Delgado, *Portugal e a guerra civil de Espanha* (Lisboa, Publicaçoes Europa-América, s.a., 1980) y César Oliveira, *Salazar e a guerra civil de Espanha* (Lisboa, O Jornal, 1988). De este último, hay un artículo-resumen publicado en español: «La ayuda de Salazar a la sublevación franquista» (*Historia 16*, n°104, 1984, pp.11-22). En el ámbito idiomático español, contamos con tres contribuciones relevantes: Joaquín Arango, «La intervención extranjera en la guerra civil española: el caso de Portugal» (en AA.VV., *Estudios de Historia de España. Homenaje a M. Tuñón de Lara*, Madrid, U.I. Menéndez Pelayo, 1981, vol. 2, pp. 253-280); Manuel Burgos Madroñero, «Salazar y la guerra de España» (*La guerra civil. Historia 16*, n° 18, 1986, pp. 104-115); y Soledad Gómez de las Heras, «Portugal ante la guerra civil española» (*Espacio, tiempo y forma. Historia contemporánea*, n° 5, 1992, pp. 273-292). Finalmente, también son de indudable interés las colaboraciones incluidas en la obra editada por Fernando Rosas, *Portugal e a guerra civil de Espanha* (Lisboa, Colibrí, 1998) y el libro publicado por Alberto Pena Rodríguez, *El gran aliado de Franco. Portugal y la guerra civil española: prensa, radio, cine y propaganda* (La Coruña, Castro, 1988).

Para terminar, por lo que respecta a la decisiva actuación del Vaticano es preciso citar ante todo el clásico estudio de conjunto del padre Hilari Raguer i Suñer, *La pólvora y el incienso. La Iglesia y la Guerra Civil española, 1936-1939* (Barcelona, Península, 2001). Del mismo autor resulta imprescindible su análisis específico de la actuación diplomática de la Santa Sede: «El Vaticano y la guerra civil española» (*Cristianesimo nella storia* (Bolonia), vol. 3, nº 1, 1982, pp. 137-209). En ese mismo sentido, conviene recordar el trabajo de Antonio Marquina Barrio: *La diplomacia vaticana y la España de Franco, 1936-1945* (Madrid, CSIC, 1983). El crucial protagonismo de la Iglesia española en el conflicto, tanto en el orden interno como internacional, se puede apreciar en estos cinco trabajos bien documentados: Alfonso Álvarez Bolado, *Para ganar la guerra, para ganar la paz. Iglesia y guerra civil* (Madrid, U. Pontificia de Comillas, 1995); Julián Casanova, *La Iglesia de Franco* (Madrid, Temas de Hoy, 2001); Gonzalo Redondo, *Historia de la Iglesia en España (1931-1939). II. La guerra civil*, (Madrid, Rialp, 1993); María Luisa Rodríguez Aisa, *El cardenal Gomá y la guerra de España* (Madrid, CSIC, 1981); y José Ángel Tello, *Ideología y política. La Iglesia católica española, 1936-1959* (Zaragoza, Pórtico, 1984). Sobre los avatares del apoyo de la opinión pública y de la intelectualidad católica al esfuerzo de guerra franquista véase Javier Tusell y Genoveva García Queipo de Llano, *El catolicismo mundial y la guerra de España* (Madrid, Biblioteca de Autores Cristianos, 1993).

ÍNDICE ONOMÁSTICO